浙江中医临床名家

程志清

总主编 方剑乔

姚晓天 主编

科学出版社

北京

内 容 简 介

本书是"浙江中医临床名家"丛书之一,介绍了浙江名医程志清。程志清教授是第五批全国老中医药专家学术经验继承工作指导老师,浙江省第五批名中医。本书共分六章:中医萌芽、名师指引、声名鹊起、高超医术、学术成就、桃李天下。重点介绍程志清教授在临床、科研、教学等方面的学术成就、学术思想,以及治疗内科病的临证思路和临床经验。全书涉及心病、肝胆、脾胃、外感病、肿瘤等多个领域,结合具体病例重点展现中医中药在治疗心血管疾病中的特色和优势。

本书可供中医临床、科研工作者及在校学生阅读使用,也可供中医爱好者参考。

图书在版编目(CIP)数据

浙江中医临床名家. 程志清 / 方剑乔总主编;姚晓天主编. —北京:科学出版社,2019.7

ISBN 978-7-03-061857-3

Ⅰ.①浙… Ⅱ.①方…②姚… Ⅲ.①程志清-生平事迹②中医内科-中医临床-经验-中国-现代 Ⅳ.① K826.2 ② R25

中国版本图书馆 CIP 数据核字(2019)第 144696 号

责任编辑:刘 亚 孙 曼 / 责任校对:王晓茜
责任印制:徐晓晨 / 封面设计:黄华斌

科 学 出 版 社 出版
北京东黄城根北街 16 号
邮政编码:100717
http://www.sciencep.com
北京捷迅佳彩印刷有限公司印刷
科学出版社发行 各地新华书店经销

*

2019 年 7 月第 一 版 开本:720×1000 B5
2019 年 7 月第一次印刷 印张:14 插页:2
字数:228 000
定价:68.00 元
(如有印装质量问题,我社负责调换)

程师风采

程师与陆芷青教授合影

程师与继承人姚晓天（本书主编）合影

程师与其省名老中医工作室成员临床带教合影

程师与美国新墨西哥州医疗中心的部分医生合影

陆芷青教授为程师题诗

许芝泉先生为程师题词

浙江中医临床名家

丛书编委会

总　序

中华医药，博大精深，源远流长。灵兰秘典，阴阳应象，穷万物造化之妙；《金匮》真言，药石施用，极疴疾辨治之方。诚夷夏百姓之瑰宝，中华文明之荣光。

浙派中医，守正出新，名家纷扬。丹溪景岳，《格致》《类经》，释阴阳虚实之论；桐山葛岭，《采药》《肘后》，载吴越岐黄之央。固钟灵毓秀之胜地，至道徽音之华章。

浙中医大，创业惟艰，持志以亢。忆保俶山下，庠序进修，克艰启幪；贴沙河干，省立学府，历难扬帆；钱塘江畔，名更大学，梦圆字响。望滨文南北，富春秋冬，三区鼎足，一校华光；惟天惟时，其命维新，一德以持，六艺互襄；部省共建，重校启航，黾勉奋发，踵武增华。

甲子校庆，名医辈出，几代芳华。值此浙江中医药大学建校六十周年之际，特辑撰"浙江中医临床名家"丛书，以五十二位浙江中医药大学及直属附属医院名医为体，以中医萌芽、名师指引、声名鹊起、高超医术、学术成就、桃李天下为纲，叙名家成长成才之历程，探名家学术经验之幽微，期有益于同仁之鉴法、德艺之精进。

时己亥初夏

目　录

第一章

中医萌芽

第一节 耳濡目染，立志从医

一、飘着药香的私塾

安徽休宁，隶属于黄山市，位于安徽省最南端，与浙、赣两省交界，属古徽州"一府六县"之一。榆村乡地处休宁县南部，黄山市府所在地屯溪的东南端。榆村乡历史悠久，文化底蕴丰厚。榆村由两个孪生姐妹村组成，佩琅河穿村而过，位于河北的称为榆村，位于河南的称为富昨（后改为富溪）。榆村四面环山、三面临水，自然风光十分旖旎。榆村和富昨始创于宋初，鼎盛于明清，村人大多旅外经商，且商且仕，贾而好儒。村中多书院多私塾，明代著名书画家董其昌曾在此设馆教学三年，发达的教育，培育了众多的学者名流，明清两代榆村人在外做官者有 63 人，卓有成就的乡善、高逸之士16 人，著书刊世者 17 人，太医院吏目程绣、光禄寺署丞程爵、大理寺右寺加正四品程梦阳祖孙三代。

榆村最大的家族是程氏家族，明万历二十二年（1594 年），程氏家族即建有榆村最大的程氏祠堂，祠堂坐北朝南，占地有 5000 多平方米，是一座由120 根粗大圆柱支撑的宏伟建筑。

1947 年，程师就出生在这个榆村，程氏家族从此增添了一名日后成为国家级名中医的新成员。人杰地灵的榆村，给幼小时期的程师以天然的人文滋养。程师至今仍记得，在她小时候，母亲和姨婆们给她讲述的那些先祖们的传奇故事。令其印象最深的人物，是她的太外公——也就是母亲的外公。太

外公就住在富昨村，自办私塾，自任先生。事实上，在母亲和姨婆们的故事描述中，程师只觉得描述者们的语调中充满了恭敬，但太外公的形象根本想象不出来。直到后来读书时读到鲁迅先生《从百草园到三味书屋》的课文时，忽然感觉里面的先生似乎就是太外公的形象，"大约也是一个高而瘦的老人，须发都花白了，还戴着大眼镜，手里也应当有一把戒尺……"照例，太外公也应该是个"极方正，质朴，博学"的人，而且，当念着"仁远乎哉我欲仁斯仁至矣"时，"他总是微笑起来，而且将头仰起，摇着，向后拗过去，拗过去"。从此，从课文里浮现出来的太外公的形象，就这样深深地印在程师的脑海里。

听母亲说，太外公还是个懂中医的私塾先生。他在私塾旁边的厢房里还设了个小小的药柜，里面备了些常用的药材。隔壁邻居头疼脑热时，常找他开个方，配几味药，药钱给多给少无所谓。而他又是个极热心的人，往往帮着病人代煎熬药。母亲每次讲述到这里时，都会感叹道："那私塾里整天都飘着淡淡的药香气，让人心静。"私塾里的学生平时再顽皮，一进私塾就会安静下来读书，所以学业都十分优秀。

缕缕药香，从书声琅琅的私塾飘出，沁人心脾！幼小的程师似乎一闭眼就能闻到！从此，太外公故事里这个生动的细节，牢牢地刻在程师心里。虽然她至今弄不明白，自己最终成为一名中医，是否因这一缕药香催化了当年走上中医之路时的动机，但这缕香气，已永远成为她心中最美的情愫！

太外公的私塾在当地名声远扬。母亲当年就读的就是太外公的私塾。听母亲说，太外公除教四书五经、蒙童类的课外，还讲授一些中医知识。或许是家传，外祖母和两个姨婆都懂中医。父亲也懂医，而母亲自己掌握的中医药常识，显然让后来已经成为名中医的程师佩服。在程师才出道时，母亲曾教诲过她：配药一定要注重口感，否则病人产生抗拒心理就很难配合治疗，疗效就会明显降低。程师尊崇了这个教诲，至今对配药的口感特别讲究。现在看来，一个家庭妇女，道出中医中如此的至理名言，不得不令人敬佩！同时也可见中医家传的力量。或许，幼小的程师心中那粒中医的萌芽，就是在如此的家庭氛围中悄无声息地成长起来的。

二、给猫喂奶的房东

小学六年级时，学校安排学生体检，体检的医生都来自徽州卫校。一位胖胖的女医生一边为程师检查，一边和她聊天。女医生问："长大想不想学医？"程师当时被问得愣住了，当时的她可从来没想过今后去当医生。放学后，程师将这事和父母说了，没想到父母几乎异口同声地说："学医当医生好啊！"父亲当夜就去找人了解卫校招生的情况。当时卫校有专业直接从小学毕业生中招生，但很可惜，不知道什么原因当年没有招生。

1962年，程师初中毕业，慢慢懂事的她这时也觉得学医是个不错的选择，而且心中学医的愿望越来越强烈。家里希望她直接报考卫校。但十分遗憾，徽州卫校当年又不招生。无奈，她只有升入高中学习。她初中就读的是休宁县五城中学，中考时以第一名的成绩被安徽省重点中学休宁中学录取，并进入重点班。当时休宁中学在全县只招90人，重点班60人，后来有同学留级、退学，毕业时只剩余36人，其中有24名同学考取大学。

高中时发生了一件事，让程师更加坚定地走从医这条路。当时每个学校都有学农的任务，说是支援农村，帮助农民，学习农业知识，每学年一般用三周的时间在农忙时节学农。高二第二个学期的春天，程师和同学们到休宁县南塘公社山下村学农，住在农民家，帮助生产队采茶。女房东30多岁，刚生完第三个小孩。就在学农快结束即将返校的一天夜里，屋外春雨潇潇，同住在楼上的四位女生，伴着风吹竹叶沙沙的声音渐渐入睡。半夜，她们突然被一个男子急急的吼叫声吵醒，"几位同学，快来帮帮我！"同学们急忙穿好衣服下楼，发现女房东坐在床上，双手捂着胸口，脸涨得通红，表情狰狞地呻吟着，她的两个小孩站在床边吓得直哭。一打听才知道，原来白天时女房东用自己的奶喂小猫，不想乳头被小猫咬了一口。当时只是隐隐地痛，可到晚上疼得越来越厉害，发热得全身滚烫。几个高中女生被这样的场景吓住了。"赶紧送卫生院吧！"程师顾不得惊吓，冲着不知所措的男房东说。男房东醒悟过来，叫了几个邻居壮汉，连夜将女房东送去卫生院。程师安排另两位女生留下照看两个孩子，自己和另一个女生陪同前往。

从山下村到南塘卫生院要走十几里山路，天空中还飘着绵绵的细雨。雨夜的山路，泥泞不堪，程师他们几乎是连滚带爬地走了近两个小时，才赶到了南塘公社卫生院。可想而知，当时卫生院的条件相当有限，医生只能将伤口进行简单的消毒处理，并挂了一瓶葡萄糖盐水，配了几粒消炎药片。天渐渐明亮的时候，他们才回村。接下来的几天，女房东整天躺在床上，痛苦地叫着，几乎没有停息过。四五天后，程师和同学们返校时，这个女房东就靠

卫生院配来的几粒消炎药片"治疗"，她只有一直在床上凄厉地嗷嗷叫着。

三、考医学院去

这位房东后来伤好了没有，结果怎样，程师不知道。但那凄厉的叫声，和那狰狞的表情，让程师永远不能忘怀，至今想起，仍历历在目。生活中一个小小的失误造成的伤害，几乎酿成全家的灾难！一个人的健康乃至生命，在当时缺医少药的年代，竟如此之不堪一击！

回校后，一个强烈的愿望在她心中再次升腾起来：考医学院去，当医生！

但那时的程师只知道学医，分不清西医、中医具体的区别，也不知道西医、中医哪个更适合自己，更不明白当时中国医疗卫生界正在进行一场激烈的中西医之争。

其实，从19世纪中后期，随着西学东渐，西医逐渐进入中国，中西医之间产生了强烈的碰撞。五四新文化运动之后，中西医之争愈加强烈。当时社会上反对中医的代表人物余云岫，一向攻击贬低中医学，把中医等同于巫术，甚至直指"中医是杀人的祸首"，并欲废止清除而后快。新中国成立初期，中西医之争仍然存在，而且中医遭受更为严峻的考验。当时政府以发布法规的方式，控制中医的发展。1951年，卫生部发布《中医师暂行条例》及《中医诊所管理暂行条例》，1952年又发布《医师、中医师、牙医师、药师考试暂行办法》，规定中医师考试的4门必考课中，3门必须是西医，包括生理解剖学概要、细菌学概要、传染病概要等。这使当时许多从事中医的医师不得不放弃医师考试，面临下岗。

中医面临的糟糕形势，于1953年4月发生急速改变。此时毛泽东发表强硬指示："今后最重要的是首先要西医学中医，而不是中医学西医。"1956年，卫生部废除了上面提到的三个条例及其他对中医不利的条例，接着，北京、广州、上海、成都等各地中医学院相继组建成立。

高中毕业只想学医的程师，显然不清楚如此复杂的历史背景。志愿填报时，填了两个志愿：安徽医学院（现为安徽医科大学）、芜湖医学专科学校（现为安徽医学高等专科学校），都是西医院校。后来改变志愿是受班主任的引导和影响。班主任张昌敏，50多岁，瘦瘦的很精干，戴着眼镜，斯斯文文的一名语文老师。张老师毕竟是个老知识分子，比较了解当时的政治形势。他看到程师提交的"志愿表"时，有些不解且焦急地说："为什么不学中医呢？"

于是他说了一大堆学中医的理由，如"中医治病求本""以整体观念治病""针灸麻醉""神奇的中药"等。原来张昌敏老师本人就是个中医迷，极相信中医，自己有个头疼脑热的，就喜欢中药治疗，有时上课的时候也带着一罐子中药，边讲课边喝。从张老师这里，程师第一次听到中医的一些基本概念，第一次被带着神秘面纱的中医所吸引。于是，她毅然地更改志愿：在第一志愿栏内写上"安徽中医学院"。

第二节 渴学知识，芍药花开

一、缺书少籍的大学

1965 年 9 月，程师顺利地被安徽中医学院录取，就读医疗系中医专业。当年医学院就这一个专业，一个班，原来招 60 人，那年扩招，共 90 人，班号 6507（1965 年中医第 7 届）。

安徽中医学院，现安徽中医药大学，创建于 1959 年，其前身为 1952 年创立的安徽省中医进修班（学校）。1959 年，安徽省政府正式批准成立安徽中医学院。1970 年，安徽中医学院并入安徽医学院。1975 年，教育部批准恢复安徽中医学院。2000 年，安徽省医药学校并入安徽中医学院。2011 年，安徽省政府批准在安徽中医学院的基础上组建成立安徽省中医药科学院。2013 年，教育部批准安徽中医学院更名为安徽中医药大学。

程师进入安徽中医学院时，学校办学条件相当简陋：教材不完整；师资、教室不足；校舍资源很有限等。但当时的师生同心同德，克服各种困难。教材不完整，老师们就想方设法编制补充教材，没有印刷条件，就刻蜡版印制；师资、教室不足，经常是两个大班挤在一个大课室上课；宿舍不够，就六七个人、八九个人挤在一个狭小的房间里，一挤就是四五年……但人人都认真听课，秩序井然，罕见有人逃课。无论是清晨还是傍晚，无论是课堂、图书馆还是校园、宿舍，到处都是读书的学生。老师们茶余饭后到校园散步，总会有学生跟着请教各种问题。每开一门新课，同学们除了到新华书店选购教材的补充书籍之外，更多的是争着去图书馆借阅数量有限的相关课外书籍，在阅览室阅读各种相关论文资料。大家从不轻易放过任何一个能培养动手能力的机会，上针灸课时在自己身上扎针，上诊断课时互相把脉、望舌，上中药课时去药房、药圃、山上认药。最关键的问题是缺书少籍。书很少，买不

到，几本书传着看，传破为止。中药书更少，就自己手抄，三五本书都手抄，如当时用的《单方验方》小册子，以及老师的讲义、教材等都是学生自己刻印而成的。

当年用的课本是全国中医学院通用教材。对比现在，当时的教材相当粗糙。当年的编者之一张大钊写的回忆录（《我与中西医结合事业》，北京医科大学出版社1998年）说明当时的编写情况，"1962年我在西医学习中医班毕业，就参加了当时卫生部主管中医工作的副部长主持的全国中医学院第二版教材修订会议；最后指派黄星信、曹鸣高、金寿山和我四个人一起在上海编审整套教材。1964年全套18本全部出版，成为内地和海外中医学院的主要教学课本。由于课本上印有我们几个编者的名字，因此我们几个系统学习过中医的高级西医的名字，在海外就有了很高的知名度"。从这个回忆录记录的当时的情况可以看出，张大钊先生当时是西医专业生，只参加过"学习中医班"，刚毕业就被选中编审整套教材，可见当时中医人才的严重匮乏、中医大学教材的简陋。

程师当年用的课本，正是张大钊等编写的"国家中医统一教材"。这种带有时代特色、用"多快好省"的手法编写出来的教材，虽然粗鄙简陋且存在各种谬误，但毕竟填补了当时中医学院教材的空白。因此，专业课老师往往在课本的基础上自编自印讲义，补充教材。

班主任冯良元，是从成都中医药大学的中药专业毕业不久的年轻教师，是中药学任课老师，他对当年教材课本存在的种种不足，有过一次精彩的评述。他说，如果要模仿西医的教学体系和教学方法及原则来"编写中医教材"，真正的中医是编不出来的。难道真想学中医就没有教材吗？当然有！而且不用去编写，现成的教材就是古人留下来的经典医书。作为中医基础入门，学中医就必须从《黄帝内经》《伤寒论》《金匮要略》等古籍开始。有基础后，就需要在临床实际医疗中，不断学习和参考历代医学名家的各种医学典籍和经方验方，如《景岳全书》等医家经典，积累经验。这些流传至今的医书，每一部都是当年最有水平的医者呕心沥血，总结一生从医经验后写出来流传后世的，比今天中医学院里面采用的这种"国家中医统一教材"高明、科学得多。冯老师的这番话，让程师明白一个道理，那就是中医的根在经典！经典才是中医发扬光大真正的源头！程师后来"死磕"经典，从而掌握扎实的中医理论根基，不能不说与冯老师的这一启发有直接关系。

浙江中医临床名家·程志清

冯良元老师虽然这么说，但所谓的古籍，在当时是少之又少。学校图书馆仅存的几本，学生基本借不到，新华书店也根本买不到。经典古籍医书基本靠老师们的讲义，同学们相互传抄，自己刻印。

二、看园子的药剂老师

从中学进入大学，程师和许多同学一样，对课本、课堂上逐渐展现出的神秘中医世界充满好奇。喜欢思考，喜欢提问。路边、餐厅碰到老师就将自己积攒着的问题一个个问个明白：为什么辛开苦降？为什么归经？这期间，给程师印象最深的是一位名字叫查少农的中药老师，四川峨眉人，高高瘦瘦的，平日一副谦恭的样子。园子在校园里，有个很好听的名字叫"百草园"，里面种着各种花和草药。好问的学生们于是经常跑到百草园去问他各种中草药方面的问题。见到面生的学生，查老师都会小心地问清学生的名字，然后非常谨慎地回答每个人的问题。学生们去得多了，他自然与学生们熟了，于是他会放松开来，讲些中药方面的各种轶闻趣事，或自己的心得，娓娓道来，让人难忘，受益匪浅。

程师记得有一次他讲民间中草药，他说，民间是中医药的源头活水，历史上无论哪一个朝代，无论哪一位中医药大家，都从民间孜孜不倦地汲取着丰富的营养，许多药物都是不知名的民众试用出来的，许多单方验方也是民间试用出来的。如明代著名医药学家李时珍为了编写《本草纲目》，他的足迹遍及湖北、湖南、河南、河北、北京、江苏、安徽、江西等地的名山大川，向药农、渔民、樵夫、猎人、脚夫等求教，采药辨药，搜集民间验方。很多药物就是从老百姓那里得来，经李时珍记录在书中，才被广大医家认识的。如土茯苓，"彼土人用敷疮毒，殊效"。蛤蚧，"俚人采鬻，云治肺疾"。在五倍子的考查中，李时珍请教了"山人""皮工"，才破解了五倍子为何物的谜团，原来"乃虫所造也"。

学生们都觉得，查少农老师虽然时时处处谨小慎微，但相互熟悉之后，发现他是个博学的人，而且也是一个十分有趣的老头，有时也十分"大方"。他一高兴就毫无保留地将自己的秘方传授给学生们。当年程师就从查老师那里学习到了好几个秘方，现在还经常使用。如珠儿参治疗牙痛，用田基黄炒鸡蛋治疗肝病，芙蓉花炒鸡蛋治妇科白带……

在那个青葱岁月，程师总觉得身边的老师个个医术高明，身怀绝技，各

有千秋。她为自己能进入这样的学校学习，能碰到这么多这么好的导师倍感自豪，学习中医的兴趣日趋浓厚，学习成绩也日益提高。第一学年下来，程师主要课程中的中医基础理论、中药成绩均排在年级前列。

三、翻译的福利

平静而忙碌的大学学习环境，到第二年发生了重大变化。1966年5月16日，随着中共中央"5.16通知"的发出，标志着"文化大革命"的开始。学校全面停课，直到1967年7月，学校决定复课，学生们才真正安静地坐回到课堂里上课。虽然停课近一年左右，但同学们都没有停止平时的学习，求知欲望非常强烈。程师印象中，同学们都十分刻苦努力。同班的梁文珍、张炳秀，就是女同学中十分突出和优秀的代表，后来她们都成为全国名医：梁文珍后来一直从事中医妇科工作，留校任教，是第三批、第四批全国老中医药专家学术经验继承工作指导老师；张炳秀一直从事中医肿瘤临床工作，现为安徽六安地区的肿瘤协会主任，也是全国名医。

经过一年左右时间的折腾，同学们人人都十分珍惜读书的机会。这个时期的老师，上课也似乎更认真、严谨。其中的温病学老师王乐匋，给程师和同学们印象最为深刻。

当年的王乐匋先生40多岁，少言寡语，对人和蔼可亲。时任学校温病教研室主任。直到"文化大革命"以后，程师才发现，原来王先生知名度极高，可以说是温病学界泰斗级的人物。

王乐匋家传医学，数代业医，源远流长，名人辈出。其祖父王漾酣，为徽州名医，其父、其叔均为当地名医，其叔王仲奇（1881～1945年）更为著名，名金杰，号懒翁，仲奇15岁随父学医，22岁挂牌应诊，以治温热病著称，不数年名扬江、浙。一生行医40余年，对中医内外科别具心得，有丰富的临床经验。王乐匋堂兄王任之，名广仁，字任之，少承家学，博采众长，年轻时就以擅治温热病和臌胀而闻名乡里，从医50余年，以其精湛的医术和高尚的医德，深受称颂。新中国成立不久，周恩来总理签署任命书，由王任之担任安徽省卫生厅副厅长。其积极推动"新安医学"的研究，并坚持在安徽省立医院门诊，积极组织、参与指导全省危急重症的中医会诊工作。先后为多位党和国家领导人诊治疾病。

像许多徽州籍老师一样，学术渊博的王老先生授课确实精彩，但因口音浓重，他的话语许多学生听不懂。因此，作为同是徽州人的程师，主动站起来，在课堂上担任他的翻译。之后，程师与王老直接接触的机会就慢慢多起来，王老先生亲切地称程师这个翻译为"小老乡"。从与王老的接触中，程师感受到王老真正的"大家风范"。然而，真正让程师获益的是后来王老亲自带着程师实习，能在实习期就获得如此大家的耳提面命，这是其他医学生所望尘莫及的。这或许就是做翻译的"福利"吧。

四、混乱中的实习

教学实习从 1968 年 10 月开始。由于当年的 12 月安徽中医学院并入安徽医学院，学校整体下迁到歙县，所以，学生们的教学实习被学校安排到歙县人民医院。

到了歙县，学生们并不直接到医院实习，而是全体到农村接受"深入全面"的"贫下中农再教育" 4 个月。程师全班被分到歙县大阜公社。在大阜公社的四个月里，吃住在农民家中，整天只是跟着生产队的社员们下地，干农活，开社员大会，帮助贫下中农写大字报，在"贫管会"组织下忆苦思甜，听各种革命报告……直到 1969 年 2 月，同学们才真正到歙县人民医院实习。

由于处于"文化大革命"时期，学校和医院的工作秩序相当混乱，学生的教学实习管理也相当随意。虽然按原来的安排是半个月轮转一个科室，但程师却选择自己比较喜欢的中医科，心血管科实习。程师听说当时在歙县人民医院中医科，有个很有名的歙县名老中医殷扶伤先生，看伤寒杂病非常出名，所以就自己投奔他门下实习，天天跟着临证抄方，多得启蒙。实习结束时，殷师赠送她《程敬通医案》和《心法歌诀》各一册，这让程师如获至宝，其后常观摩心悟，很有所得。这是程师初次接触新安医学流派的学术精华，获益匪浅。

1969 年 5 月，程师和同学们回学校继续学习。同年 8 月份开始正式毕业实习。

实习医院为马鞍山十七冶金职工医院。这家医院创建于 1965 年，是隶属于中国冶金科工集团有限公司的国有医院。如今医院已成为一所集医疗、预防、科研、教学、康复保健于一体的现代化三级综合医院。程师在这家医院实习时，因建院不久，医院条件并不完善。而且因为当时全国范围内"文

化大革命"的影响，医院和学校基本上无人管理学生的实习。因此，大多数毕业实习生基本是匆匆走个过场，收效不大，大部分时间都靠自己自习书本知识。

但程师的这次毕业实习，对她今后的成长却有深远的意义。因为她在医院里选定了王乐匋，跟师实习！当时王老下放到十七冶金职工医院中医科。基于程师为王老翻译的"小老乡"，王老非常乐意接受程师请求带教的恳求。在实习中，程师才体会到王老是真正的大师级人物。

在王老身边，程师收获巨大，获益颇丰。他熟读医案，江南医家医案如数家珍，辨证思路清晰，治疗用药层次分明。有一次，程师亲见王老治疗一名发热40℃的工宣队病人，他只用了一剂桑菊饮，病人体温不久就退了，效果十分神奇。从王老那里，程师学习到了：温病初期，邪在肺卫，用桑叶、菊花、牛蒡子、蝉衣辛凉透邪。王老常比喻这种用药：就像投篮，轻轻投，就能投中，产生效力，重了反而会产生反作用；暑热直入气分，用白虎汤清气分热，芦根清热生津，白茅根兼清营分之热。程师治疗发热病人，仍然按当时王老先生传授的方法，一直沿用至今。

实习期在王老身边的耳濡目染，程师所学到的终身受用，这些对她今后事业的成长，有着十分深远的影响。

五、支援血防

1970年6月，程师实习结束回到学校等待分配。同年8月，学校又组织这批毕业生到农村，再次接受贫下中农的"再教育"。程师和其他7个同学被分配到东方红公社。这次的再教育比教学实习前的那次要轻松些，工作主要是为农民看病，但来看病的并不多，农民们对这批医学生也很客气，看好了病往往给他们送点土特产，这让他们倍感亲切。

1970年12月，程师和同学们终于拿到了毕业证书。事实上，这次一起毕业的不仅是程师他们70届的毕业生，而且还有68届、69届的毕业生，他们一直因"文化大革命"耽误而没有正式毕业，这次是一起领取毕业证，一起分配。但毕业生到正式单位前，还需要去支援基层。于是一部分毕业生下放到农场，一部分到兵团，一部分到农村，一部分到医院。程师被分到东至县东流血吸虫病防治医院。

东流血吸虫病防治医院成立于1959年，这家专科性医院设立有浓厚的时代特色和时代背景：严重危害人民健康的血吸虫病，在中国流行了2000多年，疫区遍及江南12个省市的350个县，患者1000万人，受感染威胁的人口达1亿以上。1956年，中共中央成立防治血吸虫病领导小组，派出大批医疗队到疫区进行血吸虫病防治工作，建立血防组、血防站，在疫情严重地区组建血防医院。东流血防医院也是在这样的大背景下建立起来的。

血防医院规模不小，共有50张病床。主要是治疗血吸虫肝病，但当时治疗血吸虫病手段相当简陋，大都用中草药治疗。由于当时血吸虫病病人看病全免费，所以病人很乐意接受中医中药的治疗。当时医院没有中医科，只有一名中医师。程师到岗后，直接按骨干的中医师使用，独立开方，并管20张病床。程师有了用武之地，同时也学会了病房里的一些基础性的技术，如打静脉针等。在此期间，针对血吸虫病人最突出的肝硬化临床表现，程师结合临床实践开始研究性的学习。

功夫不负有心人，程师从一位老师那里获得一本《王旭高临证医案》，成为枕中秘宝，置于身边，时时研读。王旭高即王泰林（1798～1862年），清代医学家，"尝谓肝病最杂而治法最广，故有治肝三十法之论，以肝气、肝风、肝火三者条分缕析，详其治法"。因此，沿引王旭高"治肝三十法"诊治血吸虫病人，可谓有的放矢，收效十分明显。渐渐地，程师在肝病诊治方面积累了大量经验。

有一天，程师看到一个住院的血吸虫肝硬化病人（50多岁，女），身边没有人陪护，当时病人出现气过水声，腹部肠型。程师从经验判断，病人应当属于肝硬化后期出现肠梗阻。由于不属于程师所管床位的病人，她不便直接给病人治疗，于是向上级医师汇报，阐述自己的诊断意见，并建议手术。但当时医院各派系忙着文攻武斗，上级对程师的意见根本无暇理会。后来程师听说病人转院治疗，但最后还是因为肝脾大，消化道出血而死。这件事给程师的印象十分深刻，每每想起，她内心都觉得十分愧疚。

第三节 初出茅庐，小荷露角

一、亦师亦友的许先生

1971年2月，程师分配的单位最终确定在徽州地区卫生学校。由于"文

化大革命"的影响，前几届未分配的学长都在这一年一起分配。这次共有不同年级的四名中医专业毕业的同学分配进入卫校。

徽州地区卫生学校后来改名为黄山卫校。2010年3月与其他学校合并组建成现在的黄山职业技术学院。徽州地区卫生学校原先招生既有小学毕业生，也有初中毕业生。"文化大革命"后，专招经过严格政审的工农兵学生。因在"停课闹革命"的大背景下，招进的学生学习基础普遍较差，有些虽然是初中毕业，但小学的基础都不扎实。当时学校开设的专业也不多，就医士、护士和助产士三个专业。

由于是正宗的科班出身，程师分配到卫校后自然就到中医教研室教中医基础课程。当时卫校的中医教研室主任，就是十分有名的许芝泉。许芝泉（1925～2009年），皖南休宁当代名医，少年即从医程苓圃，1947年开始行医于海阳镇，后到徽州地区卫生学校任教。许芝泉先生为新安名医，在外感病及内伤杂证的治疗上造诣深厚，也是当代新安医学流派代表医家之一。程师至今都认为，作为一个师承的中医学者，许芝泉先生最突出的优点是他能很理性看待中医特色与优势之间的距离，正确认识中医的短板，强调宏观思维，但又不忽视微观世界的探索研究。许先生在"见微知著"四个字上做得很好，不仅关注外在证候变化之"微"，更关注到内在病理变化之"微"。对丹溪心法独为推崇，善补肝肾之阴。他选药精细、处方简洁，针对患者虚实寒热错杂、病情复杂的情况，能有自己独特的见解。简洁、轻巧、灵动、稳健，可谓是许先生用药的独特之处。

程师初为人师，即投入名师门下，不得不说，这是程师的福气。在程师眼里，许芝泉先生虽为名师，但平时为人谨慎，教学、行医十分认真。因此，程师在许先生面前十分谦虚，积极请教。平时上课的备课笔记、讲稿也经常请许先生过目、修改。平时许先生接待病人，程师就在旁边认真旁听观看。印象最深的是，许先生诊病重细节，立法严，辨证精准，处方慎谨。这些对程师的教学业务水平和中医诊病能力提高有很大帮助。

二、在西医病房下临床

到卫校后第二个学期开始，学校批准程师到黄山市人民医院下临床。程师于是一面上课，一面临床。为拓宽自己的思路，程师当时决定到西医病房去，训练和增强自身的西医知识和技术。为此，这一时期，程师狠狠恶补西医知识，从基础的解剖开始，到生理、药理、病理，再到内、外、儿、妇科等，让自己在短时期内掌握了西医基础知识、基本理论和基本技能。

在西医病房下临床期间，有三个人对程师产生较大影响。

一个是西医内科病房主任胡荣涛。胡主任当年40多岁，绩溪人，是个很和善的人。每次程师谦虚地向他请教问题时，他都会微微笑着说："看病就是要做到胆大心细，胆大一些，放心去做就是的！"在他的鼓励之下，程师克服了自己"中医跨界看西医"的胆怯心态，心态放开了，状态就更好了。有时甚至也敢于挑战其他医师的诊断结论。如有一次，病房里来了一个40多岁的女性病人，自述阵发性腹痛。当时的几名医师考虑为肠胃疾病，但程师却认为不能如此草率下结论，随即仔细查问病人更多的细节，最后，程师向胡主任汇报，说："病人主诉：近期有恶心、呕吐、胃肠胀气、尿频、上腹部饱满、便秘等症状，显然有早孕症状，结合现在病人的一阵阵腹痛，又阴道出血，应当考虑是宫外孕！"后来被确认，立即转到外科。胡主任当即对程师竖直了拇指，连连说："了不起，一位中医居然比专业的西医厉害！"应当说，胡荣涛主任的时常鼓励，确实给程师莫大的信心，对她在学业上的进步起到良好的推动作用。

第二个人是内科主任吴望溪。吴主任对程师最大的影响是鼓励她用所学的中医专业，在西医领域大胆施展才华。在吴主任鼓励下，程师信心很足，大胆用中医方法，治疗一些内科疾病。如用乌梅丸治疗胆道蛔虫症，羚角钩藤汤治疗高血压等，病人恢复良好，受到吴主任一次次的表扬。有一次，来了一个胆道蛔虫的病人，疼痛难熬。程师即考虑用针灸方法治疗，她针扎胆囊穴，然而巧妙地把位置稍稍下移，病人感觉疼痛立即止住了！当时主任在场，马上开玩笑地说："程师运气好，经常蒙对，这次又蒙对了！"程师心里清楚，主任虽然是开个玩笑，但内心是对她医术的充分肯定。更让程师感动的是，吴主任虽然年纪比她大20多岁，但非常谦虚好学，居然提出向程师学习中医。吴主任说到做到，之后有空就跟着程师抄方，并且逢人便说："她是我的老师！"

第三个印象深刻的人是儿科主任程士樟。程医师1962年毕业于安徽医科大学医疗系，一直从事儿科医疗、教学、研究工作。其实，程医师毕业之初分配在外科，后来因眼底病变由外科改儿科。他在当时的皖南地区的儿科界已颇具名气。程医师一直喜欢中医，想找一个中医师学习。科班出身的程师到医院后，引起了他的关注。他对程师的用方非常肯定，常将程师的医案给

许芝泉核验,得到许芝泉高度评价。后来许芝泉主任十分郑重地推荐他跟程师学中医。从此,程师与程士樟相互学习,儿科经常让程师去会诊,程士樟也经常请教程师相关中医的治疗方法,并跟着程师抄方。在相互配合下,医院儿科许多儿科疾病都大胆使用中医中药治疗,其中麻疹、肾炎、哮喘、咳嗽,中医治疗都收到不错的疗效。

在医院西医科室实习,并受到医院骨干级医师主任的鼓励和影响,这对年轻程师的成长,有着莫大的推动作用,为她今后以更宽的视野,更全面的思维从事中医事业奠定了良好而坚实的基础。

程师就这样边上课,边下临床,在卫校一待就是八年。这八年,使她成为一名优秀的中医老师,同时,这八年也是她日后成为全国名中医打实基础极为重要的一个时期。

三、在名师身边

1975 年 1 月,程师经学校批准到浙江省中医院进修。开始分别跟师杨继荪、裘笑梅、魏长春。程师每每回忆这段进修时光,总是禁不住地会说,这是她最幸运,也最充实的一年,因为这短短一年的进修,让她在名师身边接受着手把手的传承。

程师非常清楚在各位名师身边学艺的意义。因此,她牢牢抓住每个学习机会。每天清晨,程师都早早地来到医院,做好老师接诊前的各项工作,为老师泡好茶水。观察老师每个诊病细节,十分留意抄方中老师的用药特点,利用空闲时间及时将心得和观察结果记录在本子上,下班后则对白天老师诊病方法和用药处方尽可能地在脑子里复盘,将心得记下,不断摸索出老师的诊病用药规律。这次进修,程师先跟了杨继荪三个月,裘笑梅三个月,魏长春三个月,后魏老要求再跟三个月。

程师曾根据自己的学习心得,将三名老师的临证特征做了以下的归纳。

杨老的特点是"重"。杨继荪师从叶熙春,在治疗心血管疾病很有成果。其用药非常注重考虑气血、痰瘀、肝肾。程师跟从杨老三个月,注意到其在心血管病治疗上,用药厚重,分量大,像桔梗、桂枝用到 30g,真乃"艺高人胆大"。杨老还十分重视中医与现代医学相结合,重视中西医结合。这点,杨老曾专门给程师提出,程师如今依然记忆犹新。

裘老求"简"。所谓"大道至简",即指大道理(基本原理、方法和规律）是极其简单的，简单到一两句话就能说明白，"真传一句话，假传万卷书"就是这个道理。裘老诊病，能将复杂疑难的问题"简单"化。比如，裘老曾教诲程师：女性只要肝、脾、肾三脏正常，就不大会生妇科病。所以，我们开处方第一要考虑的就是养血健脾，第二是每一张方子我们都要管牢。重视调理脾胃，通过补养生化之源的方法从根本上对疾病进行治疗，这是裘氏妇科的一个特点。她还引用宋代著名医学家李东垣的说法"内伤脾胃，百病由生"。脾胃如果受到伤害，小问题就多。可谓深入浅出。

魏长春的"严"。魏老的辨证十分严谨，程师对当年他教诲的"同病异治，异病同治"的观点记忆十分深刻。他说：中医治病与西医不同者，西医以病名与化验为用药标准，中医以病人体质及受病原因为用药要旨。所受外感六气或内伤七情成同病，但病人体质有阳脏阴脏寒热燥湿之不同，地区有南北之分，性情有刚柔之别，工作有体力劳动和脑力劳动之相差，思想有开达和抑郁之各异，特别是受病原因不同，治法亦随之大有区别。譬如同一身热，有因受风寒而发热，有因受风温而发热，以及因感受暑湿发热或因郁怒火升，有因食积痰积，有因疲劳、有患内痛，有因伏气晚发，需详究病因论治，切忌见热用凉，当知病名同，病因异，应辨证论治，同病异治。至于异病同治，其理由即在"治病求本"的基础上，以及从病人体质虚实，采取异病同治方法。譬如病人元阳虚，卫阳不固，容易感冒，咳嗽鼻塞；脾阳虚弱，容易停食，则腹痛泄泻。这两种病虽不同，一是呼吸系统疾病，一为消化系统疾病，但二者的病因都是由于元阳不足，故可同用保元汤（黄芪、党参、炙甘草、肉桂）温补元阳进行治疗。卫阳固，腠理密，毛窍开合及时，抵抗力强，病邪不易侵袭；脾阳足，运化有力，肠胃消化吸收健全。病症虽不同，但病人体质虚弱相同，故可以异病同治取效。又如实证，湿火上升，头痛牙痛，发热，口臭；或湿火下注，大便闭小便赤，腹胀作痛。二证虽一上一下，病象不同，但同属湿火为患，湿热化火，热重湿轻，都可用凉膈散，表里双解，湿化火降，诸病皆愈。魏老的观点，可谓真理。

第四节　临渊羡鱼，退而结网

一、在大师云集的名医群中

机缘巧合，在浙江省中医院进修跟随杨老期间，程师得到杨老的高度认

可和赞赏。他曾对程师说："你用不着跟师了，你的基础相当扎实，又相当有灵气。"后来多次问程师："愿意到杭州来发展吗？如果愿意的话，我可以帮助介绍你到浙江中医学院，这可能会比你在徽州卫校更有发展前途。"程师没想到自己的命运就此发生重大改变。1979年10月，在杨老等前辈的帮助下，程师顺利调入浙江中医学院（现为浙江中医药大学）。

调入中医学院前，因有前辈的推荐，浙江医科大学也向程师伸出橄榄枝。但程师还是坚持到中医学院。

程师选择了中医基础理论教研室，选择的理由很简单，因为当时浙江有名的中医名医都在中医基础理论教研室。如教研室主任冯鹤鸣，还有朱古亭、蒋文照、陆芷青等，都是响当当的名医。

进入浙江中医学院后，程师从助教做起。平时学习、备课都十分认真。在中医学院，程师感受到，学校里的老师，尤其是名老中医们，个个都十分敬业、谦虚、认真、严谨，因此，程师更愿意将自己不当老师而当作一名学生，虚心向身边不同专业、不同系科的老师求教学习。程师因此结交了不少校内名师，其中不少前辈对程师的学业成长，起着重要作用。其中就有魏长春。魏老从医60余年，临床经验丰富，医术精湛。早年以治疗外感时病为主，后又专攻内伤杂病调治，擅长诊治消化系统疾病及急重症，享有盛誉。著有《慈溪魏氏验案类编初集》《魏长春医案》《魏长春临床经验选辑》《魏中医实践经验录》等，并发表论文数十篇。魏老是以看内科杂病著称，为人十分正直，不讲私情，就连自己女儿看病也要挂号排队。别人送东西都不会接受，甚至有病人将炖好的鸡汤送到他家，他也要付钱给病人。他那时76岁，年纪大后耳朵不好，但眼睛很好，所以望诊很厉害。每天上午看病到下午1点，下午上课。中午往往来不及到食堂吃饭，就在办公室吃点家里带来的饼。给学生上课时常常说自己文化基础比较薄弱，请同学们理解。魏老是一个非常谦虚、非常低调的名师。

还有个影响深刻的名师是厉矞华老师。还在程师进修时，厉矞华当时和程师一起跟着杨老在抄方。她拿了小本子认真地做着笔记，不懂的地方有时也十分谦虚地询问程师。后来经了解，厉老师出生于杭州一个书香门第。新中国成立后，先后任浙江省妇幼保健院院长、浙江省儿童保健院首任院长、浙江医科大学教授，浙江大学医学院教授、儿科学研究生导师。厉老师也是个有名的大师级人物，但看病做事仍十分严谨认真。她上午随师看病，下午用毛笔字将重要的药方誊写出来，一丝不苟，这种作风深深地影响了程师。

二、得经典者得天下

大约 700 年前，欧洲鼠疫暴发，有四分之一的欧洲人失去了宝贵的生命，而中国近 2000 年的历史中虽也有瘟疫流行，但从未有过像欧洲一样惨痛的记录。中国历史上一直认为，这种结果充分展示了中医药及《黄帝内经》的作用。《黄帝内经》作为祖国传统医学的理论思想基础及精髓，在中华民族近 2000 年繁衍生息的漫漫历史长河中，它的医学主导作用及贡献功不可没。对于一名中医生而言，要成为一名好中医，学好《黄帝内经》是基础中的基础。

改革开放初期，国家重新开始重视发展中医，重视中医人才的培养。1981 年，教育部、国家中医药管理局在陕西咸阳组织第一届全国《黄帝内经》高等院校师资班培训。程师非常幸运地被学校推荐参加"高师班"，扎扎实实地学习了一年《黄帝内经》。

高师班共 50 人，大多数是全国各中医学院的老师，有些学员行政级别很高，是学院里的科主任、院领导，有些甚至是卫生厅领导。由于"文化大革命"十年的影响，各地中医师资的学业基础参差不齐。因此，卫生部开办的这个首期高师班，受到各地中医学院的重视，学员们更是对这样的机会倍感珍惜，学习热情异常高涨。

对学员而言，一年的高师班主要的功课内容前后用三个字概括，就是"学""讲""编"。

第一是"学"，就是学经。学习的内容十分集中，就是《黄帝内经》，兼学医古文。关于为什么要读经并必须背经，高师班一开班，就有一位老师教导学员们："为医者，得经典者得天下！以为医学一道，非《内经》不足以明其理。熟读《内经》以后，继之以《本草经》《伤寒》《金匮》，均应能熟诵，且至老不忘。"又有老师说："熟读《内经》则增人智慧，于病理可左右逢源，熟读《本草》则方自我出，不受古方局限，熟读《伤寒》《金匮》，则辨证施治有法可循。"有老师举朱丹溪所说："非《素问》无以立论，非《本草》无以立方。有方无论，无以识病，有论无方，何以模仿。"又说："仲景之书详于外感，东垣之书详于内伤，医之为书至是始备，医之为道至是始明"……可见得经典在各老师心目中的地位。

老师们在指导学员们读经方法时认为，《黄帝内经》文辞古奥，初学颇

浙江中医临床名家·程志清

不易读，须广看各家注解，其义始通。王太仆为注《素问》之先河，其中有很多精辟之处，如益火之源以消阴翳，壮水之主以制阳光，此注解诚高出千古。马元台、张隐庵之注解，亦有超乎前贤之处。如《素问·生气通天论》曰："因于气，为肿，四维相代，阳气乃竭。"王注，四维为筋骨血肉；马张二人注，四维为四肢，似较王注为优。正如虞天民说："《内经》其书深而要，其旨邃以弘，其考辩信而有征，是当为医家之宗。"有位教员说："学医要从四部经典著作入手，熟读以后，再博览群书；经过认真临床，方能得之于心，应之于手。如《千金》《外台》集唐以前医方之大成；金元四家，补前人所不及。历代各家著作及名医医案，须要多读多看。总之，开卷有益也。尤其清代叶天士之《温热论》，吴鞠通之《温病条辨》、王孟英之《温热经纬》更为必读之书。至临床运用，不执前人成见，师古而不泥古，不论经方时方，善于化裁。以古方治新病，譬如拆旧屋盖新房，必须经匠人之手而后可。量体裁衣，自无不合，削足适履，定受其害。"

老师们对经典重要性的认识无疑是深刻的，读经背经的方法无疑是行之有效的。由此，学员们个个被感召着全力以赴学经背经。上课时学，下课时背。自修课时背经，晚自习也在背经，就连吃饭时敲着饭碗都在背经。同学间相互考背，相互交流。当时个个学员对《黄帝内经》几乎能做到通篇背诵。如今，已成为全国名中医的程师也常常说，自己在临床上教学上能将《黄帝内经》的原文脱口而出，就是得益于那一年高师班的强化熟背训练。

第二是"讲"。高师班一般是上午由老师上课，下午在老师带领下由学员们针对老师讲课内容，逐条讨论。中期后，老师安排学员上讲台上课。每个学员都得按照课程进度安排上讲台一次。由于学员中大多数是老师，这样的锻炼和展示自己能力的机会大家都不会轻易放过，所以，备课、磨课就都十分认真。有些学员在上课前还私下邀请几个同学进行试讲，找出问题及时修补。因此，学员上课，就更精彩纷呈。程师至今十分清晰地记得，学员中有位江西中医学院的老师，叫付幼荣，当时他讲《脾胃论》，讲得实在好，学员们听了都觉得大为震撼；另外，还在一位同学叫熊继柏，是湖南中医学院老师，课也讲得精彩，至今记忆深刻。

第三是"编"。正如前述，在当时年代，普通的教材都十分短缺，像《黄帝内经》这样的教材更是奇缺。因此，首届高师班就在学习后期，给学员们下达一个任务，就是编教材。学员们领受这个任务后，都十分兴奋，觉得这不仅是个很好的深化学习经典的机会，更是为全国弥补经典教材不足做贡献。

于是，在老师指导下，分组分任务，确定编写计划，设计教材体例，查找书籍资料，分头编写修改，成稿校对油印。三个多月时间后，班级就完成了一套《内经析义》教材（上、中、下三篇）和一套《内经选读辅助教材》。程师承担并完成了《内经析义》教材中《素问·著至教论》《素问·六微旨大论》两章的编写任务。这两套书，现在看来十分粗糙，油墨印刷，文字错漏等，但在当时，对弥补全国经典教材奇缺，有着十分重要的意义。当程师学成回校后，教研室同事看到这两套书后，都如获至宝。

高师班一整年的学习，使程师充分认识到读经的重要性，经典是学好中医基础中的基础。也就在这样扎扎实实学经的一年里，让程师打下了坚实的经典基础和中医理论基础。这一年，为程师日后事业的腾飞，提供了强有力的基础保障。一年学习结业回校后，程师走上讲台上课，感觉十分得心应手，业务提升很快。当年是浙江中医学院领导，后来成为浙江省卫生厅厅长的张承烈点名要听程师的课，听后评价很高。1982年，根据高师班所学经典，程师将《灵枢·本神》中的研究成果，撰写成论文《魂魄刍议》，发表在《吉林中医药》杂志上，1982年11月24日，在"中华全国中医药学会浙江分会基础理论研究会成立暨学术交流会"交流并获交流论文第一名，获浙江省中医药优秀论文一等奖。1983年，程师被学校任命为中医基础理论研究室副主任。

三、成为"名中医助手"

1984年，学校任命程师担任诊断教研室主任。同年，程师十分荣幸地被学校指定为陆老的"名中医助手"，师从陆芷青。学校专门为程师在杭州新新饭店举行隆重的拜师仪式。

陆芷青，1918年生，浙江省温州市人。1931年，陆芷青随父学中医，20世纪30年代在上海中国医学院就读，师从陆渊雷、陆士谔、丁仲英等名家，1937年大学毕业后到温州从医，1958年调到浙江中医学院从医并任教，医术惠四方，桃李满天下。1991年，卫生部、国家中医药管理局首次评定国家级名老中医，从全国二三十万从业中医中评选出500位名老中医，浙江中医学院（现浙江中医药大学）陆芷青教授，名列其中。陆老是浙江省中医诊断学科创始人，他对传统医学、中医诊断学有很深造诣。

成为陆老助手后，程师一边上课，一边跟师下临床。临床跟师时日记、周记、月记做得十分认真。三年的助手期间，程师体会到，陆老在诊断方面

确实有一套自己独特的经验。

陆老诊断强调"望诊"。他望诊时，先看病人的舌头、看脸色。他常说，舌头就像人体的一面镜子，你有病，能从舌头上反映出来，人的寒热、虚实、痰、瘀等症状，都可以从舌头上看到：如果舌苔厚腻，可能就是消化不好；如果有痰，可能是血脂偏高。陆老用这套方法诊断出的病症，往往八九不离十，在当时医学检查设备还不是很先进的情况下，对心血管和消化系统疾病，效果相当明显。

再如，对胆囊炎病人早期诊断，陆老也有一套独创方法——穴位诊断法。他通过按压天宗穴，就能确定病人是否患胆囊炎。陆老后来带过一个研究生，曾对他这种按压穴位诊断胆囊炎方法，做过准确率对比分析。通过对1000多例病人对比分析，结果显示，陆老诊断准确率达到90%。

陆老在治疗上，也常有奇特的方法。比如我们通常吃的米醋，在陆老这里用法也很独到，常获奇效。有个病人，50多岁，经常头痛得很厉害，吃止痛药反而越吃越痛，多方求医效果都不明显。陆老给他诊断说，从中医角度讲，他是心气虚有瘀，供血不足，血脉不通，既需要养血，又需要活血。陆老给病人开了几剂药，再让他服用定量的米醋，三天后，病人头不痛了，半个月后痊愈，后来从未复发过。陆老还将米醋用于冠心病房颤病人的治疗。他说，米醋味酸，可以收敛心气，活血化瘀通脉，病人每次服用汤药中，加入米醋10毫升，有增强疗效的作用。用米醋治疗萎缩性胃炎，也是陆老独创方子，他嘱咐病人，每天中午和晚上吃饭时，用菜蘸上少量米醋吃，这样既可以增加胃酸，消食和胃，又有祛瘀生新作用。他还用米醋治疗胆道蛔虫病，病人如果右上腹有钻顶痛的感觉，一次服用20～30毫升的米醋，常常能使疼痛缓解甚至消失。这些治疗内科杂病的药方，都是陆老自己的经验结晶，总共不下200个。

陆老把诊断方法和药方全部无私传给程师及其他学生，现在这些学生们看病，还一直沿用着这些方法和药方，这是一笔无法估量价值的宝贵财富。为更好地将这笔财富传承，当助手期间，程师利用现代计算机技术，帮助陆老将其学术成果输入计算机系统，建立"诊治肝胆病的计算机程序诊病系统"，并通过浙江省验收。同时，针对陆老重点对心血管、肝病等的研究。程师在学校支持下，建立血液流变学的测试研究实验室，主要为心血管系统疾病研究提供测试实验等服务。

跟师后期，一般是程师看病，陆老在旁边点拨，效果特别好。陆老还经常带程师到各地参加各类学术活动，这些都让程师获益匪浅。1987年，程师出师后，仍然跟在陆老身旁抄方、学习。同时开始着手整理陆老的学术成果，将老师的学术特色进行消化、提炼、升华，连续发表了许多论文，后来形成《陆芷青内科精华评述》这本书。1991年，陆老成为全国第一批名医指导老师，程师再次成为陆老的学术继承人。1992年，程师根据所学心得总结出的"治胆八法"，写成论文获得国家中医药管理局"名老中医学术继承论文竞赛"二等奖。

浙江中医临床名家·程志清

第二章

名师指引

　　程师在 1969～1970 年大学毕业实习期间有幸获得跟随"温病大家"王乐匋先生临诊抄方学习的宝贵机会，她虚心求教。得到王老的器重与青睐，把自己治疗外感热病的经验悉数传授于她；走上工作岗位之初又幸得"新安名医"许芝泉先生的赏识与指点，在业务上有了长足进步；为求深造，程师于 1975 年赴浙江省中医院临床进修一年，期间先后拜师杨继荪、魏长春、裘笑梅等中医大家，得到大师们的悉心指导，受益颇丰；1984 年被选拔为浙江省名中医陆芷青教授的助手随师临证，经陆师悉心传授技艺，在临证思辨与遣方用药方面大有长进。1991 年程师再次成为第一批全国名中医陆芷青教授学术继承人，随师临证的同时继承整理陆老的学术经验。前后 10 年的跟师学习，尽得陆老的学术精髓与真传。

第一节　学乐匋"拈轻取巧"

　　王乐匋先生出生于新安王氏医学世家，其祖父王漾酬，其叔父王仲奇，其堂兄王任之均为新安名医。王老自幼随父亲学习中医，师承祖辈经验。早年行医歙县乡里，善用仲景方屡获奇效，被誉为"王伤寒"。新中国成立后进入南京中医学院教研班研修，后调入安徽中医学院任教，主讲《温病学》，还致力于各家学说。王老执教 30 余年，治学严谨，为学主张既要博约，又需打好基础。少时习医，就是一边读书，一边待诊，读书力求精熟，务在精纯。

一、读书会意，"不求甚解"

程师在安徽中医学院上大学期间，王老时任学校温病教研室主任，也是程师的温病学老师。程师和王老同是徽州人，由于王老地方口音重，程师经常在课堂上担任他的翻译。这样两人直接接触的机会就更多了，经常听到他背诵医案，在他讲授《温病学》课中总能恰到好处地引用古人验案。这种近距离的接触，使程师得到了王老更多的教诲和指导，王老时常要求她多读书，对于读书的方法王老有自己独到的见解，他认为读书要"不求甚解"。起初程师颇为费解，认为"不求甚解"通常是用来告诫人们读书时要了解其意思，不可以"不求甚解"。然王老认为这是把"不求甚解"一语孤立起来了。"不求甚解"一语出自陶渊明《五柳先生传》，是写他自己的。原文是："好读书，不求甚解，每有会意，便欣然而忘食……"这里的"会意"道出了读书的精要所在。正是陶渊明读书多了，才有这样的感悟，"不求甚解"与其说是"不了解书中意思"，倒不如理解为"不钻牛角尖"。有些初进中医学院的学生，遇到一系列中医术语，有的很用功，就爱钻牛角尖，王老就每以这来开导，读书诚然务求了解，但有些问题牵涉面广，不可能一下子都弄清楚。学习有阶段性，只能一步一步来，有些问题，看似了解，其实并没有真的了解，过些时日，随着阅历增长，知识丰富了，回过头来再读，可能又有了新解。因此"钻牛角尖"是读书者之大忌，花了不少时间与精力，反倒使自己越发糊涂起来了。学习主要在于掌握精髓实质，而不是在一字一句上推求，使书本上学到的东西为己所用。那么是不是完全没有必要熟读呢？当然不是，对于一些属于基本功训练的内容，比如经典著作，非熟读不足以掌握的内容，并且要反复阅读多遍。有些内容看起来似乎懂了，其实没有真的弄懂，熟读有助于对内容的理解。他经常说："熟读原著不在贪多，宁可进度慢些，力求精熟。这样一下子便把基础打牢固。不然学的只是'夹生饭'，日后发现吃亏在基础不扎实，再来补课，就得花大力气。有人甚至终生补不起来。"所谓"读书千遍，其义自现"。对于初学医者，如有可能，最好手抄，这样便可以打下一定的基础。这些教导对初入中医大门的程师来说无疑是获益良多。

二、跟师临证，贵在专一

毕业实习时程师被分配到马鞍山十七冶金职工医院实习，当时王老也刚

好下放到该医院，程师有幸获得了再次跟随王老学习的机会，对于初涉临床的程师，王老强调读书的目的在于运用，用之则活，不用则死。王老认为医学院校培养学生，除课堂讲授外，临床实习是一个重要环节。如果这一环节把握不好，书本的知识就很难运用于实践。对刚进入临床的实习生王老常说："现在的医学生不同于以往师徒的中医徒弟，实习医院各科具备，各个医生也各有所长，在安排上采用轮转的方法，使学生能够采众人之长，这个愿望是好的。中医徒弟往往跟定一个老师，虽有局限性，但也有可取之处，就是比较专一，对于入门初学者是有意义的，可以学得比较牢固。而那种轮转的方式，容易形成走过场，浮光掠影，就可能学得不扎实。"王老还认为实习抄方是一基本功，抄一遍，除了留下深刻印象之外还保存了医案，便于反复揣摩。不要以为望一眼便全都知道，不尽然的，有些雷同之方，只有二三味药的变换，为什么？必须经过多次揣摩才能领会，否则就可能忽略过去了。临证过程中有些是不容易表达出来的，只能意会，这就需要我们通过抄方慢慢体会。中医书籍浩如烟海，是我们宝贵的遗产，但保存在医生手里的经验也是一份遗产，为什么不认真继承下来呢？所以临证不要忽视抄方这一环节。程师对王老的这些教导心领神会，所以这一时期，虽然当时医院对实习生的管理比较混乱，但程师抓住了机会跟随王老临诊抄方，得到王老的悉心教导，对王老的临诊思路，学术思想有了较深刻的体会。

三、辨治温病，用药轻灵

程师在实习期间，对于王老治疗温病的用药"轻""巧""灵"的特色体会最深，王老常说："治外感病用药要轻清宣透，要顺势而为，因势利导，达到透邪于外的目的。"使程师真正理解了"其在皮者，汗而发之""治上焦如羽，非轻不举"的含义。除了用药"轻巧""灵动"外，王老辨治温病第二大特色是"层次分明"。

（一）辨治温病，先表后里

王老认为治疗温病一般情况下应遵循叶天士卫气营血的规律，首先要辨病邪，再别病邪之深浅，视其是否兼湿及湿与热孰为偏重，同时要注意病人的体质，选择具有针对性的药，予以辨证施治。如温病初期，邪居卫表，轻宣达邪，常用桑菊饮、银翘散；邪入气分，病及阳明则用辛凉重剂白虎汤加透表之药达热出表；邪传营分，病至神志昏瞀，治当三宝清心开窍，配以辛凉透邪。在实习过程中，程师至今仍记得王老治疗一个典型风温初期的病案，是一名工宣队的人，患者身热炽甚（达40℃），数日不退，咳嗽气逆，痰黏稠而不爽，转侧不利，苔淡黄而腻，脉弦滑而数。王老分析其病机为风温痰热蕴蒸肺卫，邪势方张，势防逆转，亟予清温达邪，而化痰热。药用：桑叶9g，炒牛蒡子9g，连翘12g，银花18g，前胡4.5g，桔梗4.5g，瓜蒌皮9g，冬瓜子12g，甘芦根18g，薄荷3g，海浮石9g，炙枇杷叶12g，2剂。二诊：身热退，咳稍疏，原方去薄荷，加象贝9g，2剂。三诊：咳嗽渐疏，舌苔渐化，转为薄白，再拟清化而告终。此病例自始至终用中药治疗，显示了中医治疗外感急症的疗效。程师之后治疗外感病时，多遵循王老的临床思路，如有一次母亲三伏天中暑，高热达40℃以上，汗出热不退，口渴饮冷，面红烦躁，舌红苔干脉弦滑。证属暑热直入气分，用白虎汤清气分热，药用白虎汤＋芦根＋白茅根治疗暑温。芦根清热生津，白茅根清兼营分之热。2剂而热退。

王老对吴鞠通、王孟英的温病理论有较深入的研究和发挥，他总结吴鞠通将温病分为九类，然按其性质，实不外乎温热与湿热两大类而已。在用药上吴氏主张温病之不兼湿者，用药忌刚喜柔；而兼湿者与之相反，忌柔喜刚。在用药上强调护液和化湿。对于温热类，强调护液，认为阳盛阴衰，泻阳之余补阴的不足，存得一分津液，便有一分生机。温病初期透邪三方，均为辛凉之剂，温病本易耗阴，如误用辛温发汗，汗虽出必张其焰。因此以辛凉透邪之法治之，轻者用桑菊、银翘，重者用白虎。湿温则注重化湿，湿温初起治法，以三仁汤为基本方，此方清开上焦之肺气，气化则湿化，配以疏中利湿，使湿开热透。切不可惑于某些疑似证而妄用发汗、攻下、清滋。而芳化、苦燥、淡渗是湿温病的常用治法。

王老治温力主"存津液"，无论是透邪或是清下，都以"护液"为前提。注意病人的枢机气化，升降出入之机制，用药疏畅气机，力取轻清流动，轻药愈重病。因气贵流通，邪气扰之，失其灵动之机，则周身壅滞。此时投以轻剂，则正气宣布，邪气消散，壅滞自通。如果蓦然投以重剂，药过病所，不但病不能去，而无病之地，反受克伐。

（二）用药轻灵，层次分明

王老治疗温病的方法可归纳为清热、化湿、解毒、养阴。每种方法的应用都力求先后有序，层次分明。程师每每回忆起王老的用药经验，言语中充

浙江中医临床名家·程志清

满了敬佩之意。

（1）清热：风温邪在卫表，用葛根、薄荷、香薷、桑叶、豆卷透邪解肌；暑入气分用连翘、青蒿、银花、芦根、竹叶、石膏、知母、白薇等清热解暑；里热炽盛用山栀、黄芩、黄连泻火除烦；热入血分用赤芍、玄参凉血。

（2）化湿：湿温者化湿尤为重要，湿不化，则热不去。化湿中，芳化如佩兰、藿香、菖蒲、豆蔻；苦燥如半夏、厚朴、枳实、苍术；淡渗如茯苓、滑石、通草、薏米。

（3）解毒：治疗瘟疫主张兼以解毒，在辨证的基础上，选择有针对性的解毒药，以截断扭转，缩短病程。如早期在透表的同时即可酌用大青叶、板蓝根；迨里热甚炽，则黄芩、黄连在所必须；里热燥结，则用大黄、人中黄足以起到解毒的效果。

（4）养阴：温病高热极易导致劫液，因此养阴是治疗温病的一大法则，养阴需防邪恋，养阴药应用时须考虑病程、病位。如养肺阴用白茅根、冬瓜子、北沙参、麦冬；养胃阴用石斛、知母；益肝肾之阴用生地、玄参、龟板、阿胶。并且养阴药的作用也有层次区别，如养肺阴从白茅根到冬瓜子、北沙参、麦冬的养阴功效是依次递增的，所以用药要有的放矢，既养其阴，又不使留邪碍湿，方为善用。

这些临诊方法和用药经验对程师治疗外感病思路的形成产生很大的影响。

四、诊治心脑，特色鲜明

心脑系病证即现代心脑血管及中枢神经系统疾病的总称，与中医之胸痹、心悸、眩晕、头痛、痫证、偏枯等病证关联。王老在治疗心脑系疾病中，积累了丰富的经验并形成自己的学说思想，这些经验和思想对程师今后在心血管疾病的诊治思路产生了深远的影响。

（一）辨治心脑，重视整体

王老认为心脑病证，病位虽在心脑但可广涉五脏六腑，尤其与心、肝、肾三脏关系密切。心主神明而为"精神之会所"，临床上失眠、多梦、健忘、神志不宁等常责之于心；心又"主血脉"，凡出现血行不畅而致胸闷、脉结代者，常从心气、心阳论治。肝主疏泄，性喜条达而体阴用阳，疏泄者具有调畅气机和调节情志的作用，所以临床上出现精神抑郁、急躁易怒者常从肝论治。肾藏元阴元阳，"五脏之阴气非此不能滋，五脏之阳气非此不能发"。肾又主骨生髓通脑。心肾相交，肝肾同源，精髓相生，精血同源等，这种脏腑之间的生理关系决定了三脏之间密不可分的病理联系。因此从整体出发，掌握脏腑之间的生理病理关系对诊治心脑系疾病具有极其重要的意义。这一思想在日后程师治疗心悸病中充分体现出来，她认为心悸虽病位在心，但不仅是心之疾病，还应从整体出发，分析五脏之间的生克乘侮关系，心悸究其成因，不外乎本脏自病、他病及心两类。本脏自病者，或责于实，求诸于痰结、瘀阻、火扰、水气凌心诸因；或归于虚，缘由气血阴阳之不足。他病累及所致心悸者，从肝、脾、肺、肾可求。

（二）条达木郁，怡情释怀

条达木郁法是王老治疗内伤病的常用方法，张景岳谓："夫百病皆生于气，正以气之为用，无所不至，一有不调，则无所不病。"而在诸般气病中当以肝气为先，因肝主疏泄，调畅气机，理气当以调肝为先，而在心脑系病证中多见气滞为患，故条达木郁法是治疗心脑系疾病的重要一环。如胸痹一证，多有心之阳气不足推动无力，心血运行不畅所致，治疗无外乎益心气、温心阳、活血化瘀、解郁舒痹诸法。王老治疗胸痹疗效显著，其重要原因之一，即是在治法中参入调肝理气，常用药如降香、延胡索、川楝子、青橘叶、青陈皮、香附、佛手花之类。王老认为肝气郁结多病起于情志，精神治疗尤为重要。经常告诫学生：治病应"不失人情"。他非常重视精神情绪因素，观其医案常有"病关情志，必也怡情释怀，斯为却病之策"等有关按语。"恬愉"二字于气病诊治中至关重要，王老常以此劝慰病人，以取得病人的配合，往往可获意想不到的效果。程师受其启发，在日后诊治心血管疾病时都要详细了解病人生活状况，倾听患者倾诉，洞悉发病根源，施以耐心开导，疏解郁闷，化解其紧张烦躁的负面情绪，稳定情绪，取得患者的信任，指导患者有效地避免精神刺激，为疾病治疗打下了良好基础，树立"心病还要心药医"的基本思想观。同时药物治疗，多在辨证施治的基础上，选加疏肝调肝之品，使气机顺畅、气血冲和、心悸得平。

（三）培补肝肾，滋阴养血

肝藏血，肾藏精，人体精血阴液源于此二脏。在心脑系病证中，如不寐

病多由于下元亏虚，肾阴不能上达于心，心失所养遂致不寐。风阳眩晕者多为肝肾不足、水不涵木所致。再如偏枯日久，多见肝肾亏虚之象。鉴于此，王老在治疗中力主培补肝肾，常用生地、生白芍、夜交藤三味。此三味药临床用之收效显著，且无其他滋阴药如鳖甲、龟板、阿胶之类的不良反应，滋而不腻，补而不滞。临床常在此基础上加减应用，若兼有心阴亏耗者加麦冬、沙参、五味子、太子参；兼有血分亏虚者加当归、鸡血藤；若为风阳上扰者可加潼蒺藜、女贞子、枸杞子。

（四）辨证审慎，用药轻巧

心脑病证以老年人居多，根据老年病人的特点，王老用药注重"慎""轻""巧"。所谓"慎"者，老年病人，脏腑功能减退，气血亏虚，且病延经年，病理特点多虚实夹杂，不耐攻，不受补。所以临床用药应谨慎从事，最忌峻攻蛮补。凡需补者，必补中有消，以防增壅；凡需攻者，必攻中有补，以防伤正。其次，遣方投药需三思后行，尤其是药性猛烈者，必分毫计较，不可孟浪。再次，如辨证一旦正确，必须胸有定见而守方缓治。不可贪朝夕之功，否则欲速则不达。所谓"轻"者，即取法轻灵，不尚厚重。首先主张用药轻清流动，滋而不腻。如滋补肝肾常用生地、白芍、夜交藤、枸杞子等。而很少用龟板、鳖甲、熟地、阿胶等。且常在方中佐少量气药，动中有静，以防其滞。所谓"巧"者，即处方遣药用思至巧。选药时尽量做到两善其用。如橘叶，既可疏肝理气，也可使处方显得灵动；再如桂枝既可温心阳又可通络散瘀，在心阳不振而见络瘀者，每多用。其次王老认为临床选药时，既要考虑疗效，又要注意克服其毒副作用，如虫类药有入络搜邪之功，心脑系病证经常用到，为了克服其耗伤阴液、易致动血的副作用，常反佐生地黄以护之。这样既发挥了疗效，又降低了毒副作用。

王老治疗心脑疾病的用药特色在程师后来治疗心血管的处方中时有体现。

第二节　师芝泉"见微知著"

许芝泉，安徽休宁县人，出身书香门第，禀赋聪颖，幼读诗书，十四岁拜新安名医程苓圃先生学医，五年卒业，后在休宁县海阳镇悬壶济世，弱冠即载誉乡里。新中国成立后被聘为休宁县人民医院中医科主任。1960 年调安徽省屯溪卫生学校任中医教研组组长。从事临床、教学五十余载，医德高尚，医术精湛，治学严谨，教学有素。早期以温热病出名，中年以治杂病见长，晚年以治疑难病享誉。

1971年，程师大学毕业分配到徽州卫生学校。当时许老任中医教研组组长，初到卫校时，程师就担任中医基础理论的教学，作为一名刚从医学院校毕业的学生，毫无教学经验，虽然备课十分用心，讲课的内容也背得滚瓜烂熟，但在上课时，往往出现一节课的内容，三十分钟就讲完了的情况，针对这种情况，身为教研组长的许老时常亲自帮助她修改讲稿，传授教学方法和手段，指导她如何把握好课堂节奏。使她教学能力和水平有了很大的提高。为今后的教学生涯创造了良好的开端。许老非常关心中医事业发展，关心青年，1972年安徽省卫生厅为继承新安医学，决定在徽州卫校开设一个中医班，在没有大纲，没有教学计划，没有教材的情况下，许老带领包括程师在内的几名青年，自拟大纲，自订计划，自编教材，终于完成了这一任务，后又举办了四期西学中学习班。

除教学外，许老在临床上颇有建树，程师在教学之余，抓住点滴机会跟随许老侍诊抄方，揣摩其临诊思路，总结其临床经验。许老对程师的勤奋好学，聪慧颖悟颇为欣赏，两人之间建立起亦师亦友的关系。许老的学说思想也对程师产生很大的影响。

一、重视辨证，诊必求细

许老认为疾病的发生无不缘于阴阳失调，脏腑功能紊乱。临床审证，即要抓住宏观纲要，首重阴阳定性和脏腑定位。更需从细微处着眼，重视实验室的微观指标。不仅关注外在证候变化之"微"，更关注到了内在病理变化之"微"。方能辨证正确，用药精准。例如针对慢性疾病，许老认为由于病程长，发展缓慢，因而在整个过程中，可能会出现许多错综复杂的症状，要做到很好的辨证施治，必先详细询问病史及了解目前症状、治疗经过等，方能知道病之始末与以往治病的得失，为辨证施治提供有力的证据。如程师在工作之初曾亲见许老诊治一腹部肿块医案，后记录在案：苏某，女，42岁，干部。1969年上半年发现右腋下有一肿块，操劳则胀痛，休息则减轻。曾在某院诊治，诊断未明确，后渐发展至右臂酸痛，且在午后有低热，精神不振，大便经常燥结，腹部隐隐作痛。至1970年初发现腹部亦有小包块数个，攻撑

作痛，按之益甚。脘腹之间，经常满闷，嗳气频频。医院检查无妇科疾病，亦无消化道明显病变。腹部之块可随劳逸与喜怒的情况而起伏，至 1970 年底，腹部常觉膨胀，疼痛加剧。再度至医院检查，诊断不一，有谓肠肿，有谓肠系膜淋巴结肿大。由于症状日益加重，不能坚持工作而休息。1971 初，某医院建议做剖腹检查，但患者心有恐惧，遂于 2 月 13 日来许老处就诊。检阅过去病历，在中医治疗方面有汤药、成药、针灸、外敷等。总之，症状错综复杂，用药也随症而异。初诊时，患者面色无华，眉宇间色带青黑，语言低怯，精神抑郁。检查其腋下之块，皮色不变，质软，轻按状若海绵，重按则感胀痛。腹部之块，按之有形而不坚，但可随情绪之喜怒而起伏攻撑。望之舌苔白腻，切之脉象细弱无力，闻之嗳气频频，并询得大便坚结（4～7 日一行）。症脉合参，证属肝脾不和，气滞湿阻，主要在于肝气失于条达。方以柴胡、白芍、佛手片、香梅皮、炒枳壳、带壳砂仁、野蔷薇花、川朴花、炒乌药、广木香、茯苓等出入加减，并自始至终用脾约麻仁丸化湿通腑润肠，调和脾胃。在治疗过程中，随时观察情绪，予以开导，解释病情。历诊 2 个月，虽症状迭出，但总是抓住疾病的本质治疗，用药一步不乱，前后共诊 11 次，患者症状逐步消失。隔 3 个月随访，已告痊愈，恢复工作。

二、立法必严，处方必精

许老认为一些慢性病，都是由渐而来，病势多相对稳定，但由于病程长，在整个病变过程中，临床症状往往容易变化多端。临床如果辨证明确之后，必须抓住症结所在，不为表面现象所迷惑。确立相应的治疗大法后，则必须坚持原则，不多更动，用药最忌朝暮易辙。由于其形成往往是由微杳的不显露的量变而达到质变，则其消失也需要经过量变才能达到质变。一个对症药方，初投时或无任何效验可见，若医生无主见，再加上病人要求速效，则必至改弦易辙。更忌药已有效，未充分显露出来，正在潜移默化的量变阶段中，倘一中止药力，或另易他方，则不仅前功尽弃，且恐枝节横生，变端迭出。古人治疗慢性病，在医案中常常见到 30 剂而愈，50 剂而愈，甚至百余剂而愈的记载。就治病来说，对于久虚积损之证，药投数剂，即立冀有效，也往往是不切合实际的。所以对慢性病的治疗，不但有防，还需要有守，切忌朝寒暮热，忽攻又补。

程师对许老在临诊过程中的辨证思路和自信尤感钦佩，也为日后程师诊治疑难杂病强调"抓主症"的学术观点提供了思路。

三、内伤杂病，注重脾胃

脾胃为水谷之海，气血化生之源，故称为"后天之本"。因而调理脾胃是中医治疗体系中的重要环节。脾胃学说，历代医家均有论述，然许老最为推崇李东垣和叶天士，认为东垣集历代医家之大成，而李氏详于治脾，略于治胃；详于升脾，略于降胃；详于温补，略于清滋。叶天士发展了东垣学说，创立了"养胃阴"之法，与东垣学说相互补充。升脾阳和养胃阴相互补充，完整了脾胃学说。

（一）脾居中土，灌溉四旁

脾胃为"后天之本"，气血化生之源，脾胃之气旺盛，则内充脏腑，外溉四肢。全身都得到营养的输送，从而保证了机体正常生命活动。李氏说："脾为太阴之脏，恶湿喜燥，燥则脾之清气升，以煦心肺，心肺和煦则下济肝肾；胃属阳明之腑，恶燥喜润，润则胃之浊气下降，以润肝肾，肝肾润则上滋心肺。"这概括了脾升胃降的生理活动，推动了心、肺、肝、肾的生理功能。如果脾胃不健，心、肺、肝、肾四脏也不能获得生理上正常代谢的需要，脏腑依存失调，正气不能卫外，百病由此易于入侵，上损心肺，下损肝肾。因此调理脾胃，不仅能治疗脾胃病，且亦能适应于心、肺、肝、肾诸脏的病证，可以运用于临床各科。许老认为许多慢性病患者体质虚弱，病情又极复杂，且又虚不受补，此时最宜用悦脾醒胃的轻剂，拨动胃气，斡旋脾机，这不仅能促进食欲，还能增强脾胃的药物耐受力，使药物充分发挥治疗作用，增强机体的抗病能力，加速疾病痊愈。但遣方用药必以轻灵为贵，切忌呆滞滋腻碍胃。常用半夏曲、陈皮、厚朴花、砂仁、鸡内金、茯苓、炒谷麦芽等。药味宜少，药量宜轻，一伺脾机稍健，胃气复苏，再行进补。

（二）胃为阳土，得阴自安

清叶天士在李氏"益元气，泻阴火"的基础上提出"纳食主胃，运化主脾，脾宜升则健，胃宜降则和，太阴阴土，得阳始运，阳明阳土，得阴自安"。创立了"养胃阴"之法，弥补了李氏学说的不足，进一步完善丰富了脾胃学说。

许老吸收了叶氏的观点，认为胃属戊土，脾属己土，戊阳己阴，阴阳之性有别，脏宜藏，腑宜通，脏腑之体各殊也。若脾阳不足，胃有寒湿，当恪守东垣之法；若脾阳不虚，胃有燥热，则当遵叶氏养胃阴之法。故凡遇禀质木火之体，患燥热之症，或病后热伤脾胃津液，以致虚痞不食，舌绛，咽干，烦渴，不寐，便不通爽，此九窍不和都属胃病，必用降胃之法，以甘平、甘凉濡润以养胃阴，待津液来复，使其通降。"养胃汤"是叶氏的代表方，是由麦门冬汤化裁而来，许老曾用此方加减治愈一例长期腹泻的患儿。患儿七个月早产，出生后又因母乳缺少，人工喂养，长期腹泻，每天少则二三次，多则七八次，迁延日久，导致重度脱水酸中毒，低血钾，重度营养不良及多种维生素缺乏合并口腔霉菌感染。曾住院治疗无明显好转，邀许老诊视，时见每日腹泻五至八次，发热，口渴，尿少，烦躁不安，哭无泪，身无汗，形体极度消瘦，眼眶凹陷，舌红无苔，脉象细数。虽每天输液，亦无济于事。此为脾胃之阴重伤，遵叶氏养胃阴法，方用沙参、麦冬、鲜石斛、生扁豆、鲜芦根、鲜荷叶、木瓜、乌梅。三剂后，泄泻由每日七八次减至每日二三次，身热减退，夜寐安宁，哭有泪，身有汗，更可喜的是舌上有微苔，提示津液有来复之渐，原方加粳米一撮，再服三剂，热退泻止。后以山药、莲肉、芡实、扁豆、薏苡仁、生谷芽等善后调理。先后服药十二剂出院。许老对此病的治疗，在叶氏养胃汤的基础上加入乌梅、木瓜。旨在养胃阴以甘寒滋阴为主，酸甘化阴为辅。酸能生津敛阴，甘能益胃滋阴，酸甘合伍，一敛一滋，加强了养胃阴的作用。许老活用叶氏养胃汤法对程师启迪颇深，现今她还延伸用于萎缩性胃炎胃阴虚证的治疗，常能取效。

（三）调肝理脾，木土相安

肝属木，木能克土，临床上把肝木乘脾土称为"肝脾不调""肝胃不和"。对于木克土的病理机制许老认为无论是木盛侮土，抑或是土虚木乘所致，都是一种木土不平衡的现象，在治疗时，务使肝不病，脾病亦由是而愈。治疗以疏肝为主，佐以健脾和胃。常用的疏肝药有柴胡、香附、乌药、郁金、延胡索、苏梗、合欢皮、橘叶、佛手、绿梅花、玫瑰花、白蒺藜等。这一类药大多味辛性温，清芬流动的特点，善于疏肝行滞，斡旋气机，既能疏肝经气滞，又能温健脾胃，疏理脾胃气机。但芳香理气药多温燥耗散，易耗伤阴血，若用之太过，不仅气郁不舒，反使肝阴先亏，往往有化风、动风之变，故用量宜轻，并根据不同病情适当选用，中病即止。如果肝体不足，宜酌加柔润之品。如白芍、当归等以监制之。如许老治疗肝旺脾弱的腹泻一证，常用痛泻要方酌加木瓜、乌梅。方中重用白芍敛肝，白术健脾，陈皮理气和中，炒防风散肝舒脾。木瓜、乌梅酸以制肝。许老还常常配合甘麦大枣汤一起使用，效如桴鼓。方中甘草既能和中，又能缓急柔肝（"肝苦急，急食甘以缓之"），淮小麦养心气，亦养肝气（肝为心之母，子能令母实，故养肝气），大枣健脾和中。

（四）温肾健脾，补火生土

肾为先天之本，脾为后天之本。肾藏命门之火为生化之源，元气之所系。脾的运化需依靠肾阳（命门之火）的温煦，古人把脾胃比喻为釜，把命门比喻为薪，若釜底无薪，水谷就不能腐熟消化。所以"补火生土"就广泛应用于临床。例如对脾肾阳虚泄泻一证，如果单纯用健脾祛湿或补气升提之法治疗往往不易奏效，必须益火生土。即在益气健脾的方药中加入补益命火之品，如肉桂、附片、炮姜、益智仁、补骨脂、煨肉果等。许老于1972年曾治疗一张姓患者，男，45岁，腹泻半年多，每餐饭后既有便意，多系完谷不化，近一月来腹部隐痛作胀，发作无规律，胀时即须大便。伴食少，神倦，畏寒，面色不华，舌淡苔薄白而滑，脉细。诊为下元衰惫，脾阳不振，运化失职。治拟益火培土，健运中枢。药用党参、白术、茯苓、炙甘草、煨肉果、益智仁、干姜、制附子、肉桂。连服四剂，下腹胀痛解除，大便恢复正常。后遵叶天士"中宜健则运，下宜封乃藏"之意，用附子理中合四神丸善后。

许老脾胃理论影响程师，在她日后的临诊治疗内伤杂病中注重脾胃升降。

第三节 取继荪"审因求本"

杨继荪，杭州人氏，早年随祖父杨耳山和徐康寿先生学医，后师从杭州名医叶熙春，是全国首批五百名老中医药专家之一，从医60余年，博采精思，深究各家学说，取诸家之长，继承先贤而不断创新，学验俱丰，医理并茂，擅长诊治脾胃湿热、胸痹等疾病。临床辨证中，十分注重"审症求因，治病求本"。

1975～1976年，程师赴浙江省中医院进修时，跟从杨继荪主修心血管病中医治疗。杨老不仅有深厚的中医理论知识，还十分重视中医与现代医学

相结合，主张衷中参西。程师汲取了杨老的学术观点，其之后临诊思路中无不体现了中西兼容的思想。

一、审证求因，治病求本

杨老认为，古人的"百病之生，各有其因，因由所感，各显其症"。此句阐明了机体的统一整体性，体内的病必然反映到体表，表现为相应的症状和体征。病变本质的不同决定外在现象上的不同。如心痛胸痹病人，有气滞胸痛、血瘀痹阻、气虚、阴虚、阳虚等不同类型。由于引起胸痹病因性质不同，涉及的脏腑不同，病理机制的差异，临床症状、征象亦有着明显的差异。杨老强调寻因细审，包含了寻求致病因素，分析病变何处、邪正盛衰，明确病机的主次，抓住主要矛盾，为"治病求本"提供可靠依据。20世纪50年代他治疗流行性乙型脑炎，尤其重视审察临床证候与病因病机的关系，他说：症同病不同，或病同，证候不同，治疗上均不尽相同。同是发热病人，外感发热可有恶寒、身痛、鼻塞流涕、咽喉不适等症，内伤发热则无此表现。同是外感发热，亦有风寒型、风热型、夹湿型及湿热型的不同，治疗用药各有相应治则。

杨老还认为，在治疗某些西医确定病名的疾病时，不应局限思路，要坚持辨证。如原发性高血压，临床上以阴虚阳亢、热盛火旺多见。但在具体治疗中要根据患者体质，考虑气候、情志等因素与血压之间的关系，全面分析，辨明寒热，尤其对于一些变证，要知常达变，认识疾病本质。如杨老曾治疗一原发性高血压病人，血压达200/130mmHg，服多种降压药及平肝潜阳类中药，血压一直不稳定，经常头晕、怕冷。他仔细诊察病情，发现其就诊时，头戴绒帽，当时时值仲秋，气候并不寒冷，然患者四末冰冷麻木，畏寒喜搓手，脉象细涩，舌质淡白，舌下瘀滞，一派阴寒偏盛、气血凝滞之象。杨老说这是寒邪久客血脉，寒主收引、凝涩，渐至血管收缩痉挛，气血运行失畅；又因寒伤阳气，出现不能温煦经脉之候。前用平肝潜阳，以寒治寒，不能对证。改投益气温阳、活血通脉法。重用黄芪、桂枝、杜仲，配伍川芎、当归、王不留行、地龙、牛膝、泽泻等，连服二十余剂，四末冰冷麻木、畏寒症状大为改善，血压明显下降。继服数十剂，血压稳定。因此杨老认为高血压绝非都是热证，治疗不能局限于滋养肝肾，清热降逆，活血通阳药也能获效。关键在于详细审察，准确辨证。杨老这些经验的传授大大拓宽了程师的临诊思路。

二、宏微辨证，病证结合

宏观辨证是从整体出发，通过直接观察和类比归纳的方法认识疾病，强调人体自身的完整性和内外环境的统一性。微观辨证是从发展的观点认识疾病，并借助现代科学手段，使认识更深一步。杨老认为传统的"宏观辨证"是从症状和体征入手，结合四诊八纲，再不断接受历代各学科的经验而做出的辨证施治。这当然是一种科学的思维方式。然而由于历史的限制，这种推断难免笼统、抽象而模糊，需要具体、深入、微观的认识来补充。微观辨证在宏观辨证的基础上进一步揭示了肉眼看不见的微观变化，填补了中医四诊的空隙，使传统辨证更趋完善、准确。另外在临床诊断标准和疗效评判标准方面有了更明确的指标，可以进行治疗前后更细微的对照观察，其结果更客观全面而具说服力。

中医所指的证是指机体受致病因素综合作用后，某一阶段的病理概括，是反映其本质属性的一系列特征。中医所指的病是指证的综合和全过程的临床反应。两者概念不同，但关系密切，临床上有"同病异证"和"异病同证"，就有了相应的"同病异治"和"异病同治"。杨老认为这两者都重在辨证，旨在抓住疾病过程中的主要矛盾。然不同的疾病有不同性质的病理特征，因此辨病、辨证必须两者结合。此外他还强调除了中医本身的病证结合外应与现代医学概念中的辨病治疗相融合。中西医互相弥补，取长补短。

正是杨老的宏观与微观结合，辨病与辨证结合的诊治思路影响了程师，使她在之后的心血管疾病的诊治中形成自己"病证结合""衷中参西"诊治模式，与传统中医辨证模式相比，病证结合模式优势显著，程师认为西医辨病可以从纵向了解疾病的发病原因、规律、病程特点及疾病的预后，中医辨证则是从横向了解疾病处于某一个阶段的病机特征，病证结合，泾渭分明，双重诊断，优势互补，可以达到诊断清晰、治疗精准的目的。如8年前程师在门诊遇到的一位胸闷反复不已一年的男性患者，心电图、心超等检查都在正常范围，但他有高血压冠心病家族史，她还是劝其进一步做冠脉造影检查，结果发现冠脉左前降支中端已经是百分之九十五的狭窄，当即医院为其做了支架手术，一年后原支架部位再次狭窄，医院又在原狭窄处植入第二根支架，这时他又来找到程师，希望能用中药治疗避免再狭窄，程师用病症结合的方

法为其诊治，取得比较理想的效果，间断治疗至今已有 8 年，患者没有胸闷等任何不适症状，心脏造影复查冠脉未见血管狭窄。

三、老年病证，虚瘀为纲

随着时代的变迁，疾病谱也发生了很大的变化，杨老诊治的对象也从 20 世纪 50 年代以传染病较多至 70 年代逐渐转化为以老年病为主，诸如心血管、呼吸系统疾病，并积累了丰富的经验。

杨老认为人体在 45～50 岁开始进入一个由量变到质变的衰老过程，其气血阴阳从中年起就逐日衰退，影响脏腑功能，步入老年后人体的气、血、津液都出现不同程度的衰退，脏腑功能皆有虚损，血液的运行与"心主血""肺朝百脉""肝藏血""脾统血"等脏器的相互作用有关，任何一脏的衰损都会导致血行失常，如心肺气虚，无力推动，更常直接导致血行瘀滞。老年人因体虚衰弱，正气不足于达邪于外，一些病理产物如痰浊、痰饮、湿热、瘀血等容易蓄积于体内，呈现正虚邪实、虚实夹杂的局面。故老年病人是为多虚多瘀之体。再者老年人单一脏器病变的人数不多，几乎都是两种以上疾病同时存在，或前后相继出现。故老年人还有多病性的特点。老年人多虚、多瘀、多病性出现的时间、虚损程度和衰老基本呈正相关。杨老强调对老年人的诊治，应详查细审，做一些必要的客观检查，尽早发现和治疗疾病。在辨证中，时常注意虚和瘀的病理特征，抓住其本质，提高诊断的准确率和治疗效果。针对老年人的多虚、多瘀、多病性的特点，治疗上强调整体综合从本治疗。主张补虚理瘀结合病证而缓调取胜。中医将高血压病的病因、病机概括为"风、火、痰、虚、瘀"。杨老认为，老年人气血阴阳失衡，故老年人高血压则反映为虚瘀相兼的共性。所以在高血压的治疗中杨老遵循"疏其气血，令其条畅，而致和平"的原则，在选择抗高血压的药物时，尤其注重对血液具有调节作用的中药，如葛根、川芎、桂枝、益母草、丹参、毛披树根以行瘀活血，通畅血流。并以养肝补肾之首乌、枸杞子、生地、杜仲、桑寄生之类固本补虚。

程师吸收了杨老的这些学说思想，在心血管疾病的治疗中重视虚和瘀的特点。如在难治型高血压的治疗中重视活血化瘀的作用，并做了相关的专题研究，认为高血压病位以肝、肾为主，涉及心、脑。病机为本虚标实，本虚以肝、肾阴虚为主，标实以风、火、痰、瘀为主。久病入络，血脉瘀阻是高血压病情发展的必然转归。正如叶天士所说："久发频发之恙，必伤及络，络乃聚血之所，久病必瘀闭。"导致血瘀的原因很多，可因肝气郁结，疏泄失常，致气滞血瘀；或痰浊内阻，血运涩滞；阴虚内热，煎熬津液，津枯血瘀；阳虚内寒，致寒凝血瘀；肝阴虚，肝阳上亢，升泄太过，亦可导致出血及瘀血的产生；老年气血鼓动无力，血行迟缓而成瘀；阴精亏损，血脉失养，脉道不利等。因此活血化瘀治疗高血压有充足的理论与临床依据。其治疗高血压的作用主要是：①通过改善血液黏稠度与微循环及血液的"浓、黏、聚、凝"状态，使外周阻力减少、血流动力平衡恢复正常而使血压下降；②改善血管内皮功能，调节血管紧张素Ⅱ与NO水平，来达到扩张血管、防止内膜增生、降低血压的目的。因此活血化瘀法在治疗高血压中占有重要的地位，鉴于高血压病机特点，血瘀证有时可以主证的形式出现，此时活血化瘀应作为主要治法应用。同时由于高血压的其他证型常可兼夹血瘀证，形成阳亢血瘀证、痰湿壅盛挟瘀证、阴阳两虚挟瘀证，在治疗时也应该分别在辨证的基础上加用活血化瘀。

第四节　随长春"开郁为先"

魏长春，字文燿（1898～1987年）浙江宁波慈城人（今属宁波市），早年目睹其父受疾病煎熬，萌发学医的愿望。15岁经人介绍前往浙北石门镇天生堂药店学习药业，因有志学医，每于空闲之时向该店坐堂医师姚精深问津讨教，后继拜浙东名医颜芝馨为师，1918年悬壶慈邑。1956年受聘赴杭，翌年任浙江省中医院副院长、浙江省中医学会副会长。1983年评为浙江省名老中医。魏老从医60余年，临床经验丰富，医术精湛。早年以治疗外感时病为主，后又专攻内伤杂病调治，擅长诊治消化系统疾病及急重症，享有盛誉。

程师于1976年在浙江省中医院进修时跟魏老侍诊抄方，魏老为人很正直，严谨求实，对待病人无论地位高低，一视同仁，程师亲见其连省里领导也需要排队就诊。魏老对待病人认真负责，1975年12月，浙江省中医院收治一位因吞食青鱼胆而致肾衰竭的病人，当时魏老诊视后按中医传统开了处方，回家后自觉不够满意，重新翻阅资料，查到有人用青果、苏叶治疗此证曾获显效时，又赶赴医院病房，在原方上重新加上这两味药物，使病人一剂后就有起色，40天后痊愈出院。魏老不仅严于律己，而且诲人不倦，在带教中一举一动都以身作则，为人师表，在切脉、望舌、按腹、问诊时严格要求学生必须态度端正，不得嬉笑马虎，病史记录必须详细正确，处方药味强调要遵

照中医的"君、臣、佐、使"排列顺序书写。魏老每天上午看病，下午给学生上课，每周2次，有时候上午病人多，看病到下午一点，中午时间紧张，午饭就吃点雪饼，决不影响上课时间，上课时除了给大家剖析病例，阐解处方外，还毫无保留地把自己积累的学习笔记、诊治心得交给学生传抄。上课时回忆起自己幼时的求学艰苦，时常会淌眼泪，说自己文化基础比较薄弱，学医过程更为艰辛，告诫同学要好好珍惜学习机会。魏老的这种严谨求实的精神让程师深感崇敬。在整个进修过程中，其主要学说思想及临诊思路对程师产生了深刻的影响，尤其在郁证的治疗上体会更深刻。

一、治病求本，维护本元

魏老熟读《黄帝内经》，从《黄帝内经》的"治病必求于本"的"本"字悟出许多治宜。

首先，治病当以元气为本，勿使元气受损。"邪之所凑，其气必虚""正气存内，邪不可干"，若能"五脏元真通畅，人即安和"，不易患病。即使患病，正能抗邪，也易痊愈。治疗时应从整体着眼，注重维护本元。邪能伤正，邪去则正安，故在治疗外感实证时，及时祛邪是完全必要的，和维护本元的目的是一致的。治内伤如相，只可补其不足，不可伐其有余。对因虚致病者当以调补为主。魏老在临诊中特别重视按摸乳下"虚里"作为辨别体质强弱、病证虚实的依据。大凡"虚里"跃动明显者，多系宗气外泄、本元不足之征，必须忌用克削之品。肾为先天之本，脾为后天之本，生化之源。维护本元，必须重视调养脾肾。

其次，治病以体质为本，因人施治。同一病因，同一疾病，由于患者体质强弱、脏腑之阴阳偏性不同，所出现之症状亦各不相同，故诊察时应辨明体质，因人施治。如寒体患热病，用药不宜过分寒凉，以防热退阳伤，要预先加一二味照顾寒体药，使病愈无后遗症；若病人阴虚热体患寒证，驱风寒药不宜辛温猛烈，只宜甘温、甘润药品治疗，服药后服热粥汤，盖被取汗，使风寒从汗解而不伤津液。

再者，治病要按四时气候为本，治疗需"因时制宜"；治新病，要细察兼夹症，切忌只治新病，不注意旧病兼夹症。若能在治疗中加入药味兼治，可使新旧病证皆愈；治病还要注意胃气强弱，用药以通权达变为本；气为血帅，气能生血。患病有气虚、气郁、气滞，治疗应以调气为本，气血调和，则虚者自复，郁滞自通。

以上这些都是从"治本"中引申出来的。"邪气盛则实，精气夺则虚"。"万病不出乎虚实两端，万病不越乎补泻两法"。据此，魏老提出"去其本无，保其固有，因势利导，引邪外出"为治本之大法。

二、诊治外感，祛邪务尽

古人云："善治者治皮毛。"魏老认为凡外感病证，不管是风寒还是暑湿，总以解表为第一要义，强调逐邪外出，祛邪务尽，不使外邪内陷为首要。若病属邪陷、邪伏者，治以透达，引邪外出。所以治疗感冒咳嗽，初起必须宣肺达表，使邪外出，忌用止咳成药，以防留邪不出而伤肺。医生在临床时应做到"重症不慌乱，轻症不怠慢"，切不可小觑外感小恙。俗称"伤风不醒变成痨"，即因初起失治、误治，留邪助奸所致。治疗外感时必须辨明体质，对证投药。热体解表，轻者用桑菊饮，热重者用银翘散；寒体解表，主以辛温杏苏散。若夹痰饮哮喘并发，轻者桂枝加朴杏汤。重者用减少分量的小青龙汤；素体感冒以疏风止嗽汤，轻扬解肌，邪从汗泄。

三、内伤杂病，开郁为先

郁是滞而不通之意，百病皆生于郁，朱丹溪曰："血气冲和，万病不生。一有怫郁，诸病生焉。"魏老认为在内伤杂病中，郁更为致病之主因。易思兰"治病以开郁为先务"之说，确为至理名言。郁并不局限"郁证"一端，凡湿停、气滞、血瘀、痰凝、食积、火伏皆与郁有关。如越鞠丸之针对六郁，可以治疗多种病证。魏老常喜欢选用花类等轻灵之品，用于调治中运失司、肝胃不和等慢性病。对久病中虚，气机不畅，当补益固本之中佐以开郁行气之品。

程师在随魏老学习的过程中，就郁证的诊治及魏老治疗郁证的病案进行了总结，撰写了学习体会，魏老审阅后予以充分肯定，并亲自写了批语。现程师当年的学习札记摘录几段如下：

诊断郁症每多四诊合参，尤重望诊。郁症病人其面色多暗滞、晦滞或青黄，眼眶青暗，眉宇不展，其舌或见暗红，或见紫暗，或见舌尖红满铺小红点，或见舌尖剥直通中间，其脉多见沉细涩，患者多见于女性。

郁症初起，大多为肝郁气滞，治疗当以疏通气机，但也有初起表现为心

脾两虚，治当补益心脾。迁延日久，气滞而血瘀，肝郁而生风，气郁而化火，火盛而伤阴，脾虚而生痰，心虚而神乱，甚至影响肺肾，百症俱起，变化多端，致成虚损，所以应当及早治疗。

治疗方法，除针药之外更重要的是进行心理咨询，注意精神调摄，这也是"治病必求其本"。

例1 患者，女，42岁，1975年12月20日初诊。忧郁过度，心脾受阻，气血失于流通，胸痹疼痛，肢冷面微红，常有失眠，脉细涩，舌淡红。西医检查：胃炎、胆囊炎，中医谓心脾虚证。治拟保元汤加味：生黄芪12g，党参9g，炙甘草6g，肉桂粉（吞）3g，枸杞子9g，干姜3g，大枣6枚，桂圆肉6枚。5剂后，胸痛减，纳食增，夜寐渐安，再拟调气血：党参9g，白术6g，茯神12g，炙甘草3g，枸杞子9g，熟地黄12g，川芎3g，黄精12g，大枣6枚，淮小麦15g，5剂。如法调理2个月，诸症悉瘥。

例2 患者，男，40岁，1975年10月9日初诊。病起4月余，因家庭不和，肝气郁结，横逆犯胃，以致胃脘胀满，或胸闷腹胀，纳食尚佳，大便先干后溏量少，寐差，舌淡紫，苔薄白，脉细弦，拟疏肝解郁和胃，越鞠丸化裁：制香附9g，川芎3g，乌药6g，天仙藤9g，瓜蒌皮12g，绿梅花6g，菊花9g，白芍9g，生甘草3g，决明子9g。7剂后胃脘舒适，脘胀亦减，纳食知馨，尚感胸脘塞闷，时欲泛恶，背部畏寒，夜寐欠佳，脉细弦，舌淡紫苔薄，治拟疏肝和胃：薤白3g，瓜蒌皮、瓜蒌仁各9g，荜茇3g，荜澄茄3g，制香附6g，乌药6g，天仙藤9g，陈皮6g，炒白芍9g，炙甘草3g，桂枝9g，7剂。药后胸脘胀闷减轻，纳食亦增，背部畏寒已除，泛恶减少，舌淡紫边有齿痕，脉弦细，原方去荜茇、荜澄茄，加九香虫3g，无花果15g，厚朴花9g，绿梅花6g，肉桂粉（吞）3g。7剂后诸症皆瘥。

按： 以上2例属中医学"气郁"范畴。例1因忧郁过度，悲哀忧愁则伤心，思虑过度则伤脾，心脾两虚，气血失于流通，故胸痹疼痛肢冷脉细涩，经云："二阳之病发心脾，有不得隐曲……"忧郁过度，心脾受阻，故患胃炎、胆囊炎。治疗用保元汤加干姜、大枣、桂圆肉补益心脾，心脾得健，气血得以流通，药后诸症见瘥。例2因气郁犯胃，而见脘腹胀满，治疗宗"木郁达之"之旨，用越鞠丸加减治之，疏肝开郁和胃，共诊3次，诸症皆愈。

同为气郁，前者属虚证，后者为实证，治疗完全不同。所以治病处方必须辨证施治。

魏老认为，临床上气郁、血郁、痰郁、火郁、湿郁、食郁，不可截然分开，而主要从气郁逐步发展而成。临床上，郁症必须早期治疗，以免病情发展，致成虚劳、癫、狂、噎膈等病症。

以上病例分析，反映了当时程师对魏老临证思路的深刻领悟，至今读来仍觉耳目一新，生动而具体，仿佛这些病人犹在眼前。当时魏老在学习体会上亲自批语："分析清楚，学习体会很对。"虽然寥寥数语，却是对程师充分的可定和认可。

第五节　从芷青"传承衣钵"

陆芷青教授世居浙江鹿城（今温州市），先父建之公为浙南名医。陆老娴熟岐黄、仲景之作，精于中医内科，善治时病及内科疑难杂症。后期潜心于心胆病的研究。1983 年陆老被评为浙江省名老中医，1991 年授予国家级名老中医称号，享受国务院颁发有突出贡献的政府特殊津贴。曾任浙江省政协委员、浙江省农工民主党常委、副主委。

程师于 1984 年通过选拔成为浙江省名中医陆芷青教授的助手，随师临证学习。1991 年程师作为第一批全国名中医陆芷青教授学术继承人，继续整理陆老的学术经验。前后 10 年的随师临证学习，在陆老悉心传授下，程师无论在治学方法、临证思辨、遣方用药等方面都大有长进，在专业上得到了很大提高，尽得陆老的学术精髓与真传。期间协助陆老完成"舒心宝临床与实验研究""陆芷青诊治胆病研究"两项成果，后一项成果获得浙江省中医药科学技术进步奖，陆续发表继承学术论文 20 余篇，后来形成《陆芷青内科精华评述》这本书。以下是程师对陆老治学方法、学术思想和临证经验的总结和领悟，摘其一二，以飨读者。

一、博学求精，笃行务活

（一）博学求精

陆老自幼熟读四书五经，文理医理俱通，他认为为医之道，非精不能明其理，非博不能至其约。业医者能做到"博学"和"求精"，必定学有所成。陆老的治学方法是将要读的书分为 3 类：用功书、浏览书、工具书，着眼于博与精的出入。

读用功书，用功书包括经典理论类，如《黄帝内经》《难经》《伤寒论》《金

浙江中医临床名家·程志清

匮要略》等；药物类，如《本草经》《本草疏证》等；温病类，如《温热经纬》等；各家学说类，如《脾胃论》《格致余论》《景岳全书》《证治准绳》等。

读用功书，陆老强调3点：一要熟读精记，如在学习《伤寒论》时，陆老主张先读原文，《伤寒论》的文辞言简而词奥，法密而理深，非熟读深思不易明了。故应先将条文默诵数遍，至朗朗上口，所谓读书百遍，其义自通。对精要处要做到熟记，临证时才能胸有成竹。除熟读原文外，还需旁参诸家。《伤寒论》注本甚多，泛泛阅读，难得要领。陆老认为以柯韵伯《伤寒来苏集》或徐灵胎《伤寒约编》等为佳。其书以证为径，类方分证、理法方药，一脉相承，头绪清楚，可使人触类旁通。此外，陆渊雷的《伤寒论今释》既为集注，又是中西医结合的嚆矢，这些注本也可作为深入探究之参考，以领会精神为主，勿贪其多，但求其熟。二要善思明理，学而不思则罔，每读一篇一章，都应回味消化，析疑解惑。尤其是经典著作，更需要深思熟虑，反复推敲。如在深入研读《伤寒论》时，陆老强调要做到举纲张目，分析比较。《伤寒论》条文有重要、次要之分，对重要的纲领性条文先学深、学透，然后再去学次要的条文，就可执简驭繁即所谓"举纲张目"；此外，还可运用综合归纳分析比较的方法，即注意类证、类方的比较、归纳。例如，"下利"是临床常见的多发病证，仲景对"下利"的辨证施治，以六经为纲，据寒热虚实辨证，按理立法，按法用方，寒者温之，方用四逆辈；热者清之，用黄芩汤、葛根芩连汤、白头翁汤；实者泻之，拟诸承气汤；虚者补之，拟桂枝人参汤……方随证异。如此将有关"下利"的脉证条文合在一起比较归纳，即所谓类证。而类方有二。一是把同一方的条文集在一起，相互补充，加以综合分析。如以桂枝汤为例，把《伤寒论》中提到用桂枝汤的条文集中一起，就可看到桂枝汤的全面症状；再把桂枝汤禁忌条文集在一起，就是桂枝汤的禁忌证。这样通过两个方面的归纳，对仲景桂枝汤证就能真正掌握了。二是对类似方剂加以区别，如三承气汤、大小青龙汤、大小柴胡汤等，通过类证类方的分析归纳，可以达到循证识方，由方求证，二者结合，对《伤寒论》方证的认识就深刻多了。此外，尚可用类药法，从药测证，从证测药，以了解仲景用药的全貌；用循证识方和由方求病法，可补充某些条文述证或述方之不详，如此等等，均可加深对《伤寒论》的学习。三要勤记贵恒，在明理的基础上，随时将学习的心得在书上注以眉批，持之以恒，必有收获。

读浏览书，陆老主张先读序言、凡例。此乃作者著书的目的、要求和方法，联系作者的体会，再择其精华而读，可收事半功倍之效。因此，浏览书着眼于"精"，取其长而融会贯通。

工具书是在遇到问题时查阅使用。祖国医籍浩如烟海，汗牛充栋，人之精力有限，不能兼收尽取。如《中国医学大辞典》《中药大辞典》《中国医籍考》《四库全书总目提要》等可带着问题去翻阅，开阔眼界，加深对问题的理解。

（二）笃行务活

陆老认为读书不临证，则书为"死"的，务须验之于临床，书才能读"活"。只有将书本理论专心付诸实践——笃行，并于实践中运筹灵活——务活，才能达到治医的最终要求。

1. 专心实践，总结提高

将理论应用于实践，并在实践中总结成败经验，积累心得体会，反过来提升对理论的认识。《伤寒论》中有争议的问题较多，往往众说纷纭，莫衷一是。通过联系实际，临床观察，常可得到较好的解决。例如，治疗奔豚证的主方桂枝加桂汤，究竟是加重桂枝的剂量，还是另加肉桂，意见不一。实践证明，有时重用桂枝即可取效，这是因为桂枝本身具有通阳平冲作用；但有时须加肉桂始能有效，这是由于患者肾阳不足，用肉桂能温肾助阳，而桂枝则力所不及，故非用肉桂不可。这就是所谓"临证得真知"。因此，陆老教导，学习《伤寒论》一要熟读，二要活用，才能真正读通。仲景之方，为诸方之祖，可法可传，但如果不问地理、环境的变迁，不因人因时制宜地使用原方，则未免刻舟求剑，变成了呆方死法。治学贵在实践，学习先哲经验，读仲景书，就要在实践中反复分析它的理法，比较它的方药，领会其辨证论治的园机活法，仿而不泥，超而不脱，才能学以致用。

2. 辨证施治，运筹灵活

陆老认为中医治病，重在辨证。如诊脉除注意三部九候，寸关尺，浮中沉的比较外，而且注意某部之独脉，如弦脉三部俱弦当主实证，兼滑则为痰火；若关弦尺细弱，即为阴虚阳亢，虚中夹实；若尺沉细寸弦滑，却是饮停上焦。再就舌诊而论，注意从微细处求真谛。如鸡心舌，一般作胃阴亏虚论治，而其经验，若鸡心舌四周苔薄白湿润或白滑者，乃中寒痰饮为患，认为舌中心属胃，津不上承，故中心无苔，痰饮内停，四周苔见薄白滑润，法当温药和之，而胃阴亏虚之鸡心舌，舌质多红点，舌苔较干燥。陆老辨证之精细，可见一斑。

3. 遣方用药，师古不泥

药贵合宜，法当应变。泥其常者，人参反以杀人；通其变者，乌头可以

活命。陆老认为方剂运用，在于医者的匠心化裁，主张博采众长，熔于一炉。如以四物汤合苓桂术甘汤治血虚痰饮眩晕，丹溪咳血方治支气管扩张咯血，景岳左归饮右归饮治疗心病，清心莲子饮治疗慢性肾盂肾炎，甘露消毒饮化裁治疗乙型肝炎等均是其古方今用的结晶。并认为医者临证，贵在于"活"，以治愈为目的，不可拘泥于方书。如治一王氏水肿病人，西医拟诊"慢性肾炎"，患者面色㿠白，全身浮肿，尿少形寒，纳谷不馨，苔白色淡，脉沉细。证属脾肾阳虚无疑。然每于肿消旋即腹部绞痛，手不可近，腹壁可见索条状隆起，病者辗转反侧，号叫不绝，四末冷，呕恶清水，西医注射哌替啶后痛止，随即全身浮肿又现，如此反复已有三次。陆老会诊，穷心冥思，缘何肿消腹痛，痛止而肿之理？细辨之，其证与《金匮要略·腹满寒疝宿食病脉证治》描述相符。陆老认为，此脾阳式微，中焦寒盛，阳气不得斡旋，则寒着而腹痛肢冷呕恶，腹壁见条索状物者，乃肠管挛急也。俟阳气舒展则寒邪傍达，水泛肌肤，故痛止而全身浮肿。虽然《金匮要略》论风水腹痛，有防己黄芪汤加芍药之设，究非温阳祛寒之剂，非本例所宜。此时急宜温脾祛寒，遂立大建中汤：蜀椒4.5g，干姜3g，别直参4.5g，饴糖（冲）30g予之，旨在温脾阳，振中气，而不在治肿，盖斯时以腹痛为主证也，药后片刻痛即缓，次晨视之，全身浮肿，皮肤发亮，按之凹陷。旋又治水为主，于原方加五苓散，三日而浮肿消退，惟足肿不消，责之于肾阳衰惫，用右归丸温肾壮阳，黄芪粥补中益气，水气得化，足肿乃退，而蛋白尿长久不消，嫌右归丸生精之力不足，原方易用鹿茸加补骨脂，调治半年，而收全功。

二、外感内伤，首重气化

陆老认为气化从宇宙来说，是指自然现象的变化。气化从人体来说，是指人体精微物质的化生与转化。气化活动的特点：一是通过脏腑功能的运动变化来完成；二是其活动的基本形式是通过升降出入来体现。气化失常，百病乃作，因此病理情况下，则反映为脏腑经络阴阳气血升降失衡，出入无序。如"浊气在上，则生䐜胀；清气在下，则生飧泄"等，均是升降失常所致的病变。临证如果掌握气化活动的正常规律和异常表现，以此审查病机，辨别证候，可达到执简驭繁的目的。立法遣方以此为据，来调节机体升降出入，以平为期。配方用药以药性之四气五味、升降沉浮，来调节人体之阴阳升降，使之恢复协调平衡。

（一）升降出入，辨证求因

陆老认为疾病虽然错综复杂，千变万化，然多离不开气机失调，升降出入失衡。其中内伤病，多病于升降，因升降主里也；外感病多病于出入，因出入主外也。临床若能谨察气机升降出入的变化，就不难找出疾病的症结所在。

（1）内伤杂病多从升降求之：内伤杂病其病多在脏腑，脏腑功能失调，则为升降失调。如胃气上逆则为呕吐，为嗳气；脾气下陷则为泄泻，为脱肛；肺失清肃则为咳喘，为气急；肝气郁滞则为痛为胀，其气亢逆，则易化风化火，为眩晕，为头胀；肾水不滋，心火独亢则为不寐，为心烦，不胜枚举。如温州西桥浦余省三之子患温病，前医用大剂量寒凉药，身热虽退而继发眩晕，卧床不可转侧，动则作呕，邀陆老诊视，面色㿠白，口干不欲饮，舌苔薄白而润，中剥无苔，脉弦。曰：此清凉太过，清阳不升而作眩晕，拟苓桂术甘汤予之，一剂晕止，二剂起坐索食。

（2）外感病证宜从出入审之：外感病多为六淫侵袭所致，其邪或从口鼻，或从皮肤而入，初在表，在太阳，在卫分；表邪不解，内传入里，可传入阳明、太阴、少阴、厥阴，或入气、入营、入血。此为表里出入异常之病变。外感病，病邪入里一层，病深一层；出表一层，病轻一层。医者须慎思明辨，细心体察。如治疗卢某，女，12 岁，三伏天于放生池洗涤衣服，不慎失足落水，已经没顶，幸经邻人救起，是夜即高热恶寒，无汗身疼，烦躁不宁，苔薄白，脉浮紧。次晨邀陆老诊视，曰此大青龙汤证也，即处方予之。药店中配药者视之大惊曰："三伏夏令竟用如此辛热之剂，得毋误矣！"以病家深信师技，煎药服之，二时许遍身汗出，寒热解，烦止。翌日复诊，以甘淡之剂，调理数日而康。此案险在三伏天使用辛温发汗之剂，恐有大汗亡阳之虑。然从表里出入审之，患者溺水致风寒外束，玄府闭塞，卫阳被遏，故见恶寒无汗，热气不得发越，故而高热烦躁，此乃出入失常之病变，属表寒里热证。大青龙汤具有发汗解表、清热除烦之功，倍用麻黄在于宣泄发汗，加石膏清内热，除烦躁，二者合用，一宣一泄，一温一寒，以解肌达表，祛邪外出，故一服即令病势顿挫，化险为夷。此案说明外感病从"出入"处求之，则其证易明，其法易立。

浙江中医临床名家·程志清

（二）升降敛散，立法论治

气化学说的理论核心在于气的升降出入，故而理法方药常以此为依据，一般气亢之于上者，抑而降之；陷于下者，升而举之；散于外者，敛而固之；结于内者，疏而散之。对于病情复杂者还应注意寓升于降或寓降于升，寓敛于散或寓散于敛。升降敛散全在医者圆机活法，匠心独运。如心病治肾，胆病通腑，即宗气化学说的升降出入理论而设。陆老认为心肾二脏水火相交，坎离互济，肾水上济心火，使心火不亢；心火下温肾水，使肾水不寒。若心火亢盛，必下汲肾阴以求相济，若水火互济，则心君得以安宁；心气虚须鼓舞肾气以予资助；心阴虚应滋养肾阴以资生；心阳不足还赖肾阳之温煦；心血虚，滋补肾精以资化源。因此临证治疗心病治心不应者，主张从肾论治，此乃宗气化理论的图本之法。如治张氏，男性，冠心病，阵发性心动过速，胸闷痛不时举发已近一年，痛则心悸汗出。初诊之时正遇发作，胸痛汗出，心悸心慌不能自已，舌红绛苔黄，脉细促。观以前处方，一派祛瘀通络之品。陆老认为，此肾水亏少不能上济心火，以致心阴亏虚，心脉失养，而见胸闷心悸心慌；心火独亢逼津外泄，故见汗出连绵。拟滋肾水清心火法，数剂而诸症缓解。又如论治胆病，常用疏少阳、通阳明大法，认为只有使阳明气机通降，才能使少阳枢机舒展，疏通之法在胆病多年治疗中，每投辄效。再如治疗肝阳上亢的高血压患者，除用石决明、珍珠母、茺蔚子、牛膝、钩藤等平肝潜降之品，常加一味川芎疏肝气，升清阳，寓降中有升之意，以防降之太过，有碍肝之升发。治疗肾结石时，常在通淋排石的同时，加入温肾化气之品，以助膀胱气化功能，可奏卓效。

三、衷中参西，宏微兼顾

陆老业医六十载，执教三十年，娴熟岐黄、仲景之学。早年在陆渊雷门下曾研读《生理补正学》《病理补正学》等西医知识，善于吸收现代医学之长。在理论探讨上就《黄帝内经》理论、仲景学说、病因学说、气化学说、辨证与辨病、辨证论治方法论等方面发表了许多有见解的文章。他认为，中医的脏腑经络、病因病机、四诊八纲、辨证论治、理法方药等是其特色，其理论根据是朴素的，如果能借助于物理学、生化学、细胞学、免疫学、分子生物学等现代科学研究方法来研究中医无疑对中医学的发展是有利的。因此，陆老主张利用现代科学知识及各项科学仪器的检查数据，为中医所用，所谓他山之石，可以攻玉。他负责的"心气与心搏血量"及心气与血液流变学的实验和临床研究，指导研究生在心气虚动物模型研制方面，取得了新的突破，初步揭示了心气与心搏血量，心气与血液流变学之间的内在联系，进一步证明了心主血脉，心气推动血行理论的正确性。其从事的心、胆病临床研究，也分别以超声心动图、心电图、B型超声图、血液流变学等各项客观指标作为判断疗效的主要依据。

陆老认为中医识病辨证，立足整体与宏观；西医辨病识症，着眼局部与微观。临床若能在整体宏观辨证的基础上参考西医的诊断及理化检查，可对病证有比较深入和全面的了解，使治疗的针对性更强，有利于提高疗效。比如病毒性肝炎的诊断是建立在细胞学、组织学及分子生物学等现代医学微观研究的基础上，而中医辨证所采用的宏观方法尚难以对这些微观病理变化做出正确的分析和判断，常常是病人临床症状消失，已无证可辨，而肝功能或乙型肝炎三系的检查尚未达标，这就需要参考实验室理化检查指标，作为微观辨证的依据，以求达到临床证候和微观病理变化同步改善的要求。如对肝炎谷丙转氨酶升高在100U/L以上者，多提示邪毒偏盛，治疗时重在疏肝解毒，慎用鳖甲、生地等滋腻恋邪之品；而对谷丙转氨酶始终波动在 50 ~ 60U/L 者，常提示邪正相持不下，尽管临床症状不明显，仍需注意疏肝解毒，同时予以扶正，以利邪气外达，脾虚者辅以健脾助运化湿，肝阴虚者辅以养阴柔肝，常能收到较好的疗效。再如在诊治胆病过程中，发现不少胆结石、胆囊息肉患者，平时并无不适，仅是在体检B超检查时发现患有胆疾。针对"结石""息肉"的不同情况，陆老分别采用利胆通腑排石及扶正祛邪、化瘀消积之剂而取效，其治法就是针对"微观辨证"而定。因此陆老认为四诊客观化，辨证微观化是中医今后努力的方向。

四、诊治胸痹，着眼气阴痰瘀

陆老认为胸痹证治虽然繁杂，然其本不离气血阴阳，其标在痰浊、血瘀。五脏之中，心生血主脉，心气推动血液运行于全身以养百骸，肝气调节全身血液，保持供血的平衡，脾气统摄血液，使之循轨之行，肾为水火之宅，肾水上济心火，使心火不亢，命火温暖脾土，使其温运精微，鼓舞心阳，使血脉温运。若心气不足则血运无力以致血瘀痹阻，脾失健运则聚湿生痰，痰停

血瘀又可使心气不舒发为胸痹。若心阴亏虚，虚火煎灼，可成血瘀，亦可炼液成痰。因此，心之气阴不足为病之本，痰浊血瘀为病之标。临证大致分为心气（阳）虚、心阴虚、瘀血阻络、痰浊内蕴四型，而这四型又往往交错互见，治法有益气、养阴、豁痰、祛瘀、健脾、补肾等配合使用。其辨证分型要点主要在舌脉。如见舌质色淡胖嫩，舌边或舌下络脉瘀紫，脉细涩此为心气虚血瘀之征，治宜益气活血祛瘀，药用党参30g、生黄芪30g以补气，桃仁9g、红花5g、丹参30g以活血祛瘀，降香9g以行气，薤白9g、瓜蒌皮9g、桂枝3g以舒胸通阳。若见心房颤动，加米醋一匙冲（取米醋有活血功效之说）。

五、诊治胆病，重在疏通

胆为清净之腑，藏精汁，泌胆汁下入小肠，以助脾胃运化。因其即藏又泄，似脏类腑，故又名奇恒之腑。其性似腑善通降而恶壅塞，似脏喜洁净而恶浊热。若饮食不调、寒温失节、情志不遂及虫积等导致肝胆失疏，湿热壅阻、胆汁郁结，胆体受损而发病。陆老在诊治胆病有独到的见解，程师做了相关的总结概括：

（一）疏少阳，通阳明，为治胆病大法

胆为奇恒之腑，宜疏泄通降。若少阳不疏则阳明不降，易致腹胀便秘，腑气不通；而阳明不降，又使少阳气机愈加壅滞，致症情加剧。故诊治胆病应注意"通""降"。若便秘者务必投以大黄、枳壳甚至元明粉，以使腑气通降，少阳气机得以舒展。即使大便溏而不畅者，亦需注意保持腑气通畅。

（二）清湿热，调气机，不宜克伐太过

湿热壅滞、胆气不利是胆病的主要病机，治疗大多采用清热利湿、理气止痛、利胆疏泄之品。由于湿性黏滞，病程缠绵，邪气久踞，易于耗伤正气，因此治疗时应注意扶助正气，以免克伐太过。舌淡者兼顾健脾助运，如党参、茯苓、薏苡仁；舌红者兼顾养阴生津，用麦冬、知母、芦根之属；舌绛者兼予滋养肝阴，如生地、女贞子、何首乌等。对苔黄腻或白腻等湿热邪重者，扶正之品应慎用，务等湿化之后再议扶正。

（三）祛瘀血，化癥结，注意久痛入络

"久痛入络"，胆病日久可见患者面色暗滞，舌边瘀紫或舌下瘀紫，伴右胁刺痛或隐痛，B超可见肝内胆管结石或胆结石或胆汁淤积性肝硬化。此时单用清热化湿、疏肝利胆，已嫌力弱，应加活血化瘀通络之品，如地鳖虫、桃仁、莪术、赤芍、五灵脂、炮山甲等。胆汁性肝硬化者，若舌质红绛少苔，必用炙鳖甲软坚化瘀；胆囊息肉，常用皂角刺、乌梅、炙鳖甲、炮山甲等。皂角刺消肿排脓，乌梅酸收利胆蚀恶肉，炙鳖甲软坚散结，破瘀通经，炮山甲活血散瘀，通行经络。四药合用，对胆囊息肉者颇效。

（四）按压天宗穴可以早期诊断胆疾

天宗系手太阳小肠经的穴位，陆老经过几十年的临证经验积累，认为按压天宗穴可以早期诊断胆疾。尤其在胆病发作时，该穴压痛较其他穴位（胆经穴位）压痛更敏感，并可以此区别胃痛。具体操作方法：被检查者取坐位，两目平视，头稍微向前倾，两手自然下垂，检查者用大拇指按压天宗穴（即肩胛冈下方，肩胛窝内），其余四指搭在被检查者肩上，两手用力适当，并保持基本相等，观察两侧天宗穴反应情况，一般以右侧反应尤为明显。本检查由陆老研究生通过B超检查，对1000多例病人和正常人进行对照验证，胆病天宗阳性检出率为90%以上。

第三章

声名鹊起

　　医者名声，实乃病人口碑之播传，业界同行之肯定，社会各方之认同。大名声虽可成就大医，然真正大医者，以"精诚"为本，不为名所动，不为名所累。"凡大医治病，必当安神定志，无欲无求，先发大慈恻隐之心。誓愿普求含灵之苦……勿避险巇、昼夜、寒暑、饥渴、疲劳，一心赴救，无作功夫行迹之心。如此可为苍生大医。"扁鹊救人济世诚于直言，华佗广施人道不分贵贱，孙思邈为民救世唯图精诚，李时珍遍尝百草泽被后世……故为医者，唯求精诚，方可实至名归。

——程志清

　　上述题记，是程师在平时的工作札记中的一段话。在解释对"名声"与"精诚"及其相互关系的理解时，程师认为：医者名声来自病人口碑，业界肯定，社会认同三个方面，而其中病人口碑是核心，也是基础。然以病人为中心，以医治疾病为出发点，以治病救人为终极关怀，则为医者起码的职业要求。而"精诚"乃是医者立业成名之根基，"精"于业且"诚"于德，德才兼备才成"大医"。"名"无非是精诚之结果；不求精不求诚只求名，乃舍本求末，弃皮留毛，注定不会成功。

　　程师常告诫学生们：良医处世，尊医道，修医术，不矜名，不计利，此求立德也。挽回造化，立起沉疴，此求立功也。程师认为："精诚"，当是每个医者毕生的追求，也是终极的追求。程师总结自己对追求"大医精诚"过程的认识，大约有三个阶段，第一阶段：从医初期及刚起步时期（20世纪70～90年代），认为祖国传统医学博大精深，自己初出茅庐，"大医精诚"

离自己十分遥远，唯有扎实地于业求精，于德求诚，一步步踏踏实实去熟悉经典，掌握技术。第二阶段：在 20 世纪 90 年代起至 21 世纪初，该阶段程师已在术业上小有成就，但认为自己的这些成就，还仅仅在经典熟悉、用方熟练的阶段，离真正的所谓"精"还有不少距离，离"诚"尚未修炼成功，仍需进一步努力；第三个阶段：即 21 世纪初至今，虽取得不少成果，但认为真正的"精"乃是师古而不泥古，且在古的基础上有所突破，有所发展，有所弘扬。对比身边真正的大师们，自己在突破、发展、弘扬等方面显然还需进一步努力。

程师对"精诚"的不懈追求和执着精神，以及她谦虚宽大的胸怀，值得人们学习和敬仰。而其"大医"之名，随着她努力的脚步，一点点积累、扩大、鹊起，所称其"名医"，实至名归。

第一节 病人口碑，重于奖杯

一、廿载磨砺，屡起沉疴

程师作为一名真正的临床医师，应当从 1971 年正式分配到徽州地区卫生学校后，到徽州地区医院下临床开始起算。此前长达近两年在歙县人民医院、马鞍山十七冶金职工医院、东流血防医院等的临床工作，都属于临床实习。

分配到徽州地区卫生学校后第二个学期开始，程师就一边上课，一边临床。在徽州地区医院，程师"跨界"到西医内科病房临床。当时科室主任胡荣涛、卫校内科主任吴望溪，都积极鼓励程师放手用所学的专业，在西医领域大胆施治。程师信心很足，大胆用中医中药，治疗一些内科疾病。如用乌梅丸治疗胆道蛔虫症，羚羊钩藤汤治疗高血压等，病人恢复的十分理想，受到吴主任和同事们一次次的表扬，渐渐地在医院树立起自己的良好形象。医院各科室会诊，往往也会主动请程师出席，连医院儿科也请程师针对许多儿科疾病使用中医中药治疗。其中麻疹、肾炎、哮喘、咳嗽，都收到不错的疗效。

多年的临床实践，让程师认识到，治疗疑难杂症中医较西医有自己独特的优势。中医能在辨证论治的基础上，充分发挥综合疗法优势，医食配合，身心同治。因此，作为一名中医，不能被西医病名束缚自己的中医思路和辨证论治方法。

1972 年，程师下临床不久，一天在内科病房内会诊时，发现一名男性患

者满脸通红，好像喝醉酒了一样。这引起了程师的注意，于是程师向主管医师了解情况。这名省立医院下放到徽州地区医院工作的主治医师介绍说，患者住院前有高血压病史，长期服用降压药片，一个月前因血压持续不降头晕头痛剧烈测血压 BP 210/120mmHg 而住院治疗，现在已经住院一个月，经西药治疗血压下降而自觉症状未见好转，故要求中医会诊。程师见患者面红如醉，头痛剧烈，头重脚轻，头晕欲仆，肢麻颤抖，以致不能下床行走，舌红绛苔老黄糙，脉弦劲，测血压 BP 170/100mmHg，程师认为属于肝阳亢逆，风火相煽，故取《通俗伤寒论》羚羊钩藤汤化裁，以羚羊角、凉肝息风为君，臣以钩藤、石决明、决明子则凉肝息风作用增强，佐以白芍、生地酸甘化阴，滋阴柔肝，地龙、桑叶、甘菊清热平肝，竹茹、贝母清热化痰，诸药合用，可使热去阴复，痰消风息，全方共奏凉肝息风、涤痰清热之功。因药证合拍故一剂后病势顿挫，头痛顿减，七剂后诸证悉有好转，如法调理二周后，血压正常出院。患者和西医主治医师都惊讶中医的效果如此快如此好，觉得程师虽然年轻，但是中医水平不错。初试牛刀，让程师尝到了中医药治病救人的甜头，于是，不久在内科病房小有名声，只要程师在病房轮转，中医会诊都会请她。

程师多年的临床实践中，深受各名师大家的指导点拨。在徽州地区卫生学校 8 年任教期间，有幸结识了一位新安名医——当时徽州地区卫生学校的中医教研室主任许芝泉先生。许老先生是休宁当代名医，少年即从师程苓圃，可谓学验俱丰。程师当年倍受许老的赏识与指导，在学业上长进不少。1976年程师赴浙江省中医院临床进修一年，期间先后拜师杨继荪、魏长春、裘笑梅等中医大家，得到大师们的悉心指导，受益颇丰。1979年调入浙江中医学院。1980年赴陕西咸阳参加教育部、国家中医药管理局组织的第一届全国《黄帝内经》高等院校师资班培训，为期一年的理论与教学系统培训，为程师日后的教学与临床打下了扎实的功底。1984年开始作为浙江省名中医陆芷青教授的助手随师临证。经陆师悉心传授技艺，程师在临证思辨遣方用药方面大有长进。1991年程师作为第一批全国名中医陆芷青教授学术继承人，继续随师临证，继承整理陆老的学术经验。前后10年的随师临证学习，程师尽得陆老的学术精髓与真传，在专业上得到很大提高。在不断接受名师教诲，又不断实践中，程师充分体悟并总结出一句话："药不在多而在精，量不在大而在中病，用药贵在轻灵活泼，恰中病机。"基于这种认识，程师治疗疑难杂症屡起沉疴。

1988 年，一名浙江东阳市的王姓患者来找程师看病，这个病人 50 多岁，肿瘤医院拟诊为"恶性淋巴肉瘤"，由于家境清寒，付不起高昂的医药费，没有接受西医的放、化疗。抱着试试看的心情，病人求于中医诊治。程师当时正在省中医院门诊，首次接诊时，但见患者单眼红肿突出，眼球垂挂在眼眶外，乍见甚是恐怖。患者头痛，皮肤干燥，表情痛苦，舌质红，脉弦数。程师诊断为肝火上炎、痰凝气结，采用清肝泻火、软坚散结之法。用龙胆泻肝汤加夏枯草、天葵子、蛇六谷、野葡萄根、藤梨根、白花蛇舌草、猫爪草、全蝎、炮山甲等，一周后头痛好转。原方再进 14 剂后，单眼突出挂垂明显好转，眼球已经缩进框内，皮肤干燥减轻。患者于是一直随诊服用程师开的中药方进行调理。为了节省开支，其托人帮忙去医药公司批发药材，用麻袋一袋一袋地买回去，自己按药方秤药，自煎自熬，按方服药。由此，患者病情一步步得到有效控制。随访至今，患者现仍健在，已有 80 多岁。

同年，也是来之东阳的一名患者，男性，59 岁，主诉：右胁肿块 17 年，伴神疲乏力，纳呆气急半年余。半年来肿块逐渐增大，伴神疲乏力，纳差，行走则感到气急、膝软。东阳市人民医院 B 超提示肝区实质占位，呈结节状融合成团块型（3.1cm×3.3cm 和 7.3cm×3.5cm）；浙江省第一医院 B 超提示结节性肝癌。因患者体质较差不能接受化疗，遂就诊中医。程师望闻问切，发现患者舌淡白，苔白腻，舌边有青色瘀斑，脉细弦。辨证属肝郁脾虚，痰瘀互结，毒邪内阻，故以当归、赤白芍、枸杞子、炙鳖甲柔肝软坚，生苡仁、茯苓皮、生黄芪、潞党参健脾化痰，半枝莲、半边莲、白英、石见穿、八月札、郁金解毒祛瘀，广地龙涤痰通络，广木香、鸡内金行气消积。服药 1 个月后，患者诸症悉有好转。二诊：患者药后睡眠好转，纳食增加，精神略振，症情好转，肿块未见增大。程师遂上方加冬瓜子皮化痰利湿，迭进柔肝软坚、化痰祛瘀之剂，并嘱平日常服乌龟肉、鳖甲肉。三诊：患者症情好转，右胁下肿块亦见缩小，唯感乏力神疲多行则气急，舌红中裂，入夜口干，舌转红，苔薄黄，脉细弦。加丹参以凉血活血，生牡蛎、玄参、浙贝、瓜蒌皮以软坚涤痰。前后服药 100 剂，患者病情稳定，还能做些农活。1990 年 5 月，胁痛又作，上方再进，加服蛇毒胶囊，胁痛自止。因家境经济状况较差，患者遂停服中药，平时自采绞股蓝、半枝莲，白英、白花蛇舌草煎水当茶饮，癥积虽见缩小，但仍存在。患者带瘤生存八载，直至 1996 年年底因干农活时不慎跌伤而病故。

这 2 名来自东阳的患者均身患绝症，经程师治疗后获得新生，病人感激

涕零，在当地引起不小的轰动，声名鹊起，以后类似肿瘤病人来找程师的络绎不绝。

二、少壮弗怠，炼得妙手

20世纪90年代开始，作为一名从业20年的中年中医，程师应当正值少壮时期。经过20年的临床实践和经验积累，程师的医术、学业日臻成熟，能力和水平已跃上一个新台阶。然程师仍丝毫不懈怠，学习不止，追求不息。1994～2004年，程师主持浙江中医药大学科研处、研究生处工作。因学科发展及工作要求，程师有机会与全国的中医院校校长、科研处与研究生院的同行及各类专家、名师们进行各种学术交流与探讨。其间应邀出国赴印尼、荷兰、美国等境外讲学，这种学术交流、探讨、讲学，程师将其称为"游学"。程师认为，这种"游学"，对其自身的学术提升有着深远的意义，使自己从国内走向国际，开阔了眼界与胸襟，提高了学术见解。

这个时期，程师在已有的二十多年临床经验的基础上，自觉地开始总结提炼，医术水平迅速爬升。在临床上表现出视角独到，审病精细，辨证准确，用药精当，配伍巧妙，兼融中西，疗效益佳。病人口碑越来越高，口口相传越来越广。程师的临床病案中，曾治愈多例脑梗死等难治病，就可见其中一斑。

1992年，一名57岁的女性患者夏某，因头痛、恶心、呕吐严重于1月15日在当地人民医院住院，1月18日始出现口角左歪，右太阳穴抽搐，右上肢偏废不用。西医拟诊：脑梗死。给予对症治疗，病情略有好转。至4月上旬，家属见病情起色不快，遂自敷草药于右手部，之后局部出现肿胀水疱。4月16日颜面红肿，次日色转紫暗，张口、吞咽困难，紫肿迅速蔓延至两上肢及上半胸部。给予地塞米松、头孢哌酮钠等治疗1周，病情未见起色，已下病危通知，家属力邀程师会诊。诊查CT检查提示"上腔静脉阻塞综合征"、脑梗死、颅脑左侧颞顶部脑动脉畸形可能。胸片报告纵隔阴影明显增宽。骨髓检查示：粒系明显增生，有感染现象。血常规检查白细胞3.0×10^9/L，中性粒细胞0.94%，淋巴细胞0.06%，红细胞4.4×10^{12}/L，血红蛋白131g/L，血小板330×10^9/L，未见幼稚细胞。刻诊：患者精神萎靡，声低懒言，颜面高度肿胀呈暗紫色，双目红赤，因胞睑肿胀成线缝状，双上肢及胸上部肿胀发亮呈紫红色，触之有硬实感，两手心有白色鸽蛋大小水疱三四个，两寸口因肿胀无法切脉，纳呆便溏，唇紫，舌体瘦薄色绛，舌苔光剥少津。

本病是因患者中风后外敷草药引发多发性脉管炎且致上腔静脉阻塞综合征，初诊时两上肢、胸部高度肿胀，触之有硬实感，肤色光亮红紫，双目因肿胀而呈线缝状，其证实属罕见。根据肤色红紫，血小板、红细胞、血红蛋白增高，唇紫，舌绛紫少津等特征，瘀血内阻无疑。又因患者素体阴虚阳亢火灼津血以致瘀阻血络，加之外敷草药，客邪入脉，诱使病情加重。程师初拟养阴清热、活血通脉之剂获小效，药虽对症，但力所不逮，病情未得控制。之后又见头与右上肢相引抽掣，肝肾阴亏，风阳内动之征暴露，改投三甲散，以虫类灵动之品加强育阴潜阳、息风镇痉、祛瘀通络作用，药后病势顿挫，如法调理3个月，诸症消失痊愈。患者不住地赞叹程师的医术高明！

另一名来自杭州市萧山区的赵某，患者因长期高血压，平时疏于服药，突发中风脑溢血，神志昏迷，当时急诊送到浙江大学医学院附属第二医院，医生要求立即开颅手术治疗，由于患者孤老膝下没有子女，无力支付5万多元的手术费，因此决定放弃手术治疗，改找中医诊治。由于平日里患者亲属都有在程师处诊治疾病，深知程师医术精湛，抱着一线希望用担架抬着患者找到当时在杭州萧山钱江医院坐诊的程师。程师见状果断给服用安宫牛黄丸和中药息风和络的汤剂，患者3天后苏醒，一周后可以少许进食，21天后搀扶着能行走。一个月后，肢体活动恢复如初，言语表达也基本正常，效果令人称奇，患者感激地称她是"神医"，并亲自赠送锦旗给程师表示感谢。之后萧山的很多中风患者，听说程师中医治疗中风这样神奇，都慕名前来找程师诊治。

还有一位张姓女病人，体检时发现血压高达180/90mmHg，当地医生建议她住院检查，结果竟查出了潜伏已久的疾病——冠状动脉粥样硬化性心脏病，冠状动脉多处轻、中、重度狭窄（堵塞），医院强烈建议置入支架。得知这个消息后，张女士既紧张又害怕，家人也非常担忧和不安。为了慎重起见，她又到浙江省某三甲医院检查，医生同样建议她置入支架。考虑再三，鉴于自己并没有胸闷、心痛等症状，张女士决定暂时不装支架。之后经女儿同事推荐找到程师。从此，病人的病情发生转机。程师认为：患者已近耄耋之年，肝肾亏虚，气化失司，痰瘀痹阻，以致冠状动脉及颈动脉斑块形成。治疗上应予以标本同治，虚实兼顾，益肾养肝以固其本，涤痰活血以通其脉。张女士坚持服用程师的中药，从未间断。一年半以后，她到浙江省人民医院做了心脏造影检查，结果令人惊喜，血管畅通，未见明显狭窄。张女士送来锦旗，表达她对程师的感激之情，说道："程医生擅长心脑血管疾病的治疗，是我

一直盼望找到的好医生。她不仅医术精湛，还平易近人，看我年纪大总是照顾我。她病人多，号子不好挂，但每次都会给我加号，我打心底里感谢感恩程师医生，我的心愿就是希望更多和我一样的患者都能找到像她这样的好医生。"

1993年10月，一个10岁小男孩子周某，由于注射乙型肝炎疫苗后，全身皮下紫癜，关节疼痛、腹痛，在当地住院治疗一个月未愈，来儿童保健院诊断确诊为"过敏性紫癜"，开始服泼尼松等，病情略有缓解，但皮肤紫癜仍不时发出，遂由其亲戚介绍带来程师处诊治。程师思之，此乃血分热毒，从皮肤而出，故拟犀角地黄汤之意，水牛角代犀角，配生地、赤芍、丹皮、地锦草清热凉血散瘀，加大青叶、银花、连翘、清热解毒，地肤子、白鲜皮祛风通络。二诊病势顿挫，加僵蚕通络，紫草解毒透疹。三诊诸症悉瘥。11月21日，患者来信述已上学读书。随访二年未发。

三、成名立业，无止精诚

1996年以后，因为程师开始带研究生，并选择主攻研究心血管方向。临床与科研并进，程师在心血管方面的中医诊治水平提升到更高的一个层次。2008年被评为省级名中医，2012年6月又被评为第五批全国老中医药专家学术经验继承工作指导老师后，程师的病人更是络绎不绝，在病人中的口碑越传越响亮。

在这个阶段，程师集中精力主功心血管疾病，治愈心血管系统的疑难病更是举不胜举。

曾有一位中国老兵，在20世纪60年代末期，作为工程兵到越南、老挝筑修公路，因地处热带，气候炎热潮湿，时常感冒发热，生活条件艰苦，没有蔬菜，导致严重的营养缺乏。有一次口渴，找不到水源，没有办法在沙滩挖坑取水饮用，当晚开始腹泻，连续三天大便出血。后来被送到当时的战地医院抢救，大难不死，但是留下了很多后遗症，被诊断为非特异性慢性结肠炎，病毒性心肌炎，缺血性扩张性心肌病，心功能2级，心房颤动，多发性皮下脂肪瘤。患者遍寻当地名医求治，治疗效果皆不尽如人意，心脏功能一直不好，生活质量日见衰退。2007年经杭州亲属介绍找到程师求诊。初来时，患者胸闷、气急、心悸、心慌、头晕，入夜不能平卧，全身多发性脂肪瘤，皮肤瘙痒，右胁胀痛，口苦，有慢性胆囊炎伴结石病史，舌淡红苔薄，脉细结代。

程师采用益气活血、涤痰舒痹、疏肝利胆法进行治疗，患者服用了一个疗程的中药后，很快右胁疼痛消失，头晕减轻，心悸胸闷显著减少，左手臂脂肪瘤也有缩小，疼痛缓解。这位老兵见效果如此明显，感激地和程师说道："我这病快 30 多年了，一直都改善不了。我真的要感谢您，感谢中医的伟大！"患者连续几年都从云南赶往杭州找程师调治，现已心功能明显改善，病情稳定，生活质量大大提高。

2008 年，有位孙姓的女患者求诊于程师。病人原来是个高三的班主任，平时非常劳累，时常胸闷气短，心电图检查，诊断为重度房室传导阻滞，当地医院建议装起搏器。患者考虑自己年纪尚轻，希望能通过保守治疗，不愿安装起搏器，她开始寻医问药，从有名的浙江大学附属第一医院开始，到上海专家还有民间高手的独门偏方，只要听说有效，患者就不顾一切地去诊治。辗转了很长时间，也没有明显的改善，倒是如此颠簸，让患者的体力明显下降，心情越来越抑郁。后经他人推荐找到程师。经过程师中药治疗半年后心电图显示房室传导阻滞已经从之前的二度二型转成二度一型，这一下坚定了患者的信心，病情稳定下来了，有几次甚至心电图已经查不出房室传导阻滞的迹象。程师在治病的同时，还不忘治心。患者曾经因病而致抑郁，程师有时主动打电话给患者，关心询问病人身体状况，进行心理疏导。经过程师的悉心治疗和心理调节，患者从之前走路爬山气喘不已，到如今可以连续走 5 千米不觉劳累，患者感谢程师让她重新对生活充满了希望。

2014 年 9 月 10 日，楼某，男，30 岁，扩张性心肌病、起搏器植入术后 20 余天，来程师处初诊。患者为某公司司机，有段时间白天总是出汗不止，同时上腹部作胀，胃中振水感，上楼梯胸闷气急，口渴，夜间气急不能平卧，需半卧位才能入睡，起身气急稍止。去杭州市第一人民医院就诊检查，心脏彩超示左心增大（左心房 5.2cm×4.4cm×3.5cm，左室 7.4cm），左室壁运动弥漫性减弱，心脏射血分数 29%。心电图检查示频发室性期前收缩。B 型脑尿钠肽 1553g/L，血生化示谷丙转氨酶 176U/L，谷草转氨酶 74U/L，尿酸 695μmol/l，乳酸脱氢酶 313μmol/l，羟丁酸脱氢酶 259μmol/l，血红蛋白 182g/L 诊断为扩张性心肌病，后去浙江大学附属第一医院就诊，行了起搏器植入术，但术后症状未缓解，胸闷气急，活动后尤甚，入夜不能平卧，医生告知患者此病无法根治，唯一的办法是心脏移植，否则最多只能存活 5 年。当时患者及家属情绪非常悲观。在浙江大学附属第一医院住院的近半个月后，找到程师。程师分析其病机为心气虚则运血无力，血行瘀滞，形成血瘀，血瘀阻滞

气化，津液不行，凝滞而痰浊形成。证属心气不足，痰瘀互结。治拟益气涤痰，活血舒痹。方用黄芪防己汤和瓜蒌薤白半夏汤化裁。治疗一个半月后，胸闷气急乏力消失，复查心脏彩超示心脏射血指数：37%，效果显著。患者信心大增，一直坚持在程师处服用中药，至2015年5月复查心脏彩超示心脏射血指数：48%。患者如此坚持治疗四年多，心脏射血指数值上升至66%，左心室较前缩小，心肌厚度正常。到目前为止治疗已近五年，病情稳定，对生活质量没有太大影响，也能正常工作。

风雨兼程五十年。经程师治疗的患者已遍布浙江，辐射上海、安徽、江苏、河南、山东、东北、广东等全国各地，乃至国外美国、加拿大、西欧，称赞不绝，口碑广传，可谓享誉天下。

第二节　业内肯定，名副其实

业内肯定，系同行对业界人员做出的积极评价。该积极评价一般系指业界人员的专业水平、能力、成果，通过具有相同或更高专业认知能力的同行的检验、认证，所做出的正面评价，包括认同、接受、赞赏、褒奖，甚至给予某种身份、资格、资质等。业内肯定，是个人名誉中质量品阶最高的重要组成部分。然在中国最为常见的客观现象是"同行相轻"，即传统中专业人员之间相互做出负面评价是社会常态。医务工作者之间也在所难免。因此，作为一名医生，取得病人良好的口碑，是件不容易的事，要取得同行的认可则更难。

正如前述，程师从医近五十年，在病人中已形成广泛良好的口碑，然其在专业技术领域获得的方方面面，能同时获得业界肯定，更是难能可贵。也正是业内对程师的肯定，使程师身上的"省级名中医"和"全国老中医学术经验继承指导工作老师"这些金字招牌更添熠熠光彩。

一、师承学习，名师赞赏

程师一直认为，自己如今取得的成果，与一路来给予她指导提点的名医大师们是分不开的。程师说：从这些大师身上获得的厚重的祖国医学文化结晶及其个人的人格力量，筑就了她的精神脊梁！而若从另一个角度检视程师在这些大师身边边学习、边成长的过程，可以发现，程师在每个大师眼中，都有共同的特质：肯学习，能学习，会学习；学习能力与师承能力超乎平常！这是为师对门生的肯定和嘉许。

早在大学期间，虽然那时正值"文化大革命"时期，教学秩序混乱不堪，但程师仍坚持一心求学，认真听课不为环境所动。在听王乐匋先生讲授的温病学课时听得入迷，后因为乡音浓重的王老作课堂"翻译"而获得比别的同学更多接触王老、向王老学习的机会。毕业实习分在十七冶金职工医院时，程师在医院管理混乱无序的情形下，在医院里自己选定中医科王乐匋，跟师实习！10个月的跟师实习，大师级人物王老多次表扬这个"小老乡"：在这样动乱年代，能如此潜心学习的学生确实不多见；而且学得快，用得灵，人才难得！王老后来还专门写了幅书法作品送给程师，作为师徒之间一段难忘情感的纪念。

1971年2月，程师分配到徽州地区卫生学校任教。当时卫校的中医教研室主任许芝泉，是当代新安医学流派代表医家之一，在外感病及内伤杂证的治疗上造诣颇深。程师即拜许先生为师。许先生为人谨慎，教学、行医十分严谨认真。平时在临床和教学上对程师要求都十分严格，但对程师的教学水平和临证用方都评价颇高。后来徽州地区人民医院的儿科主任程士樟想学中医时，许先生十分郑重其事地推荐程师作为他跟学中医的老师。1993年，许老送给已从徽州地区卫生学校调至浙江中医学院的程师一幅字"医林隽英"，题款处书"志清道友，资质聪颖，勤奋好学，医德高尚，医术精湛，教学有素，诲人不倦，爰题四字当之非过誉也"，足见许老对程师的高度肯定。

1975年1月，程师到浙江省中医院进修。一年的进修时间，程师分别跟杨继荪三个月，裘笑梅三个月，魏长春三个月，后魏老要求再跟三个月。跟随杨老期间，程师得到杨老高度的认可和赞赏。他曾对程师说："你用不着跟师了，你的基础相当扎实，又相当有灵气。"四个月的进修，程师给杨老留下良好和深刻的印象。杨老多次主动提出帮助程师调到浙江省中医学院工作。在当时那个人事制度管理十分封闭的时代，跨省调动，且从一所中等专业学校调入大学，这是程师不敢想象的。但杨老看中程师的能力和才华，力图给中医学院增添新鲜血液，经过努力，1979年10月，帮助程师顺利调入浙江中医学院。

魏老擅长内科杂病，为人十分正直，不讲私情，在跟随魏老进修期间，魏老对程师要求十分严格认真，平时要求程师都要做学习笔记，且经常会像

小学老师批改作业一样，检查程师的笔记，并亲自在笔记上做出批语。程师的笔记上经常会留下魏老"分析清楚，学习体会很对""条理清晰，判断正确"一类的评语。可以看出魏老对程师的学习成绩十分肯定和满意。

1984年，学校任命程师担任诊断教研室主任。同年，程师十分荣幸地被陆芷青选中，成为陆老的"名中医助手"。学校专门为程师在杭州新新饭店举行隆重的拜师仪式。1987年，程师出师后，仍然跟在陆老身旁抄方、学习。1991年，陆老成为全国第一批名医指导老师，程师再次成为陆老的学术继承人。同时开始着手整理陆老的学术成果，将老师的学术特色从量上进行消化、提炼、升华，后来集成《陆芷青内科精华评述》一书，此书得到了我国著名的中医学家王永炎院士与程可冀院士的高度评价。其间发表的继承学术论文《胆胀证治八法》获得国家中医药管理局组织的全国首届名中医继承学术论文二等奖，成为浙江省唯一的二等奖获得者。多年的相处，面对程师不断取得的成果，陆老对自己有程师这样出色的爱徒深感自豪，平时赞许有加，褒扬不断。送给程师的多幅书法作品的题款处，常落"贤契雅属"。"贤契"乃先生对门生弟子的爱称，可见陆老对程师这名弟子的厚爱。2002年，陆老专门为程师作诗一首"中医博导育新兵，雏凤腾空杏园惊。青出于蓝创奇迹，薪传十载远今生"，并写成条幅书法，对爱徒程师的嘉许之情溢于字中。

二、科研学术，专家肯定

多年来，程师在学术科研上取得不俗成绩，许多课题成果获得各种高规格的奖项，得到了同行业内专家们的广泛肯定。其中有关冠心病、高血压肥胖、病毒性心肌炎等心血管疾病的系列科研研究，更突出程师在心血管病专业研究领域取得的成果。

2001年，程师主持"用比较医学的方法建立心气虚证动物模型"科研项目，得到了国家科技部基础专项研究基金的支持，研究结果得到了同行专家的认可。

研究员陈小野专家评价道，此科研项目从造模因素和血流动力学测定方法的质量控制，建立模型评价标准，以及对两种造模方法和动物品种、品系进行比较等三个方面，进行心气虚证动物模型的规范化研究，和该模型的基因表达谱改变的探讨，系国内首次系统的心气虚证动物模型规范化研究，建立起国内首个最完善和经系统论证的心气虚证模型评价标准，该标准符合中

（左侧页边竖排）浙江中医临床名家·程志清

医理论和临床实际，充分利用心气虚证实质的研究成果，达到较高的特异性、敏感性和客观性水平；对造模因素和血流动力学测定方法质量控制的研究深入细致，形成的标准科学性和可操作性强，在同类研究中处于领先地位；研究结果对证候动物模型学科和中医基础研究的发展具有重要意义，总体达到本领域国际领先水平。该项基础研究 2004 年获得浙江省中医药科学技术创新奖二等奖。

2003 年，程师牵头的"浙江省高血压影响因素与中医证型相关性流行病学调查研究"，分别在浙江杭州、绍兴、衢州、温州做了 5000 多例流行病学调查，取得了较为珍贵的第一手调查资料，该项研究获得 2005 年浙江省政府科学技术进步奖二等奖，浙江省中医药科学技术创新奖一等奖。在此基础上对高血压肥胖患者进行为期 3 年的临床与相关实验研究，提出相应的治疗策略与方法。研究成果"Ⅰ＋Ⅱ中医综合疗法治疗高血压肥胖的研究"获得 2007 年浙江省政府科学技术进步奖二等奖。

原浙江医院院长心血管知名专家金宏义认为：课题具有创新性、科学性，其研究已达国内同类研究的领先水平。作为一种综合疗法，减肥降压作用明确，可以显著提高患者的生活质量，值得进一步推广应用，使更多患者受益。中国中医科学院中西医结合心血管同行翁维良也高度评价了程师此项研究，认为此为开展中医药预防和治疗高血压肥胖提供了科学的临床和实验依据，这对于提高高血压肥胖患者的生活质量，减少因肥胖和高血压所致的心脑血管并发症的发生，延长人群寿命，减轻社会和家庭负担具有积极的意义。此项成果推广应用的范围适合于包括社区卫生院在内的所有医疗机构，具有较好的运用推广价值。

程师针对心肌炎各期的不同病机特点，提出相应的辨病辨证思路与清心饮系列经验方药，系列研究多次获奖："清心饮治疗病毒性心肌炎作用机理的研究"获 1999 年浙江省政府科学技术进步奖三等奖、省教育厅科学技术进步奖一等奖；"清心饮拆方对病毒性心肌炎的作用机理研究"获 2001 年度浙江省高校科研成果二等奖，中药组成与制剂工艺获得国家发明专利；"人参皂甙对急性病毒性心肌炎小鼠穿孔素表达的干预作用研究"获 2003 年浙江省政府科学技术进步奖三等奖；清心饮抗心肌纤维化的作用机理研究获得 2012 年浙江省政府科学技术进步奖三等奖。同行专家都给予了高度评价，国内的心血管专家杨英珍、金宏义、严谨等教授认为程师在病毒性心肌炎发病机制和治疗干预领域研究 10 余年，积累了丰富的研究经验，此类科研项目紧密联

系临床实际，在选题、设计等方面有较好的创新性和应用性，研究内容全面、系统，结果与分析翔实、可信，首次在国内系统地研究了清心饮对病毒性心肌炎不同分期细胞免疫功能紊乱和心肌纤维化的干预作用，其在国内同类研究中处于领先水平。

由于程师在科研方面取得的突出成绩，1994 年，被调到科研处主持工作，之后，因工作需要，程师遍访全国中医院校的知名专家、教授与科研处同行，学习取经，进行相关的学术交流与探讨，开阔了视野，提高管理与科研水平，同时在科研处的业绩得到了兄弟院校同行的认可。

三、临证思辨，同仁敬佩

程师治病，强调病证结合、衷中参西、宏微兼顾、善抓主症。临诊时辨证思路清晰、治疗用药层次分明，一直被同行赞许。1996 年开始，程师主攻心血管方面疾病的治疗与研究，逐步总结、建立出的较系统的冠心病、高血压、病毒性心肌炎等病的诊治方案与方法，在业内独树一帜，首屈一指，深得同行推崇，广受同行敬佩。

在冠心病诊治方面，程师认为：冠心病的发病与人体气机升降失调、脏腑气化失司、痰瘀互结等病理因素密切相关，治疗的着眼点是恢复五脏的气化功能，使气血津液运行趋于正常，提出了"从气化立论，审查病机；从痰瘀论治，辨证求本；从虚实着眼，标本同治；从心理疏导，调达气机；动态辨证，贯穿始终"的治疗策略。该诊疗方案发扬了中医诊治冠心病的治疗特点与优势，不少病人因此免除了再次手术的风险。即使支架术后，经过中医的调理，不仅能提高生活质量，还可以降低支架术后再狭窄的风险。

在高血压诊治过程中，程师认为本病肝肾阴虚为本，阳亢痰瘀为标，而瘀血内停贯穿于疾病全过程，治疗应标本同治，以调肝、补肾、健脾、化瘀、涤痰为证治大法。高血压肥胖的治疗一要抓住调肝益肾运脾；二要抓住涤痰化湿去瘀，促使机体津液周流，气血通利，达到浊去脂消、阴阳平衡的目的。有助于减肥降压，标本兼顾，切中病机。高血压合并失眠病程较长，病情易于反复，常常出现虚实间的转换，由实转虚，因虚致实，主张临床要随着证的变化来进行动态辨证，以平为期。强调活血化瘀在老年高血压治疗中的作用，重视高血压的体质辨治。在一系列临床研究的基础上总结出一套系统的治疗策略与方法。该方案针对性强，临床疗效显著，有效提高患者生活质量，降低并发症的发生。

在病毒性心肌炎的治疗上，程师研究心肌炎各期的不同病机特点，急性期为邪毒犯肺，邪毒侵心；恢复期表现为邪气内陷，"逆传心包"，继而邪正胶着，热毒稽留于心。慢性期（后遗症期）则心阳气不足，心阴血亏损，气虚鼓动无力，血虚无以润泽，无阳以宣其气，无阴以养其心，则脉气不相顺接，血涩而滞，出现心律失常诸症。并针对性地提出相应的辨病辨证思路与清心饮系列经验方药，经长期临床观察疗效明确。弥补了现代医学在病毒性心肌炎的治疗上只能对症治疗如抗心力衰竭、抗心律失常等，不能去除疾病的病因即病毒与炎症的缺陷，充分发挥中药抗病毒和抗心肌纤维化的优势和特色。

程师治疗病毒性心肌炎辨证思路清晰，方药配伍严谨，临床疗效显著。例：一男性患者周某，22岁，心悸，心慌、胸闷反复不已一年余。有病毒性心肌炎病史。根据病程患者已进入病毒性心肌炎慢性期，心悸、心慌、胸闷、期前收缩反复不已，屡服西药普罗帕酮、胺碘酮等获小效而期前收缩未愈。程师用张仲景炙甘草汤益气养血，滋阴复脉而治愈，期间西药全部停用。对该病案，程师提出四点治疗方法：一是掌握用药尺度，炙甘草汤是张仲景为伤寒脉结代，余邪未解而设，方中温散与清润并行，使外邪清正气醒而血脉复，现用于内伤病心悸脉结代，是借其益气养血、滋阴复脉作用，所谓补阴血以养心体，益心阳以复心用，心气足则脉气可通，心血足则脉体可续。但方中温散的桂枝、生姜与味厚滋腻性温的阿胶与性凉的生地使用时要掌握火候，舌红、咽红者不宜用桂枝、生姜；纳呆苔腻便溏者不宜用阿胶；炙甘草补中益气缓急养心为君，用量应在9g以上，生地滋阴生血用量至少在20g以上；炙甘草汤可以配以生脉饮以助益气生脉之力。二是讲究本方的服用方法。仲景原方用法是以清酒七升，水八升，煮取三升，文火久煎，使药力尽出而气不峻，改用七剂中药加黄酒500g与水共煎，1小时后取汁200ml，放米醋10ml共饮。米醋散瘀解毒，下气消食，在此可缓生地、阿胶之滋腻，又可开胃消食.促进吸收，助长药力。三是守方与变法。本病病情反复缠绵难愈，一旦见效后应注意守法守方，坚持治疗，不宜频频换药，但遇有外感时应注意急则治其标，以防邪气深入，影响本病治疗。四是专病专方应用：苦参、甘松、玉竹、生山楂、丹参现代药理研究证实均有调整心律的作用，可根据心率快慢结合症情合理选择，心率快者选用苦参、丹参，心率慢者可用甘松、

玉竹，但也不必拘泥于此。

以上疾病的诊治思路和经验总结多次在各专业的学术年会和继续教育学习班上做专题报告，深受同专业临床医师肯定和推崇，并被广泛应用于临床实践。

四、机构邀约，传递薪火

程师致力于中医药的临床、科研与教学工作近 50 年，成绩斐然。至今已发表相关学术论文 100 余篇，主编《中医十大名方妙用·六味地黄丸》（1998 年中国中医药出版社）、《中医药防治高脂血症》（2002 年人民卫生出版社）等学术专著 6 部，出版程师医案一集（《中国现代名中医医案精粹》第 6 集）；先后主持科技部、国家中医药管理局、教育部、省自然基金、省科技厅等 9 项省部级以上课题，有 6 项科研成果获省政府科学技术进步奖，而有关心肌炎的研究成果还获得国家发明专利。2008 年，程师通过浙江省中医药管理局组织的笔试与综合考核被评为省级名中医。2012 年 6 月又被国家中医药管理局评为第五批全国老中医药专家学术经验继承工作指导老师。

程师一路来不断取得各种成果，得到国家、学校、医院、学术机构及各行业协会等机构的认可。程师现任或曾担任中国中西医结合学活血化瘀专业委员会委员、中国中西医结合学会循证医学专业委员会委员，国家自然基金委员会中医药学科评审专家。浙江省中西医结合学会常务理事，浙江省中药学会理事，浙江省中西医结合学会保健与康复专业委员会主任委员，浙江省中西医结合学会心血管专业委员会副主任委员。

多年来，程师被许多相关机构邀请，开办学习班，开设学术讲座和学术报告。在浙江省各地连续举办十期国家级的继续教育项目，相关的继续项目如下：对心脑血管病、肿瘤、脾胃病、骨关节等疾病的中西医结合康复治疗研究；针灸、推拿、理疗等在临床保健与康复治疗中的应用；中西医结合保健与康复学的基础研究等。在多个专业学术年会上，做高血压、冠心病、病毒性心肌炎治疗方面的专题讲座，还应邀在中医内科学会、中医老年病学会、宁波市中医学会年会上做学术讲座，都受到了业内的欢迎与好评。

2007 年，程师已届退休年龄。然程师根据学校要求，仍坚持在临床一线"传递薪火"，带徒传经，培养年轻一代的继承人，将自己宝贵经验传承发扬。

2010 年起，开始"传统医学师承"，已带徒 5 名，出师结业 4 名；2012～2015 年，第五批"全国老中医药专家学术经验继承人"2 名，已出师结业；2017 年开始"何任班中医跟师"4 名，已出师结业 3 名；2018 年开始，培养"金华市第二批名医师承程志清学术继承人"2 名，为期 3 年。

2017 年开始，程师被省中医药管理局授予成立"浙江省程志清名老中医专家传承工作室"。工作室中有高级职称 8 人，中级职称 2 人，初级职称 1 人。其中博士 6 名，硕士 5 名，本科 1 名，本科以下 1 名；省级名中医 1 名，省中青年临床名中医 2 名。2018 年，根据《中医药传承与创新"百千万"人才工程（岐黄工程）实施方案》及《关于组织申报 2018 年全国名老中医药专家传承工作室建设项目的通知》，程师又被国家中医药管理局授予成立"程志清全国名老中医药专家传承工作室"。工作室中有高级职称 6 人，中级职称 5 人，初级职称 1 人，其中 6 人具有博士学位，4 人具有硕士学位。目前工作室尚在建设之中。

硕果累累的程师，被各种机构邀请或开办学习班，开设学术讲座和学术、报告，或各种"师承""继承人"带徒、跟师，或成立工作室，都是国家机构、专业机构或学术机构对程师业绩的肯定，对提升程师的名望自然产生推动作用。然程师却坦然陈言：作为一名老中医，躲在个人名望中自得享受，是十分狭隘的，如果能利用自己的名望，推动中医药事业发展，让全社会享受中医药给普通民众带来的福利，那才是医者最大的本分。

第三节　媒体扬名，更扬中医

伴随病人对程师口碑的广泛传扬，浙江电视台、杭州电视台、《杭州日报》、《钱江晚报》、《老年报》、《都市快报》、《今日早报》、《青年时报》、《今日头条》等省内各相关媒体都时常前来采访报道程师的事迹。从 20 世纪 90 年代开始，程师就经常出现在电视、广播、报纸、网络的报道中，电视有影，广播有声，报纸有名，网络有图……程师随之美名远扬，知名度越来越高，信她者越来越多。然程师对待媒体报道却有自己的态度。她经常和前来采访的记者说："医生治好了病、救活了人本是天职，像环卫工人将地扫干净一样，本身并没有太多值得传扬的东西。在中医亟须发展，尤其是在面临西医严峻挑战的今天，利用媒体这些宣传平台，传播中医，科普中医，让更多的患者

了解、理解、接受中医，成为现代中医人一个非常重要的使命。因此，在报道中少提个人个案，把报道的角度要放在传播中医文化上。扬我之名，不如扬中医之名；扬中医之名，即扬我之名。"

正如其说，在实际报道中，我们可以看到程师更多的是介绍中医治病的一些科普知识，少有对自己事迹的宣扬。

一、专题推广，科普中医

程师认为，几千年积累的中医药文化源远流长，让受众全面了解中医，并不容易。因此，要借用媒介这样的平台，由浅入深、深入浅出地科普中医，才能起到逐步推广中医，让受众逐渐理解中医、接受中医。

程师治疗心血管疾病效果好，患者有口皆碑，相关媒体持续关注。2004年以来，《都市快报》《今日早报》《杭州日报》等报刊曾对程师治疗心血管疾病的中医临床特色相继做过报道。程师研究心血管疾病几十年，亲历并见证了随着时代的变迁疾病谱的变化。程师指出"新中国成立初期，心血管疾病是以感染性的疾病为主，现在则大量是因为代谢不良引起，大多是因为吃得太好，压力太大，运动太少所致"。程师科普道：心血管疾病的诱因很多，高血压、高血脂、高血糖、高血黏、高尿酸、高龄，都是心血管疾病的诱因；而且其中这些诱因的产生，从中医学的角度看，饮食失宜、情志失调易导致血脂血糖升高。情志不畅—肝郁气滞—气机失调—生瘀、生痰、化火、伤阴—"痰"和"瘀"在体内停留，就是堵塞血管的东西。另外，气候变化也会引发潜在心血管疾病发作。如天气变凉，血管收缩痉挛，血压升高，心绞痛、心肌梗死、脑梗死等病人就会多起来了。

程师适时传授读者方法：患有心血管疾病的人，一定要注意心理调节，保持心态平和。家人也要帮助心理疏导。来医院的病人里，因病致郁的很多，有些病人心态十分焦虑，来看一次病，上上下下不放心地要问上七八趟，还不断问诸如"医生，我会不会死啊"之类的问题。像这样的病人，一定要有耐心听从医生的解释，心态一定要平和。另外就是要抓紧治疗。从中医学的角度讲，心血管疾病是因为气血阴阳不足，痰瘀内阻，所以治疗以"益气温阳、活血通络"为原则，针对已经有肝肾阴虚的患者，应予养肝益肾。应当说，中医在治疗这方面疾病的效果，还是比较明显的。

程师还接受《都市快报》的采访，专门做了一期"如何预防和治疗心血管疾病"的专题报道。程师介绍说：冬天是心脑血管疾病的高发季节，一般心血管疾病门诊量会猛增 60% ～ 80%。天冷了，血管收缩，发生痉挛，容易造成心肌缺血，引发心绞痛、心肌梗死、脑梗死等。心血管疾病发病率和死亡率甚至会超过肿瘤疾病，目前心肌梗死的病人当中，除了中老年人，二三十岁的年轻人也多了起来。程师提醒读者道：对于有心血管疾病的患者来说，遵医嘱是最重要的事情。程师曾碰到一个案例：40 多岁的黄女士，某天突然觉得胸痛，看过西医后又来到程师这里看中医。服用了一段时间程师开的中药后，黄女士的胸痛缓解，她以为自己毛病好了，便擅自停药，西药和中药都不吃了。没想到停药 20 多天后，黄女士心肌梗死发作，被紧急送入医院救治，整整 40 多天才被抢救回来。程师说，黄女士第一次来程师这里，她就叮嘱黄女士一定要按时按量服药，其实黄女士在这次以前，已经发过一次心肌梗死，擅自停药是极其危险的。程师同时提醒读者，有心血管疾病的人绝不要勉强搬抬过重的物品，尤其是冠心病病人特别要注意。因为搬抬重物时必然要弯腰屏气，其产生的生理效应与用力屏气排解大便类似，是老年冠心病病人诱发心肌梗死的常见原因。

　　程师介绍道：对于心血管疾病，中医药在前期预防和后期康复上发挥的作用更为明显。从中医的角度来说，心血管疾病主要是因为气血阴阳不足，痰瘀内阻，肝胆气滞，说到底是虚症引发，比如气虚、阴虚。所以主要以"益气温阳、活血通络"为原则。对于老年人，通常要补气补肾，平肝。针对肝肾阴虚的患者，要给予养肝益肾。脾胃虚弱的，还要补气健脾。此外，有些病人的症状属于虚实错杂，还得根据不同的病因和病体来制订合理的治疗方案。在治疗心血管疾病的用药上，常用黄芪、党参来补气益血。黄芪具有补气利水的功效，对心脏病疗效较好，不过火大的病人不适合。如果有条件，还可以用野山参来补补元气，延年益寿；如果觉得野山参太贵，小籽参是比较经济的选择。

　　对于程师治未病方面，媒体也进行了相关报道。《都市快报》曾对程师进行过"感冒时心慌胸闷要及时看医生，中药早期介入可有效防止后遗症"专题的访谈：程师谈到了她的一次治疗心肌炎患者的经历：有个在美国的华裔男孩，因为喜欢中医，远渡重洋来杭州学中医，刚来的时候就住在程师家里。因为学习太辛苦，再加上水土不服，有天晚上发起了高热。程师为他切脉时发现他心率过快，伴有期前收缩。当时已是深夜，无法去医院配药，程师就拿家中自备的感冒冲剂给他喝下。他服药后症状有所缓解，第二天再配

中药服用后，期前收缩很快消失了。程师指出，这位男孩患的就是急性心肌炎。程师说，温病大师叶天士曾说过："温邪上受，首先犯肺，逆传心包。"心肌炎初起多有发热、头痛、咳嗽、咽部肿痛等症状，多由温热、疫毒犯肺所致，因为血脉与肺相通，肺部的病毒可以乘机侵犯心包，从而出现心悸、胸闷、胸痛、气急等症状。如果在病毒还没有侵犯到心包时，就把它消灭掉，就可以起到未病先防的作用，而这正是中医的强项。所以，程师提醒读者说，秋冬季节天气寒冷，人特别容易感冒，青少年或儿童如果有心慌、心悸等现象的，一定要引起注意，尽早到医院做心电图等相关检查，以排除心肌炎的可能性。

程师通过各种各类媒体科普中医中药知识，介绍中医治疗特色，受众有获得感，媒体有成就感，效果十分明显。同时也引起大量病人（尤其是心血管病人）对程师的关注和热捧，程师门诊的上门求医者便更加络绎不绝。

二、抓捕热点，科学指导

近年来，养生问题越来越受到人们的关注与重视，甚至成为社会热点问题。然而养生市场乱象丛生，虚假宣传、虚假广告、危害食品安全乃至传销等违法犯罪行为时有发生；假借中医药"预防""保健""治病"之名，或假借医学理念和术语进行欺骗；假冒公益活动的名义，吸引消费者来听普及健康知识讲座，实为推销"保健"产品；宣称产品能治多种疾病，引诱消费者上钩；利用健康养生节目（栏目），变相发布医疗、药品、"保健"食品广告；各种打着中医旗号的"火疗"、艾灸贴、足疗、汗蒸、刮痧拔罐、推油等，谎称可改善循环，疏通经络，培元固本，调理脾胃，打通经络排毒以误导消费者等，不一而足。中医成了一些不法分子行骗、赚钱的工具。

养生是以培养生机、预防疾病、争取健康长寿为目的的。中医养生方法是中国古代劳动人民与历代医家在漫长的历史岁月中反复探索、求证，逐步认识与实践后形成的，具有较强的科学性和比较系统的理论体系。程师对这些乱象十分气愤憎恨，认为市场中各种宣传的所谓"包治万病"的技术、手法、疗法，都是违背中医规律反科学的"伪中医"。程师因此呼吁，真正的中医人应当勇敢地站出来，揭露伪中医的面目，纠正被伪中医搞乱的消费者对中医养生的错误认识，科学引导消费者正确使用中医养生方法，使中医养生重新回归到正常正确的轨道中来。

程师为此利用各种媒体对其进行报道的机会，专门在养生专栏、专题，进行解释、说明。例如在《杭州日报》"养生道"专栏"国家级名中医程志清 - 为高血脂、高血压人群奉上秘方"中，程师说：中医养生并非市场中那些"伪中医"宣传的那么玄乎，那么高深莫测，其实有些养生方法十分简单，有效。她举自己的例子说："我本有高血压的家族史，但这么多年来自己的血压一直控制得很好，70 多岁了，身体也一直很好。"程师向读者提供了真正的中医养生"秘诀"：

第一个"秘诀"就是冬季注意保暖。不管有无心血管疾病，三个部位的保暖都是非常重要的：头、背、脚。"头为诸阳之会"，手足三阳经均会聚于头，五脏之精气皆上注于脑。到了室外，注意防止体温丢失，最好将可散热的暴露部位，如脸、脖子、手、头等部位，戴帽子、围围巾、戴手套，甚至戴上口罩。在室内，多穿件小背心或马甲，防止背部受凉。

第二个"秘诀"是睡前热水泡脚。尤其是心脑血管病人用红花泡脚，可以活血通络，祛瘀止痛，对血液黏度高的人效果尤好；对于健康人群来说，可以用温水直接泡，也可以用点药材，如艾叶（如 10g）、红花（如 10g），温阳活血；如果自身寒气比较重的，可加少许生姜（如 10 ~ 15g）。先把这些药材煮十多分钟，让药性挥发出来，然后倒入泡脚盆，泡脚 20 分钟；水温不要过热，过热出汗则会扰动阳气。

第三个"秘诀"是适当合理锻炼。程师说道："锻炼可有效提高机体抵抗力，不过有高血压、高血脂、高血糖的人，运动要适度。"如果血压高于 180mmHg，不宜到户外运动。冠心病患者步速不可过快，以免诱发心绞痛，应在餐后 1 小时后再缓慢行走，每日 1 ~ 2 次，每次半小时。长期坚持可促进冠状动脉侧支循环形成，有效改善心肌代谢，并减轻血管硬化。此外，有心脏病、气喘或是心肺功能不佳的病人，步行时必须特别注意身体状况，感到不舒服就要停止。

第四个"秘诀"是良好饮食习惯。中老年心血管病病人日常饮食要把握"清淡"原则，严格控制食盐摄入，少食煎炒炸之物；可炖些瘦肉、鱼类等，整只鸡连皮一起炖则应避免。饮食只需半饱，少量多餐（一日 5 ~ 6 次）。程师建议：冬季可多食香蕉、番茄、茄子、橙子、橘子、柿子、坚果、豆类、瘦肉及海带、木耳、蘑菇、紫菜等含钾高的食物。含钾食品可降压，因为钾的作用是可增加尿中钠的排出，使血容量降低，血压下降。还可进食一些具

浙江中医临床名家·程志清

有补肾益肾功能的食品，如核桃、板栗、桂圆等，其他如黑米、黑豆、黑木耳、紫菜之类的"黑色食品"能补肾强肾。

第五个"秘诀"是适时科学进补。进补讲究科学方法，不能随便乱补。杭州人热衷冬令进补，但补什么还得看个人的体质。程师介绍，"门诊有不少病人说，冬天在吃红枣、桂圆、带衣的花生和阿胶等。我告诉他们，这是把自己往绝路上吃"。这是因为很多心血管疾病病人，他们的血液黏稠度本来就已经很高，而这些食物会进一步增加黏稠度，诱发中风、心绞痛等心脑血管疾病。还有些病人，过年期间小辈们送来枫斗，就赶紧吃起来。但他们本身就是痰湿体质，舌苔厚、大便烂，就像一块湿润的沼泽地。而枫斗是补阴的，吃枫斗简直就是往里面浇水，没有益处。所以说，进补一定要在医生指导下进行。程师还奉上了自己的独门方子"决明枸杞荷楂饮"方：炒决明子 15～30g，枸杞子 15～30g，荷叶 10～15g，生山楂 10～15g，每天一剂。用冷水浸泡半小时后煮开，15～20 分钟后倒入保暖瓶中备用。该方适用高血脂、高血压、肥胖人群的日常茶饮。

程师说，真正的中医养生，其实就如上面所述，简单、方便、便宜、实用、有效，这就是中医的神奇之处。那些市场中宣传的神乎其神的所谓"保健品""中医疗法"，除了利用中医骗钱外，并无真正的养生功效，有些不仅不能养生，反而会引发各种疾病。所以，程师希望通过大家的努力，让消费者们看清乱象市场中伪中医的本质面目，还中医清白。程师如此的仗义执言，让中医界同行们推崇万分，对于程师，则再次圈粉无数。

三、中西斗艺，名家互赞

1997 年，受浙江卫视经视频道的邀请，程师与上海华山医院的著名心血管专家戴瑞鸿同台演播心血管病的防治，科普心血管疾病的中医知识。戴瑞鸿教授长期致力于心血管疾病，尤其是冠心病心肌梗死的医疗、教学及科研工作，任上海市十大医院组成的"上海地区心肌梗死的科研协作组"组长。程师作为受邀的中医专家与戴瑞鸿这样的西医专家一起，讲解冠心病的临床表现、危险因素和流行病学特征等，颇有些"中西医同台 PK"的意味。然双方专家都十分尊重对方的医学理念和方法，互相交流，各展特色，各显风采。

谈到冠心病的中医治疗特色，程师娓娓道来：冠心病相当于中医学"胸痹""心痛"的范畴，多为本虚标实之候，本虚多为心、脾、肝、肾亏虚，标实多为痰瘀、寒凝、气滞，尽管冠心病的病位在心，但仍与其他四脏功能，如肺之治节、肝之疏泄、脾之运化、肾之温煦密切相关。诸脏之虚，皆可累及心与血脉，使心阳不足、络脉受损，而致胸痹心痛。程师指出，由于其他脏腑功能失调影响于心，故临证时常依据脏腑相关的理论，通过调整其他脏腑功能而达到治疗心痛的目的。同时，脏气亏虚，气化功能失调，则气血津液失于正常的运行，可停积而为痰为瘀；如痰浊内生，久则上犯于胸，可致胸阳痹阻而为胸痹，痰浊与瘀血是构成冠心病的两个重要致病因素，因此化痰活血祛瘀是中医治疗冠心病比较有特色的治疗方法之一。程师对冠心病的精彩讲解，戴教授频频点头，以示敬佩之意。

同年，经浙江卫视经视频道邀请，程师还与浙江大学附属第一医院外科专家郑树森院士一起，再次同台演播讲解中、西医对胆结石病的治疗。郑树森教授是中国工程院院士，浙江大学外科学教授、博士生导师，浙江大学医学院附属第一医院院长、卫生部多器官联合移植研究重点实验室主任，也是我国器官移植及多器官联合移植的开拓者和学术带头人。面对西医专家郑院士的精彩演说，且西医治疗胆结石方面独特优势的情形下，作为中医专家代表的程师，从容淡定，侃侃而谈，深入浅出给观众解释胆结石的中医病症情况及其病机，指出胆结石的主要矛盾在于气滞，气滞还可以导致火郁、湿热、血瘀，所以治疗上以木香、郁金、枳壳等理气药为主，同时适当增入泻火、活血祛瘀等。台上中西医两方面高端专家的精彩演说，让观众如同分享了一场医学领域的饕餮盛宴，而更多的观众认识到，原来中医在治疗胆结石方面也有独特的神奇妙方啊。节目播出后，找程师看胆疾的病人增加了不少。

第四节 中医漂洋，声名过海

《中国中药杂志》网络公众号 2018 年 8 月 20 日发表文章《中医在海外受追捧，这些"洋中医"让无数国人汗颜》，文章中称：

据《中国的中医药》白皮书显示，目前中医药已传播到 183 个国家和地区，103 个会员国认可使用针灸，其中 29 个设立了传统医学的法律法规，18 个将针灸纳入医疗保险体系。有 30 多个国家和地区开办了数百所中医药院校，培养本土化中医药人才。另据数据统计，全世界有 30 多万家中医诊所，即使

在美国这样的医学科学殿堂也有 3 万多家中医诊所及十几所中医药大学，美国针灸师已超过 4.5 万人，每年接受针灸等"整合治疗"的人口约 3800 万。德国知名的埃伦巴赫民意测验机构调查还发现，有 61% 的德国人愿意接受中医治疗。总之，如今外国人对中医越来越认可和热衷，洋中医正在成为老外新的梦想职业。中医无国界，但它的根在中国。"到中国学中医去"已然成为越来越多外国年轻人的共同选择。

中医药学不仅是中国的骄傲，也是全人类共同的财富。程师对这一点早已有充分认识，并且她一直保持着的观点就是：中医应当走向世界。程师这么想，也这么做。她早在 20 世纪 80 年代初开始，就身体力行，多次走出国门，弘扬中医。

一、走出国门，中医扬威

改革开放以来，程师先后应邀赴马来西亚、荷兰、美国、中国澳门、中国香港和中国台湾讲学和学术交流，尤其是两次赴美讲学，所到之处受到当地医学界与病人的真诚欢迎和高度评价。

程师第一次走出国门讲学，是在 20 世纪 90 年代初，她随范永升院长受邀去马来西亚开设中医临床的讲座，受到听众尤其是当地华人的热烈欢迎，整个讲座气氛相当活跃和火爆。讲座结束后，当地患者纷纷前来求医看病。程师至今记得，当时有个当地病人头痛反复不愈 36 年，头痛时如劈如刺，往往在睡梦中被痛醒，求诊前近一个月还伴有颈项与腰部疼痛，非常痛苦。程师即对症采用益肾养肝、活血化瘀的方法治疗，服药二剂后患者头痛立即减轻，头痛得到有效控制。患者连连称赞中医神奇，夸奖程师医术高明。

20 世纪 90 年代末，程师受邀前去美国新墨西哥州一所医疗中心讲学，开设了一次关于高血压、高血脂、冠心病中医治疗的讲座。听课的全是医学生和医生，讲台上下互动，气氛十分活跃，场面相当热烈。当程师刚刚开口讲今天的主题是讲解中医药治疗高血压时，现场听课的美国同行马上就举手提问：中医药治疗高血压是单用中药？还是与西药同时运用？中药降压的效果到底效果怎么样？程师微笑回答道，若病人处于高血压一级，单用中药则可以完全控制，高血压二级及以上的话，中西医结合治疗效果更佳，中药可以减轻西药的副作用，又可以培本固源，预防并发症。程师的回答当场受到在场美国的医学生和同行的热烈鼓掌，掌声中蕴含着对程师观点的赞许，也包含着对程师实事求是的治学、行医态度的敬重。

在美国讲学的同时，程师还开展了一系列义诊活动，求诊病人络绎不绝。其间遇到一位足趾截趾的美国越战老兵。他的左下肢红肿已经两周，近一周加重，从膝下到足踝高度红肿，摸之烫手。由于没有发热，美国医生没有给予输液及抗生素治疗，仅以弹力袜治疗。病人无奈之中听说程师中医义诊，立即来到医疗中心，要求用中医诊治。程师根据病人的病情，考虑是下肢足趾感染引起淋巴管炎，即中医称为下肢丹毒，俗称"流火"。程师认为这是湿热下注、化为火毒所致，可用清热解毒、利湿化瘀的方法治疗。于是程师用朱丹溪的四妙丸加丹皮、赤芍、蚤休等药为病人调治，两周后病人左下肢的红肿显著消退。这位美国大兵喜出望外，激动地握住程师的手，连声称赞中医药的神奇。

在医疗中心程师还诊治过一位有心脏病病史黑人患者，其诊时面色晦滞，身倦乏力，气少懒言，有时疼痛如刺，痛处不移，拒按，舌淡暗，有紫斑，脉沉涩。程师诊断证属气虚血瘀证，即重用生黄芪益气，加四物汤补血活血。患者服用中药一周后，乏力症状消失。黑人病人连连感叹：想不到中医药的效果竟然如此之好！

20世纪90年代，还受邀到美国加州五系中医学院讲学。往往白天看病，中午、晚上上课。程师了解到，在美国，肥胖者占高血压人群的60%，而高血压肥胖症问题在美国也相当严重。针对这一现象，程师专门开设了一次关于中医与针灸减肥的专题讲座。讲座中，程师建议肥胖症病人试试针灸治疗。针灸加中药治疗高血压肥胖症，这引起美国人的极大兴趣。讲座一结束，就向程师围过来很多肥胖病人。之后的10天里，程师一个接一个地在不同地方开讲座，诊治一批又一批的肥胖病人，几乎没有休息时间。

程师印象最深的一个病人，女性，60多岁，退休职员。她的肥胖程度程师从未有所见，体重379磅，站着时俨然像一座小山包，躺上治疗床时，整张床都在摇晃。程师给她扎针灸，竟然无处下针，脂肪堆积厚度令人不可想象！美国医生曾指导她通过游泳减肥，但效果并不理想。就是这样的病人，程师施其一次针灸后，就明显减肥两磅（约0.9公斤）！病人兴奋不已，连连赞叹小小银针竟如此神奇！

在这个病人之前，程师在新墨西哥州讲学时，也碰到过一位病人。这位病人是美国医疗中心的收费员，女性，体重250多磅，她除了肥胖症、高血压外，

还患有糖尿病。她听了程师讲座后，抢在第一个来针灸，一个星期3次针灸后，体重成功减重4磅。

二、海外患者，求诊求药

程师经常对外进行中医学术交流，以及现场亲眼所见程师中医治疗的良好效果，国外患者对程师的"回春妙手"产生深刻印象，程师在国外患者中的口碑不断传播，不少海外患者通过网络或者直接来国内求诊于程师，程师的"洋粉丝"和"洋病人"队伍越来越壮大。

有一位美国44岁的患者，因做过减肥手术（胃肠旁路手术）导致月经失调，崩漏下血不止。经美国当地妇科治疗，一直未见效果。为她治疗的一位美国妇科医生曾经听过程师的讲座，也亲见过程师治病的效果，十分钦佩和推崇程师，于是这位妇科医生就通过程师在美国的家人，将病人推荐给程师治疗。通过网络，程师问诊后了解到患者近一个月阴道流血不止，血量多，血块大，颜色暗红，有贫血史，手足偏凉，平时睡眠虽然入睡容易，但是梦多，醒后疲劳，体乏无力；且自述自从崩漏后，心情焦虑，情志悲伤。程师经诊断后即采用归脾丸合丹栀逍遥丸中药治疗，益气补血、舒肝解郁、清热止血。患者服药后不到一周，崩漏下血就止住了，而且她的"心病"也治好了。病人连连夸奖程师医技水平高，中医中药神奇无比！美国的这位妇科医生也惊讶中医的效果如此神奇，此后凡遇见妇科难题，经常会通过网络和程师交流，寻求中医治疗方法。

之后，不少的美国患者效仿上述病人的做法，"按图索骥"，专门通过网络找程师诊治妇科疾病。其中一位40岁的美国病人，由于服用避孕药后，月经一直延后近2年，西医治疗一直无果。病人相当痛苦，后来打听到程师用中医治疗妇科疾病，效果神奇，故网络求诊于程师。程师问诊后，发现她月经不调，经量及颜色尚可，有血块无疼痛，情绪焦虑，大便2～3天一次，便干，手脚发冷，神疲乏力。程师即采用疏肝解郁、滋阴活血法，调理2周后，病人月经即归正常。这位病人特意找到翻译人员，越洋打电话感谢程师，说："中国医生的水平高得令人想象不到，这次终于体会到了中医的神奇。"

还有不少的病人漂洋过海，直接飞到杭州求诊于程师。程师记得10年前，有一位来之西班牙的华人不远万里专程来到杭州求诊。患者心脏期前收缩，一直经治疗未能有明显改善。患者系通过检索文献发现，程师中医治疗心律失常很有效果，故特意来到国内求治中医。初诊时，患者胸闷、心悸、气急、乏力，有时胸痛，入夜加重伴有口干，舌红根腻，脉细弦滑代。程师诊断为证属心气不足、痰瘀痹阻，累及肝肾，即予以益气养阴、活血涤痰法加减治疗。七剂中药后胸痛消失，心悸、气急、乏力都有改善。经过一段时间中医的治疗，动态心电图复查未见房性期前收缩，室性期前收缩8次。程师继续随症加减，调理巩固，不久病人临床症状消失，期前收缩未现。病人万分感谢程师，赞叹其高超的中医技术！

第四章

高超医术

第一节　论外感审因论治

程师从医之初师从王乐匋先生和许芝泉先生，深受新安医学影响，诊治外感温病注重卫分、气分，用药轻灵宣透。来杭后主要从事心血管和内科杂病的诊治，时有外感病人前来求诊，在临床中逐步形成自己的诊疗思路。

一、外感时病注意节气

程师认为节气变化对疾病有明显影响，同是外感，节气不同，感邪不同，治疗有区别。《吕氏春秋》提到"天生阴阳寒暑燥湿，四时之化，万物之变，莫不为利，莫不为害"。四时的更替、万物的变化，没有一样不给人带来益处，也没有一样不对人产生危害。顺应自然规律，采取积极主动的态度，以防御外邪的侵袭。《素问·宝命全形论》云："人以天地之气生，四时之法成。"每一节气的变化、物候的改变都会影响人体的生命活动。《黄帝内经》中还强调"审察病机，无失气宜"，认为注重四时节气同辨证论治一样重要。外感病是临床中的常见病、多发病，不同季节和节气，总有风、火、暑、湿、燥、寒六淫为患。感受四时六淫而发生的外感病，随着四季变换而呈现出不同的时令特征，正如《时病论》中讲，"夫春时病温，夏时病热，秋时病凉，冬时病寒"。然而，即使是在同一季节中，其外感病随着节气的不同还会表现出不同的临床特征。如《时病论》谓"湿气在于秋分之前，燥气在于秋分之后"。因此，外感疾病的立法处方须参考节气的变化方能药精而效速。

在春夏之间，从雨水到立夏之时，天气开始由寒转暖，此时风气尤盛。春在脏腑应肝，人体的肝气开始生发，阳气浮动。此时外感发热，多为外风夹寒而内有浮动之阳气，因此用药一般多以辛温疏散之品宣发风寒，又需清凉之品疏散郁积之热。

立夏之后气温升高，此节气后，乃一年中最热时节，因此火热之邪旺盛，如《素问·五运行大论》中曰："其在天为热，在地为火……其性为暑"，称为暑。同时雨水更多，天暑下逼，地湿上升，因此暑热多夹湿邪。同时由于浙江位于东南沿海，湿气本就较盛，故本地病人更易夹湿邪。夏季之时，人体腠理开泄，极易感受外邪。若此时不避暑气，以致热毒伤阴，而出现头痛，烦躁，肌体大热、大渴、大汗，脉浮，气喘等证，称为阳暑。治疗阳暑者，多以清热消暑为大法，常用宜白虎汤、竹叶石膏汤或益元散之类。同时，暑为火邪之最，多耗气伤津，在清解暑热时须加以适量的益气生津之品，才更有利于疾病的恢复。若因避暑吹风纳凉，或饮冷无度，中气内虚，以致暑邪与阴寒之邪乘虚侵袭而为病，称为阴暑，可见发热恶寒、无汗、身重疼痛、神疲倦怠、舌质淡、苔薄黄、脉弦细等。阴暑偏重于阳虚而寒、伤于风寒者，治以解表散寒，方选香薷饮等，可酌情加荆芥、防风、葛根等。若夹湿明显者，可予苍术白虎汤等，同时需注意佐以调畅气机，因湿邪常易导致机体气机不畅，气不畅则暑湿难去。

病案举例：阴暑夹湿案

徐某，女，60岁。2017年8月22日初诊。主诉：咽痛1个月伴午后发热半月。咽痛1月余，近半月来午后发热，热度在38℃左右，乏力，咳嗽无痰，后脑疼痛，睡时明显，纳可，寐一般，大便偏干。舌红苔白腻，脉弦细。辨证：湿蕴热伏。治法：解表化湿，清热止咳。

处方：荆芥5g，防风5g，羌活9g，独活9g，柴胡10g，前胡9g，枳壳12g，桔梗5g，生甘草5g，茯苓15g，川芎10g，藿香10g，川朴9g，白薇12g，冬瓜子30g，法半夏9g，六曲7g，玄参12g，共5剂。

按：本案患者发热正值三伏前后，午后发热，热度在38℃左右，舌苔白腻乃阴暑夹湿发热。咽痛乃有化热之征，后脑疼痛足太阳膀胱经感受阴寒邪，用芳香辛散，宣化表里湿邪之藿朴夏苓汤合荆防败毒散，宣化表里之湿邪。藿朴夏苓汤集芳香化湿、苦温燥湿、淡渗利湿于一方，荆防败毒散是治疗

外感风寒湿邪的基础方剂，程师将两方合用对阴暑发热每多取效。这里玄参润肺利咽，冬瓜子润肺化痰，两者乃清润生津而不滋腻，是感冒初期常用的清润佳品，这是程师早年跟随王乐匋老师学到的独门技艺，一直受用至今。

而至秋冬季来临，阴寒渐起，大地、人体阳气开始收敛，昼夜温差加大。同时津液渐少，多旱而干燥。此时之外感，多为夹燥之寒、温外感。初秋时分，气温仍高，若感受秋燥之偏热者：临床表现为初起头痛身热、干咳无痰、咯痰多稀而黏、气逆而喘、咽喉干痛、鼻干唇燥、胸满胁痛、心烦口渴、舌苔白薄而燥、舌边尖俱红等症。这是肺受温燥之邪、肺津受灼而出现的温燥。深秋时节，感受当令之气，燥与寒邪合而为凉燥。以恶寒重，发热轻，头痛无汗，口、鼻、咽干燥，咳嗽痰少，舌苔薄白而干，脉浮紧等为常见证候。治应润肺而解表，兼清里热。寒冬时节，天寒地冻，最易感受风寒之邪，造成恶寒重、发热轻、无汗、头痛身痛、鼻塞流清涕、咳嗽吐稀白痰、口不渴或渴喜热饮、苔薄白。治法应以辛温解表为主。常选用麻黄、荆芥、防风、苏叶等解表散寒药。

因此，结合时令节气诊断和治疗能提高辨证的准确性和临床疗效。

二、辨治外感，结合原发病

程师认为外感疾病的发生发展，除受到外感邪气性质的影响外，也与人体正气盛衰密切相关，甚至可以影响到发病的倾向与治疗。而人体正气盛衰受到体内慢性疾病的影响，不同的病理体质可致外邪的从化出现不同的结果。因此在治疗外感疾病中还应根据病人原有疾病的特点，灵活变通，随症加减。如一些糖尿病病人，形体肥胖，加上一些控制血糖口服药物的影响，脾胃功能弱，水湿运化不利，极易聚湿生痰。此时夹感则易出现咳嗽痰多，伴胸脘痞闷，体倦而重，纳呆，大便溏或黏腻不爽。舌苔白腻，舌体胖大，脉濡等痰湿壅盛之象。可在解表的基础上予二陈汤、平胃散等燥湿化痰，理气止咳。对于冠心病心功能不全患者，心气不足者多见，其感受外邪，则需注意扶助其正气。否则正气不足，邪气难祛。而高血压病人，平素肝阳易亢、阴虚内热者多见，常可见心烦易怒、头晕头胀、口咽干燥等，在外感时则需注意使用滋阴清热、清肝平肝之品，可使疗效更佳。

病案举例 1：高血压外感咳嗽案

袁某，男 40 岁。2018 年 3 月 13 日初诊。主诉：咳嗽半月。患者半月前受凉后引起咳嗽不适，无痰，咽痒作咳，口干，余未诉明显不适。舌红苔少，脉细。既往有高血压病史 4 年。目前口服氨氯地平阿托伐他汀片，缬沙坦氢氯噻嗪片控制血压。今测血压：150/80mmHg。辨证：外感风邪，化热伤阴，肺气失宣。治法：疏风清热，润肺止咳。

处方：桑叶 15g，甘菊 10g，元参 12g，黄芩 15g，牛蒡子 10g，桔梗 6g，枳壳 12g，前胡 10g，南沙参 15g，冬瓜子 30g，鱼腥草 30g，车前子 15g，化橘红 12g，瓜蒌皮 12g，银花 15g，炙白前 9g，罗汉果 1 只，共 14 剂。

二诊：2018 年 3 月 27 日。测血压：138/98mmHg，咳嗽好转，舌红苔薄脉细弦，治疗拟原法。2018 年 3 月 13 日方去炙白前，加百部 15g，罗布麻 15g。共 14 剂。

三诊：2018 年 4 月 10 日。咳嗽因进食鱼腥后再发，咽痒干咳少痰，舌红苔薄脉弦滑，再拟清肺化痰止咳。

处方：桑叶 15g，甘菊 10g，桑白皮 12g，地骨皮 12g，鱼腥草 30g，罗汉果 15g，黄芩 15g，冬瓜子 30g，白毛夏枯草 15g，广地龙 12g，车前子（包煎）15g，生地 15g，百合 15g，玄参 12g，蝉衣 9g，罗布麻 15g，前胡 9g，炙白前 9g。共 7 剂。

2018 年 5 月 15 日，咳嗽向愈，咽痒消失，舌红苔薄脉细。仍拟原法调理获愈。

按：本案病人原有高血压，外伤风寒而致病，因患者素体阴虚阳亢，故感邪极易化热。《素问·太阴阳明论》曰："伤于风者，上先受之。"风邪伤人，当辨在卫在肺之不同。在肺者当开肺气以解郁闭。风为阳邪，从皮毛而入腠理，侵袭肺脏，风袭肺卫，肺失宣降，故致咳嗽。而本案病人，素体高血压阴虚体质，肝火本旺，易犯肺而作咳，加之外邪袭肺，内外相夹，而咳嗽频作，再见舌红少苔，痰少而咽痒，皆为肝肺火盛之象。因此本案的治疗当以辛凉宣肺、滋阴清热为主。方中桑叶、菊花、银花甘凉轻清，疏散上焦风热，罗布麻、黄芩清金平木，牛蒡子、桔梗、前胡等以宣肺止咳；患者咳嗽无痰，故用少量玄参、沙参、瓜蒌皮滋阴润肺，三诊时加用泻白散之桑白皮、地骨皮加强清肺金之火，肺清火降则咳嗽荡然无存。

病案举例 2：胸膜炎反复外感案

潘某，男，52 岁。2016 年 9 月 14 日初诊，主诉：反复咳嗽 3 ～ 4 年，加重半月。曾有胸膜炎病史。刻诊：咳嗽，痰白，量多，咳甚气急，入夜喘鸣，咽痒，胸闷，动则气急，自汗多汗，纳可便调，舌淡红苔薄脉细。辨证：肺脾气虚痰饮内停。治法：益气固卫，降气平喘。

处方：生黄芪 30g，炒白术 15g，炒防风 5g，法半夏 9g，茯苓 15g，川朴 9g，丹参 15g，瓜蒌皮 12g，薤白 9g，红景天 12g，鱼腥草 30g，浮小麦 30g，广地龙 12g，炙紫菀 9g，炙白前 9g，苏子 9g，生地 15g，当归 10g，化橘红 15g。共 7 剂。

二诊：2016 年 9 月 21 日，晨起咳嗽痰多较前好转，动则汗出，舌红苔薄脉细滑，再拟原法。2016 年 9 月 14 日方将法半夏改为 12g，川朴改为 12g，加云雾草 15g，莱菔子 9g，干姜 6g。共 7 剂。

三诊：2016 年 9 月 28 日，咳嗽痰多好转，喘鸣未已，舌红苔薄脉细滑，治拟原法。

处方：生黄芪 30g，炒白术 15g，炒防风 5g，茯苓 15g，川朴 12g，红枣 15g，丹参 15g，广地龙 12g，苏子 9g，炙紫菀 9g，炙白前 9g，生地 15g，生姜 6g，当归 10g，鱼腥草 30g，云雾草 30g，莱菔子 12g，白芥子 9g，葶苈子 12g，化橘红 9g。

四诊：2016 年 10 月 12 日，喘鸣好转，口苦，大便如常。舌红苔薄脉细滑，再拟原法调理收效。

按：本案病人有胸膜炎病史，反复呼吸道感染，多属肺、脾、肾三脏不足，卫外功能薄弱，寒温不能自调，则外邪易从鼻口、皮毛而入，均犯于肺，肺脾气虚，卫外不固，而致汗出过多，罹患外感。方用玉屏风散、浮小麦益气固表敛汗，瓜蒌薤白半夏汤化痰止咳平喘，广地龙、炙紫菀、炙白前、苏子等降气化痰平喘，生地、当归、红枣养阴和营，使卫阳得充，体表固护，营阴内守，则外邪难凑。

三、外感辨治，重在卫气

在外感病的辨治中，程师多采用卫气营血辨证来指导选方用药。特别在外感病初起阶段重视卫、气辨治。卫气主要指病在卫分与气分，这个阶段病症广泛，邪气逗留时间较长，如不注意及时驱邪外出，病邪深入于内，波及营血，则病势渐深重，正虚邪恋，病情反复难愈。因此要抓住卫、气两个阶段的辨治，同时注意若已波及营分，仍需尽力将邪气透至卫、气分。

叶天士说："温邪上受，首先犯肺。"温邪由上而受，首先犯肺卫，肺主气属卫，所以温邪郁于肺卫均称在卫，病变部位以表为主，卫分证一般症状是：微恶风寒，发热，头痛，无汗或少汗，咳嗽，口渴，咽红或痛，舌边尖红，苔薄白，脉浮数等。卫气与邪相抗争，必引起发热，卫阳被邪所遏，肌肤失去温养则恶寒。又因属温邪为患，故多表现为寒轻热重，温邪郁于肺卫，阳气郁闭，所以常可见无汗，但若郁热较重，郁热蒸迫，可逼清气外泄，有时可见少汗。头为诸阳之会，温邪袭表，阳热上扰清空，且卫气郁阻，经气不利，则头部作痛。卫气郁阻，肺气失宣而咳嗽。温热上攻咽喉，咽部气血壅滞则咽红或痛。温热之邪易伤津液，则可见口渴。热郁于表则舌边尖红而苔白，脉象多见浮数。所以卫分证为温邪郁于肺卫，病较轻浅，如治疗准确、及时，邪可从表而解。

在治疗中，"在卫汗之可也"是针对卫分证之邪浅势轻，正气有抗邪外出之机，提出因势利导的治疗方法，结合临床及卫分证形成的机制，在治疗上必须宣透与清解并用。针对卫分证特点，程师用药多轻灵宣透。叶天士提出"在表初用辛凉轻剂"，吴鞠通在《温病条辨》中提到"治上焦如羽，非轻不举"，均重视轻剂的运用。宣透，是宣发透散在卫表之邪。轻灵宣透即是指用药轻清灵活，轻清热邪，轻透发散，二者缺一不可。在临床中程师常以辛散开其郁，以凉清泄其热，并且一方面要注意不能辛温发汗以助热伤阴，另一方面不可早用苦寒、甘寒以防过寒凝滞气机，这样会导致邪热郁闭更甚，邪不得透而病不易愈。如不可过用大青叶、板蓝根、石膏、黄芩、金银花等寒凉之品，以免寒凝气机，涩而不流，邪不得解。

邪在肺卫，虽属卫分，但亦有在肺在卫之不同，如温邪在卫，以发热重、咽喉痛为主者，宜辛凉轻剂银翘散为主，辛凉宣卫；热郁在肺，以咳嗽为重，宜辛凉平剂桑菊饮为主，宣降肺气。

病情有所迁徙者或症情复杂者，则需注意疾病的传变，可采用"截断扭转"的办法，即发热者，出现病情迁延，卫病及气时，使用解表清热的同时，要善顾气分，防止病邪进一步深入。其症可见发热、口渴、心烦、恶寒、头痛、脉滑数等，治疗一方面要辛凉清解，疏卫展气，一方面需兼佐清气，药可选用桑叶、菊花、金银花、连翘、竹叶、薄荷、淡豆豉、炒栀子、芦根、石膏等，且用量宜轻。切忌不能过用寒凉，防止寒盛而致气机凝滞，邪热不能外达。

浙江中医临床名家 · 程志清

"卫气同治"这样更能体现出中医"治未病"的特点。及至外邪由卫分传至气分，里热已炽，蒸腾于外，出现高热、烦渴、汗出、舌质红、苔黄燥、脉洪滑等证。治以清气为大法，同时注意宣畅气机，给邪以出路。治以辛寒清热，佐畅气达邪之品，方用辛凉重剂白虎汤。吴鞠通曰："白虎本为达热出表。"但清气不可一味寒凉，过用寒凉之品如紫雪丹、安宫牛黄丸等，易阻遏气机，郁而不宣，使邪无出路，病必加重；亦不可加用苦寒直折之品如黄连、黄芩之类，因其药性直降，守而不走，不利于达热出表；亦不宜加生地黄、玄参、麦门冬等滋腻之药，否则使辛凉之剂变为寒凝之方，阻滞气机，邪不外达。

程师认为，"截断扭转"之法可"先安未受邪之地"，虽然在外感病的治疗中有重要意义，但也必须以患者本身体质及外感症情传变情况的正确判断为基础，在疾病的发展趋势及正邪双方的力量对比情况下，才能大胆施之方不误，否则欲速则不达，反阻滞气机，贻误病情。

病案举例：持续低热不退案

吴某，女，62岁，2015年7月6日初诊。高血压、钩端螺旋体病史。主诉：反复低热50余日。患者50余日前出现咽喉痛，伴头晕头痛，于当地医院就诊，口服感冒药，并输液后咽痛好转，三日后出现发热，曾测体温38℃，继续静脉滴注抗生素后效不佳。其后发热反复不愈，37.5℃左右，午后略高，有时畏寒，咽痒，咳嗽，乏力腿酸，头晕头痛，发热超过37.8℃时面部发热，舌红苔薄脉细滑。测血压：145/80mmHg。辨证：外感湿温。治法：疏风清热兼以化湿。

处方：桑叶15g，甘菊10g，桔梗5g，生甘草5g，银花15g，连翘12g，藿香10g，秦艽12g，牛蒡子10g，生姜5g，地骨皮12g，滑石30g，红枣15g，鱼腥草30g，生米仁30g，苍耳子9g，金荞麦30g，罗布麻15g。共7剂。

二诊：7月14日。低热渐退，体温最高37.2℃。舌红苔薄脉细弦，再拟原法。2015年7月6日方，去藿香，加珠儿参10g，淡竹叶15g，黄芩12g。共7剂。

三诊：2015年7月21日。低热已退，惟畏风寒，咽痒作咳，痰中带有血丝，早上血压偏高，为148～150/80～91mmHg，舌红苔薄黄，脉细滑。再拟清肺化痰，益气固卫。

处方：鱼腥草30g，桔梗5g，生甘草5g，牛蒡子10g，银花15g，金荞麦30g，苍耳子9g，桑叶15g，生黄芪15g，炒白术15g，防风5g，怀牛膝15g，罗布麻15g，广地龙12g，炒枳壳12g，连翘12g。共7剂。

四诊：2015年7月28日。低热已退，血压稳定，咽痒作咳，舌红苔薄脉细，体虚易感，治拟益气固表，清肺化痰。

处方：生黄芪 15g，炒白术 15g，防风 5g，罗布麻 15g，广地龙 12g，怀牛膝 15g，鱼腥草 30g，桔梗 5g，生甘草 5g，牛蒡子 9g，银花 15g，金荞麦 30g，陈皮 6g，炒二芽各 12g。共 7 剂。

五诊：2015 年 8 月 4 日。咳嗽好转，有时咽痒，小便淋漓，次数多，肾结石术后，舌红苔薄脉细，治拟原法。2015 年 7 月 28 日方去银花、陈皮，加蝉衣 9g，淡竹叶 15g，海金沙 30g，滑石 30g，绞股蓝 15g。共 7 剂。

六诊：2015 年 8 月 11 日。昨因感寒自觉微热，测体温 36.7℃，小便次数多。舌红苔薄腻脉细滑，治拟原法。血压 140～160/78～90mmHg。

处方：桑叶 15g，甘菊 10g，秦艽 12g，罗布麻 15g，生黄芪 15g，炒白术 15g，怀牛膝 15g，桔梗 5g，连翘 12g，法半夏 9g，茯苓 15g，陈皮 9g，海金沙 30g，鸡内金 12g，炒二芽各 12g。共 7 剂。

按：本案患者低热反复不已近 2 个月，发热起于立夏之后，虽经中西医治疗，但其仍有恶寒、咽痒等症，《伤寒论》"有一分恶寒，便有一分表证"，说明表邪未解，低热缠绵以午后为甚，乃湿邪致病特点，湿性流连不能因汗而解，故屡经发表湿不去则热不能退，以致发热反复近两个月未愈，程师治疗仍以桑菊饮化裁轻清宣透以祛在表之热邪，配以秦艽善祛在表之湿邪。秦艽，性能祛风除湿，《名医别录》谓："疗风无问久新，通身挛急。能燥湿散热结"。藿香芳香化湿，能助中州清气，胜湿辟秽，故为暑湿时令要药；滑石味淡性寒，淡能渗湿，寒能清热，故能除湿温内蕴之热，使从小便而出，以解暑湿之邪；少佐甘草和其中气，并可缓和滑石寒之性，二药相配又名六一散，清暑利湿之要剂。全方集轻透、宣化、祛湿、化湿、利湿于一体，二周后低热消退，但由于迁延日久，暑热伤气，身热渐退之后，表虚畏寒之象显露，再给予原法加玉屏风散补气益卫调理而愈。

第二节　辨杂病紧抓主症

主症，是指能够反映和代表某证候病情病机的症状，是疾病基本的、本质的外在表现亦即疾病的主要矛盾。因此，在临床实践中，只有抓住主症并依此进行辨证组方用药，可以更直接更有重点的切入。程师在临床诊疗中，针对内科杂病症状复杂多变，患者描述各异，常在辨病的基础上，采用抓主症的方法辨证治疗，删繁就简，执简驭繁，往往能直中病机，见效迅速，同时，

程师抓主症有以下特点。

一、紧抓主症，病证结合

程师认为抓主症是通过疾病的主要症状，进行辨证组方用药的方法。疾病的临床表现是非常复杂的，常常会证候相兼，一个患者相兼出现的证候有主有次，主证候是从主症而来，在患者出现的众多症状中，抓住其主要症状，详审细辨，就可断定这个疾病的主要证候，从而采取相应的治法，达到治愈疾病的目的。如慢性心力衰竭多为各种心脏疾病的终末期阶段，临床表现复杂，往往原发性心脏病、心衰、并发症等混杂在一起，处理比较困难，故以症入手，分缓急，辨主次，针对心衰主症心胸窒闷，心悸气喘，下肢水肿的轻重程度等进行细致辨析，若痰浊瘀阻，阴邪上干心胸，导致胸闷，一般多兼舌苔厚腻；若阳虚水泛，水气凌心射肺，也可引起胸闷，一般多兼咳喘、水肿、畏寒、乏力；若夹有瘀血者胸闷多兼有胸痛。因此可见，抓主症的意义在于抓住病症的主要矛盾，通过对病人症状分析，去伪存真，找出其病因、病位、病势、病性所在，才能找到真正的"主症"，这样治疗针对性强，取效迅速。程师在临床中常对我们强调，一般病人来就诊时对自身不适的症状甚多，主症并不一定是患者的主诉，我们需对患者陈述后的信息进行分析判断，从而找出患者的主症来进行遣方用药。在抓主症的判断中，需密切结合患者原发病，因为相同的症状，其发病原因不同，病理机制则有差异，方药亦不相同。比如同是胸闷气喘者，有因冠心病心绞痛所致，常予活血化瘀、涤痰通络等治疗，而肺心病所致者，多需泻肺平喘。因此，抓主症也需病证结合，立足于辨证的基础上，参考辨病，从而辨证施治，方能有的放矢。

病案举例 1：胆心同病案

冯某，男，63 岁。2017 年 1 月 31 日初诊。胆囊切除术后 1 年余，肝囊肿，心房颤动，射频消融术后 4 年，房性期前收缩。刻诊：右胁胀痛，嗳气，心悸，大便干，3～4 日一解，入夜口干，舌红苔薄腻，脉细有歇止。辨证：肝胆气滞，心气不宁。治法：疏肝利胆，宁心定悸。

处方：柴胡 10g，赤芍 12g，炒枳壳 12g，制延胡索 15g，广金钱草 30g，黄芩 15g，郁金 12g，制军（后下）10g，丹参 15g，降香 9g，红景天 12g，茵陈 24g，焦山栀 12g，川连 3g，生姜 5g，红枣 10g。共 7 剂。

按：本案病人有胁痛、嗳气、心悸、口干、便秘等，结合其为胆囊切除术后，并有心房颤动、射频消融术后病史，据经验判断其主症为胁胀、心悸，属传统医学之胆心同病范畴，正如《素问·脏气法时论》云："心病者，胸中痛，胁支满，胁下痛，膺背肩胛间痛，两臂内痛。"很多胆疾患者由于肝胆失疏导致胆心同病者极为常见，加之舌红苔薄腻，脉细有歇止，属肝胆失疏，气机阻滞，心气不宁，而发心悸、胁痛。故本案证属肝胆气滞，心气不宁。方用大柴胡汤合丹参饮化裁。取柴胡、黄芩疏肝利胆；配以广金钱草、茵陈、焦山栀、川连以助利胆清热化湿之力；赤芍、郁金、丹参、红景天、降香、制延胡索以助疏肝活血、宁心定悸；此处制军化瘀泄浊，配以枳壳以助下行之力；姜枣顾护脾胃；全方共奏疏肝利胆、宁心定悸之功。

病案举例 2：老年冠心病案

瞿某，女，69 岁。2018 年 8 月 30 日初诊。患者有冠心病史 12 年，平时口服阿托伐他汀钙片，阿司匹林肠溶片，麝香保心丸，脂肪肝，肝囊肿，右眼视网膜脱落术后 1 年。刻诊：胸闷、胸痛，伴乏力明显，头晕，昏沉，矢气多，右耳耳鸣如电铃声。胃脘有时不适，舌红苔薄腻，左脉弦滑，右脉细。血压：118/72mmHg。辅助检查：于 2018 年 7 月 17 日在东阳人民医院查心电图示 ST 段改变。冠脉造影示右冠近中段 80% 狭窄，中段 65%，中远段 85%，远段 95% 狭窄；左主干未见明显狭窄，前降支开口处 50% 狭窄，近中段 75%，回旋支细小，近段 98% 狭窄。颈动脉、椎动脉超声示左侧颈总动脉粥样斑块（强回声斑）形成伴局部管腔轻度狭窄。双颈、椎动脉硬化。心脏 B 超示二尖瓣轻度反流，三尖瓣轻度反流。射血分数：73%。辨证：痰瘀痹阻，风阳上旋。治法：涤痰活血，息风平肝。

处方：瓜蒌皮 12g，薤白 9g，法半夏 9g，郁金 12g，天麻 9g，生黄芪 15g，石菖蒲 12g，蝉衣 7g，葛根 15g，川连 3g，炒黄芩 15g，生姜 5g，红枣 15g，柴胡 10g，炒枳壳 12g，制延胡索 15g，丹参 15g，红景天 12g。共 7 剂。配合丹蒌片、麝香通心滴丸。

二诊：2018 年 9 月 6 日。药后胸闷头晕好转，体力渐增，胃脘不适，舌红苔薄腻脉细弦。治拟涤痰息风，宁心活血舒痹。2018 年 8 月 30 日方，去生黄芪、葛根，加赤芍 12g，佛手 9g。共 7 剂。

三诊：药后胸闷头晕乏力减而未已，腰背酸痛，舌红苔薄脉细弦，再拟益肾平肝，涤痰活血。

处方：瓜蒌皮 12g，薤白 9g，法半夏 9g，郁金 12g，丹参 20g，降香

浙江中医临床名家·程志清

9g，赤芍 12g，红景天 12g，川芎 10g，制延胡索 15g，怀牛膝 15g，夜交藤 30g，炒枣仁 15g，生黄芪 12g，川连 3g，柴胡 10g，炒枳壳 12g，绞股蓝 15g。共 14 剂。配合丹蒌片。

其后患者胸闷头晕、乏力、腰酸好转，有时右耳轰鸣，继予原法化裁后取效。

按：本案为老年久病患者，基础疾病多，冠脉狭窄处甚多且重，颈动脉硬化伴斑块。其主症是胸闷、胸痛，头晕、耳鸣。以此判断其病机属年老久病，肝肾亏虚，气化失司，痰瘀痹阻。初诊以痰瘀痹阻，风阳上旋为主，急则治其标，先以瓜蒌薤白半夏汤加丹参、红景天、制延胡索、郁金涤痰活血，宽胸舒痹；天麻、蝉衣息风平肝，柴胡、黄芩、疏肝清热配以蝉衣、葛根、菖蒲专通耳窍，以平息肝风胆热所致耳鸣。二诊后胸闷痛头晕均有好转，原方加减再进。三诊肝肾亏虚显现，加强补益肝肾，以原法加补益肝肾之怀牛膝，症状日见好转。

病案举例 3：心律失常案

赵某，男，79 岁。2018 年 11 月 15 日初诊。主诉：心慌不适伴疲劳反复发作 10 余年。加重一年。平时口服"代文"控制血压。曾查 24 小时动态心电图示"期前收缩""心房颤动"（具体不详），当地社区医生予口服胺碘酮及银杏叶片，症状缓解不明显。既往高血压、冠心病、高尿酸血症、痛风、前列腺增生病史。刻诊：心慌、嗳气频作，呃逆，晨起乏力。舌暗红，苔薄，脉沉细。辨证：气阴两虚，痰瘀痹阻，心脉不运。治法：益气养阴，涤痰活血通脉。

处方：瓜蒌皮 12g，薤白 9g，法半夏 9g，生黄芪 15g，柴胡 10g，炒赤芍 12g，炒枳壳 12g，丹参 15g，降香 9g，红景天 12g，丁香 5g，川芎 10g，太子参 15g，麦冬 15g，五味子 5g，竹茹 12g，车前子（包煎）15g，白花蛇舌草 30g，杜仲 12g。共 7 剂。

二诊：2018 年 12 月 2 日。心慌胸闷好转，嗳气减而未已，舌红苔薄脉细，治拟原法。2018 年 11 月 15 日方，去五味子，加生姜 5g，红枣 15g，地鳖虫 7g。共 7 剂。

三诊：2018 年 12 月 9 日。嗳气显减，惟感心慌乏力。舌红苔薄脉细。再拟原法。2018 年 12 月 2 日方，去竹茹，丁香改为 3g，生黄芪改为 20g，太子参改为 20g，加杜仲 15g，代代花（后下）5g。共 7 剂。

按：本案病人年老高龄，患有高血压、冠心病、高尿酸血症、痛风、前列腺增生病史。曾查 24 小时动态心电图示"期前收缩""心房颤动"，基础疾病虽多，但以心系疾病为主，故其主症归为"心慌、期前收缩"，结合舌苔脉象、年龄与过去病史。辨证为气阴两虚、痰瘀痹阻。治以瓜蒌薤白半夏汤涤痰活血舒痹，黄芪生脉饮益气养阴通脉，对嗳气频作、呃逆等症，予以四逆散加丁香疏肝和胃降逆。程师抓主症，兼顾次症，药后桴鼓相应，足见功底深厚。

二、衷中参西，宏微兼顾

程师认为随着人类的发展，自然环境的变化，人均寿命的延长，疾病谱的变化，慢性病发病率增加，一些病人临床表现较为复杂，此时抓主症除了从疾病症状和体征入手外，还需借助现代医学诊断手段，参考理化检测、影像、核医学技术等微观指标，进行综合分析。即应立足于辨证的基础上，参考西医辨病，将实验室微观指标的异常纳入微观辨证的范畴，作为辨证施治的依据。尤其在一些疾病的早期，或潜伏期，症状不典型，或病人无明显不适症状，但客观检查指标早已异常，如部分高脂血症、高血压、腔隙性脑梗死、心律失常等疾病的病人，从传统中医的角度来看临床无证可辨，通过结合微观异常指标进行辨证，从而形成诊疗思路，可弥补中医宏观辨证的局限性，使病人得到及时、精准的治疗。另外，抓主症，也不单单是仅靠病人所描述的不适症状，即临床表现来辨证，而是也需要进行四诊合参，望闻问切结合，进行辨证。这样，通过结合舌脉象分析主症能提高辨证的准确性，尤其对于一些特殊病人，如精神疾病病人、老幼年病人，或者是对寒热变化的反应较为迟钝，或个人描述不清，单凭问诊、望诊往往能得到完整的信息。而舌象脉象与病变的对应关系较为直接固定，结合舌体、舌质、舌苔、脉象等能直观地反映病证的寒热虚实，敏锐而准确地反映邪气的深浅、正气的盛衰及疾病的预后，因此抓主症也需结合舌、脉变化。

病案举例 1：类风湿关节炎案

刘某，女，61 岁。2018 年 11 月 22 日初诊。主诉：四肢关节疼痛 5 个月加重 3 天。病人 5 个月前无明显诱因出现四肢关节肿胀疼痛。手指关节、腕关节、膝关节疼痛明显。在德清县人民医院诊断为"类风湿关节炎"，服用"舒风湿宁片、瘀血痹片"等，具体不详。未见明显好转。3 天前上述症状加重，为进一步诊疗来诊。刻诊：手指关节、腕关节疼痛明显，双上肢抬举

困难，动则双膝关节疼痛，阴雨天尤甚。二便调，胃纳可，痛时口干，畏冷。舌红少津，脉细数。辅助检查：血压：130/78mmHg，幽门螺杆菌感染阳性。2018年6月30日，德清县人民医院：抗环瓜氨酸肽抗体881ru/ml；抗核抗体阳性：320；血沉14mm/h，类风湿因子147U/ml（阳性）。辨证：肝肾亏损，风湿入络。治法：补益肝肾，祛风通络。

处方：生地15g，赤芍12g，当归10g，川芎10g，羌独活（各）9g，桑寄生15g，秦艽12g，细辛1.5g，生米仁30g，茯苓15g，桑枝15g，鸡血藤15g，制川乌5g，生甘草5g，生姜5g，红枣15g，蕲蛇5g，苍术15g，制延胡索15g。共7剂。另用乳香、牛至、冬青、生姜等理疗级精油各2滴加椰子油12滴打底依次涂抹颈、肩部。

二诊：2018年11月29日。补充辅助检查：胆囊息肉样变2mm×2mm，左肾结石2mm×2mm。子宫内膜息肉（宫腔息肉可能）6mm×3mm。总胆固醇8.92mmol/L，低密度脂蛋白7.8mmol/L。药后双手抬举明显好转，下肢酸痛。舌红苔薄脉细弦。治拟原法。2018年11月22日方加片姜黄15g。共7剂。

按：本案病人根据西医检查确诊为"类风湿关节炎"，诊断明确，属于中医学"痹证"范畴，据证分析疼痛性质与病位，病人关节疼痛遍及腕关节、肩关节、膝关节，尤以肩关节疼痛明显，畏寒，双上肢抬举困难。结合舌红少津，脉细而数，乃风寒湿杂至合而为痹，其病程较长，久痛入络，肝肾亏损，其治当以独活寄生汤合金匮薏苡附子散标本兼治。养肝益肾，以固其本，祛风逐寒化湿祛其邪，佐以活血通络，加乳香、牛至、冬青精油以增祛风除湿散寒止痛之效。病人复诊时诉三剂后右肩关节疼痛明显减轻，右手抬举较前显著好转。近半年的宿疾一周控制，一是得益于病证结合，辨证精准，二是得益于芳香疗法精油的配合使用，增强了疗效，缩短了疗程。

病案举例2：心房颤动案

李某，男，68岁。2017年11月10日初诊。主诉：胸闷、压迫感，背痛，心悸，心跳时快时慢，胸部隐痛，夜寐入睡困难，二便无殊，舌红苔黄腻，脉细数，律不齐。辅助检查：心电图示心房扑动，呈2：1房室传导。T波改变。超声示双侧颈动脉内中膜不均增厚伴多发斑块；主动脉硬化，左房增大，二三尖瓣轻度反流，心动过速。证属气阴两虚，痰瘀痹阻。治拟益气养阴，涤痰舒痹。

处方：生黄芪20g，太子参20g，麦冬12g，五味子5g，丹参15g，降香9g，生地15g，当归10g，郁金12g，生牡蛎30g，炙桂枝3g，葛根15g，红景天 12g，炒枣仁 15g，夜交藤 30g，茯苓 15g，炒白术 15g，炙甘草 7g。共 7 剂。复方丹参滴丸 10 粒，2 次 / 日，舌下含服。

二诊：2017 年 11 月 17 日。心悸不适，少寐，膝软足冷，胸闷隐痛，舌红苔薄，脉细沉结代。治拟原法。2017 年 11 月 10 日方去生地。加瓜蒌皮 12g，薤白 9g，淡附片 3g，汉防己 12g。共 14 剂。

三诊：2017 年 11 月 24 日。心悸胸闷少寐，时值冬令，手足不温，舌红苔薄脉细。要求服用膏方调治。辨证：心肾气虚，痰瘀痹阻。治法：益气养阴，涤痰活血。

处方：生黄芪 300g，当归 100g，太子参 300g，麦冬 150g，五味子 50g，郁金 120g，炒赤芍 120g，柴胡 100g，炒枳壳 120g，丹参 200g，红景天 120g，生牡蛎（先煎）300g，炙桂枝 5g，刺五加 120g，无柄赤芝 150g，夜交藤 300g，炒枣仁 300g，炒白术 150g，茯苓 150g，铁皮石斛 120g，紫河车 100g，生山楂 150g，以上药共煎取汁加入阿胶 200g，炙龟板 100g，鹿角胶 100g，黄酒 400ml，木糖醇 250g，炒大胡桃 150g，黑芝麻 150g，三七粉 30g，灵芝孢子粉（拌入）30g，西洋参 50g，收膏。每日早晚空腹服用各 1 次，每次 30g。

四诊：2017 年 12 月 8 日。心房颤动，多动则心悸气急，心胸憋闷，脉乍疏乍速，舌红苔薄。辨证：气阴两虚，痰瘀痹阻，心脉不运。治法：益气养阴，宁心定悸。

处方：生黄芪 30g，太子参 20g，麦冬 12g，五味子 5g，郁金 12g，柴胡 10g，炒赤芍 12g，炒枳壳 12g，丹参 20g，红景天 12g，生牡蛎（先煎）30g，炙桂枝 3g，夜交藤 30g，炒枣仁 15g，生山楂 15g，葛根 15g，毛冬青 15g，生地 15g。共 7 剂。

五诊：2018 年 11 月 22 日。心房颤动，经去年中药及膏方调理症情已经控制，时值冬令，应病人要求再以膏方调治。拟益气养阴，固其本，宁心定悸，活血通其心脉。

处方：生地 300g，炙甘草 70g，炙桂枝 50g，生牡蛎（先煎）300g，怀牛膝 150g，郁金 120g，黄芪 300g，太子参 250g，麦冬 150g，五味子 50g，红景天 120g，当归 100g，柴胡 100g，赤芍 120g，炒白术 150g，夜交藤 300g，炒枣仁 300g，刺五加 120g，炒杜仲 150g，桑寄生 150g，铁皮石斛 150g。以上药共煎取汁加阿胶 250g，龟板胶 100g，鹿角胶 100g，黄酒 500ml，木糖醇 250g，灵芝孢子粉（拌入）30g，炒大胡桃 150g，炒黑芝麻

150g，三七粉（拌入）30g，西洋参（先煎）50g，紫河车（先煎）100g，收膏。每日早晚空腹服用各 1 次，每次 30g。

按：本案病人年届古稀，有心房扑动、心房颤动史，以胸闷心悸为主要症状。舌红苔黄腻，脉细数，律不齐。证属气阴两虚，痰瘀痹阻，治以益气养阴固其本，宁心定悸活血通其心脉，病人 2017 年先用中药调理心之气血阴阳，其间病人有畏寒四末不温等阳虚见证，故治疗时顾及温阳化气，也寓阳中求阴之意。其中生地与桂枝相配有强心作用，桂枝亦可减轻生地之滋腻。后予以膏方取血肉有情之品阿胶、龟板胶、鹿角胶、紫河车加西洋参、铁皮石斛阴阳气血双补益增药力，结合病人心房颤动病史，需时刻警惕气血瘀滞心房而使血栓形成，程师在大队滋补膏方中加入四逆散、生山楂、丹参、红景天理气活血，更用三七粉拌入收膏，不可不谓构思之缜密，病人服后自觉症状均有好转，生活质量提高，故于 2018 年 11 月又来门诊要求继续膏方调理，经用中药开路方后，继续以膏方缓缓图之。由此体现程师临证宏微兼顾的辨治特点。

三、同病异治，异病同治

程师在临证中认为重视同病异治及异病同治也均是抓主症的体现。同病异治指同一疾病在其发生、发展、变化的过程中因病位之深浅，病程之长短、病证之虚实、病性之寒热、病情之兼夹不同而治疗方法也不同。意即是指同一种疾病过程中的不同表现，我们得到的"证"并不相同，应根据不同的证来遣方用药。如程师在诊治病毒性心肌炎时，不同的时期，治疗的方法不同。在急性期早期，邪袭肺卫，患者以咽痛、咳嗽、咳痰等肺卫表证为主症，偶见心悸、胸闷。此期采用辛凉宣透之法，逐邪于外，选用桑菊饮、银翘散化裁；急性期后期心气心阴受损，其症以心悸、心慌、胸闷等心脏症状为主症，兼有咳嗽、咳痰、气喘等呼吸道症状，此时治疗需标本兼顾。益气养阴，清心解毒，养阴清肺同用。用陆氏清心饮化裁治疗；慢性期（后遗症期）病人多以心动悸脉结代为主症，到了这一阶段多呈气血阴阳两虚之证，当以补为要，治当益心气，养心血，振心阳，复血脉，以仲景炙甘草汤化裁。异病同治指不同的疾病在其发展过程中，出现病位相同、病因同源、病机吻合时，便可采用相同的治法。亦即不同的疾病虽然临床表现各不相同，但可出现相同的主症，反映出的"证候"也相同，其治疗方法也可相同。如丹参饮即可以用于治疗冠心病瘀阻心脉而致胸痹心痛，也可以用于治疗慢性胃炎之气滞血瘀、胃脘疼痛，两者虽属不同疾病，但有相同的主症——疼痛，或胀痛，或刺痛，舌紫暗有瘀斑，脉涩。其病机同为气滞血瘀，不通则痛。治法方药自然可以相同。再如冠心病与风湿性心脏病都可以出现胸闷、心悸，舌红苔腻，舌下络脉瘀紫，脉细，在辨证时只要病机都符合心气阴两虚，痰瘀痹阻，都可以采用益气养阴、涤痰活血的治法而取效。

病案举例 1：冠心病经皮冠状动脉介入术后案

谢某，女，69 岁。2018 年 7 月 5 日初诊。患者有冠心病病史，经皮冠状动脉介入术后 5 个月，置入 3 枚支架。服用调脂稳斑药后，肝功能指标升高超过 3 倍（2018 年 5 月 16 日查肝功能示谷丙转氨酶 181U/L，谷草转氨酶 69U/L，γ-谷氨酰转移酶 295U/L），遂停用。刻诊：胸闷、胸痛时作，乏力，性情焦虑，头晕，大便秘结。舌红绛，苔薄，脉细弦。辨证：气阴两虚，痰瘀痹阻。治法：益气养阴，活血涤痰。

处方：太子参 15g，麦冬 15g，五味子 5g，瓜蒌皮仁（各）12g，薤白 9g，生地 15g，百合 15g，丹参 15g，红景天 12g，炒决明子 15g，绞股蓝 15g，柴胡 10g，赤芍 12g，炒枳壳 12g，制延胡索 15g，垂盆草 30g，郁金 12g，火麻仁 15g。共 7 剂。麝香保心丸 2 盒，每次 2 粒，每日 3 次。

二诊：2018 年 7 月 12 日。胸痛未发，复查肝功能示谷丙转氨酶 88U/L，谷草转氨酶 64U/L，γ-谷氨酰转移酶 149U/L。舌红苔薄脉细弦，再拟原法。2018 年 7 月 5 日方加夜交藤 30g，生山楂 20g。共 7 剂。

三诊：2018 年 7 月 19 日。胸闷不适，性情焦虑，失眠，舌暗红苔薄黄腻，脉细弦。辨证：肝郁气滞，血瘀痰凝。治法：疏肝理气，涤痰化瘀。

处方：柴胡 10g，炒赤芍 12g，炒枳壳 12g，郁金 12g，石菖蒲 12g，瓜蒌皮 12g，薤白 9g，法半夏 9g，丹参 20g，降香 9g，制延胡索 15g，红景天 12g，夜交藤 30g，炒枣仁 15g，合欢皮 12g，垂盆草 30g，水飞蓟 15g，决明子 15g，火麻仁 15g，绞股蓝 15g，制香附 12g。共 7 剂。

四诊、五诊均以原法化裁。

六诊：2018 年 8 月 9 日，心胸憋闷好转，曾偶发心胸憋闷未做任何处理后好转，舌暗红苔薄脉细涩，治拟原法。

处方：瓜蒌皮 12g，薤白 9g，丹参 15g，降香 9g，红景天 12g，川芎 10g，柴胡 10g，赤芍 12g，炒枳壳 12g，郁金 12g，夜交藤 30g，炒枣仁 15g，垂盆草 30g，水飞蓟 15g，蒲公英 15g，生地 15g，炙桂枝 3g，川连

浙江中医临床名家·程志清

3g。共 7 剂。

七诊：2018 年 8 月 30 日。胸闷好转，治拟原法。2018 年 8 月 9 日方去垂盆草、水飞蓟，加元参 12g，银花 15g。共 7 剂。

八诊：2018 年 9 月 13 日。昨日曾发胸痛，咽喉干燥，舌红苔薄脉细弦。复查肝功能示丙氨酸氨基转移酶 56U/L，门冬氨酸氨基转移酶 58U/L，再拟育阴疏肝、涤痰活血法。

处方：生地 15g，元参 12g，麦冬 15g，冬瓜子 30g，丹参 15g，红景天 12g，赤芍 12g，郁金 12g，柴胡 10g，炒枳壳 12g，瓜蒌皮 12g，薤白 9g，夜交藤 30g，炒枣仁 15g，银花 15g，蒲公英 15g，龟板（先煎）15g，知母 9g，炒川柏 7g。共 7 剂。

九诊：2018 年 9 月 20 日。胸痛胸闷好转，惟性情焦虑，乏力易倦，舌淡红苔薄，脉细弦，治拟原法。2018 年 9 月 13 日方去炙龟板、知母、川柏、银花。加垂盆草 30g，水飞蓟 15g，淮小麦 30g，绞股蓝 15g，虎杖 15g，瓜蒌仁 12g。共 7 剂。

十诊：2018 年 9 月 27 日。症情尚平稳，右耳及下颌疼痛，目眵多，夜寐好转，舌暗红苔薄腻，脉细弦，再拟原法，2018 年 9 月 20 日方去瓜蒌仁，加川连 3g，夏枯草 12g。共 12 剂。

十一诊：2018 年 10 月 9 日。口鼻干燥，性情焦虑，大便干燥，舌红苔薄脉细，治拟滋阴润燥。

处方：炙龟板（先煎）15g，知母 9g，川柏 7g，生地 20g，元参 12g，麦冬 15g，冬瓜子 30g，丹参 15g，红景天 12g，赤芍 12g，夜交藤 15g，枸杞子 15g，甘菊 10g，当归 10g，郁金 12g，生山楂 12g。共 7 剂。

十二诊：2018 年 10 月 25 日。齿龈疼痛，入夜尤甚。舌红苔薄，脉细弦。证属风火牙痛。

处方：生地 30g，地骨皮 12g，知母 9g，生石膏 30g，细辛 2g，川牛膝 10g，升麻 6g，元参 12g，蒲公英 15g，丹参 15g，红景天 12g，柴胡 10g，炒赤芍 12g，炒枳壳 12g。共 7 剂。

十三诊：2018 年 11 月 8 日。齿痛已瘥，口干好转，胸痛偶现，偏左头痛，舌暗红苔薄微腻，脉沉细，治拟原法。

处方：生地 15g，赤芍 12g，丹参 15g，当归 10g，川芎 10g，柴胡 10g，炒枳壳 12g，红景天 12g，制延胡索 15g，知母 9g，炙龟板（先煎）15g，川柏 7g，元参 12g，绞股蓝 15g，炒决明子 15g，降香 9g，生山楂 12g，郁金

12g。共 7 剂。

十四诊：2018 年 11 月 15 日。夜尿多，咳嗽，偏头痛减而未已，胃脘嘈杂，苔薄，脉细弦。治拟疏肝和胃清热。

处方：柴胡 10g，炒赤芍 12g，枳壳 12g，川连 3g，淡吴茱萸 1g，郁金 12g，丹参 15g，红景天 12g，川芎 10g，蒲公英 5g，瓜蒌皮 12g，薤白 9g，法半夏 9g，炒决明子 15g，火麻仁 15g，绞股蓝 15g，生山楂 15g。共 7 剂。

十五诊：2018 年 11 月 29 日。患有冠心病，经皮冠状动脉介入术后，出现干燥症，检查示转氨酶正常，总胆固醇 5.95mmol/L，低密度脂蛋白胆固醇 3.98mmol/L，偏头痛好转，目干涩，腿酸，大便欠畅，舌红苔薄脉细。2018 年 11 月 15 日方，去火麻仁、法半夏，加瓜蒌仁 15g，虎杖 15g，元参 12g，麦冬 15g。共 7 剂。

按：本案病人冠心病，经皮冠状动脉介入术后，主症为胸闷、胸痛，结合性情焦虑、舌红绛、苔薄、脉弦细等症与干燥症、焦虑症病史，辨证气阴两虚、痰瘀痹阻，初诊拟益气养阴、涤痰活血，以生脉饮合百合地黄汤益气养阴，瓜蒌薤白汤、四逆散理气涤痰，丹参、红景天活血舒痹，二诊后胸痛未发，三诊因情绪焦虑、失眠、等出现气郁生痰化火、心神不宁等为主的征象，故以疏肝理气、涤痰宁心安神为主，加丹参、红景天、制延胡索活血舒痹，如法调治病人胸痛日见好转，直至八诊至十一诊，患者原先干燥症的阴虚火旺征象日渐显现，口鼻干燥，性情焦虑，大便干燥，用增液汤加大补阴丸滋阴润燥。十二诊以风火牙疼为主症，改方玉女煎，待风火平息再治本病。同一病人身上在不同时期因为主症不同，证候也有差异，治法随证而变，体现了治病求本、同病异治的思路。

病案举例 2：冠心病经皮冠状动脉介入术后案

俞某，男，39 岁，2018 年 8 月 30 日初诊。主诉：冠状动脉支架术后 1 周。病人于 2017 年 6 月突发胸痛，于浙江省人民医院就诊，查冠状动脉造影示回旋支堵塞（具体不详），并置入支架一根。2018 年 8 月复查时发现右冠堵塞，置入支架 2 根，现出院 1 周，口服阿托伐他汀、替格瑞洛、厄贝沙坦、比索洛尔、硝苯地平等药物，但病情仍有进行性加重，故来我处诊治。既往高血压病史 6 年，高脂血症 5～6 年，父亲有高血压病史。刻诊：有时胸闷、胸痛，无明显心慌心悸，纳寐二便无殊，舌红苔薄腻舌下络脉瘀紫。血压：96/60mmHg。辨证：肝郁气滞，痰瘀互结。治法：疏肝解郁，涤痰活血。

处方：瓜蒌皮 12g，薤白 9g，法半夏 9g，郁金 12g，柴胡 10g，炒赤芍 12g，炒枳壳 12g，丹参 15g，降香 9g，川芎 10g，制延胡索 15g，红景天 12g，绞股蓝 15g，炒决明子 15g，炒黄芩 15g，生姜 5g，红枣 15g，川连 3g。共 7 剂。

二诊：2018 年 9 月 6 日。药后尚适，舌红苔薄脉细，拟原法。2018 年 8 月 30 日方，去炒黄芩、法半夏、生姜、红枣，加太子参 15g，麦冬 12g，五味子 5g，生黄芪 15g。共 7 剂。

三诊：2018 年 9 月 13 日。症情稳定，大便偏溏，舌红苔薄脉细弦，再拟原法。

处方：瓜蒌皮 12g，薤白 9g，法半夏 9g，郁金 12g，柴胡 10g，炒赤芍 12g，炒枳壳 12g，丹参 15g，降香 9g，炒白术 15g，茯苓 15g，川芎 10g，制延胡索 15g，生黄芪 15g，太子参 15g，夜交藤 30g，炒枣仁 15g。共 7 剂。

其后四诊至七诊症情稳定，仍以原法化裁。

八诊：2018 年 11 月 22 日。冠心病，经皮冠状动脉介入术后，症情稳定，面色萎黄，舌红苔薄脉沉细，治拟益气健脾，养血宁心。

处方：生黄芪 20g，炒白术 15g，太子参 15g，当归 10g，茯神 15g，炒枣仁 15g，广木香 9g，丹参 20g，红景天 12g，降香 9g，柴胡 10g，水飞蓟 15g，生姜 3g，红枣 15g，赤芍 12g，炒枳壳 12g，郁金 12g。共 14 剂。

九诊：2018 年 12 月 6 日。症情稳定，舌红苔薄脉细，治拟原法。2018 年 11 月 22 日方，去生姜、红枣，加铁皮 6g，枸杞子 15g，佛手 10g。

其后仍以原法化裁月余，症情稳定。

病案举例 3：乳腺肿瘤术后案

楼某，女，53 岁，2018 年 7 月 5 日初诊。病人有浸润性导管瘤，乳房左侧肿块病史，并于 5 月 12 日行乳腺切除术，淋巴结切片未发现转移。刻诊：面部浮肿，手麻，手术切口处不适，第二次化疗后出现便秘，舌暗红，苔薄腻，脉细弦。辨证：肝郁气滞，痰瘀互结。治法：疏肝解郁，涤痰活血。

处方：柴胡 10g，赤芍 12g，炒枳壳 12g，郁金 12g，八月札 12g，瓜蒌皮 12g，薤白 9g，法半夏 9g，制延胡索 15g，半枝莲 30g，鸡血藤 15g，生米仁 30g，莪术 15g，生黄芪 15g，绞股蓝 30g，山海螺 30g，炮山甲粉（分吞）3g。共 7 剂。

二诊、三诊仍以原法化裁。

四诊：2018 年 9 月 13 日。药后尚适，月经 2 个月未至，舌红苔薄脉细弦，治拟养血疏肝。

处方：当归 10g，赤芍 12g，川芎 10g，郁金 12g，柴胡 10g，枳壳 12g，生地 15g，制香附 12g，制延胡索 15g，丹参 15g，红景天 12g，八月札 12g，红花 5g，桃仁 10g，生米仁 30g，莪术 15g，炮山甲粉（分吞）3g。共 14 剂。

五诊至七诊：症情稳定，治拟原法。

八诊：2018 年 11 月 15 日。症情稳定，面部浮肿消退，手麻未已，口干，头发逐渐长出。手背腱鞘囊肿。舌红苔薄脉细弦，治拟原法。

处方：生地 15g，当归 10g，赤芍 12g，川芎 10g，郁金 12g，柴胡 10g，八月札 12g，半枝莲 20g，鸡血藤 15g，生米仁 30g，莪术 15g，炮山甲粉（分吞）3g，制延胡索 15g，无花果 15g，干姜 5g，炙桂枝 5g，秦艽 12g，藤梨根 30g。共 14 剂。

九诊至十二诊以原法继续调理。面部浮肿诸症明显好转。

按：以上病案 2、病案 3，两位病人一为冠心病冠状动脉支架术后胸痛，一为乳腺肿瘤术后乳房不适。据证皆属肝郁气滞，痰瘀阻滞。前者因情志郁结，导致气机不畅，气为血帅，气滞则血瘀，心脉失于通畅，以致心脉痹阻。表现为胸闷、胸痛等不适。后者因所欲不遂、气滞血瘀、痰浊凝结、阻于乳中所致，而见乳房肿块，今乳房虽已经切除，但是肝郁气滞痰瘀内阻并没有从根本上消除。因此两者之间虽病名不同，但病机雷同，均可以疏肝解郁，涤痰活血之大法治之，也体现了异病同治的特点。

第三节 治心病立足气化

传统心病及病机，张锡纯于《医学衷中参西录·论心病治法》中论"心者，血脉循环之枢机也……于以知心之病虽多端，实可分心机亢进、心脏麻痹为二大纲"，概括了心脏的生理功能在于其"枢机"作用，心病的病机简而言之分为亢、衰两类。而现代心血管疾病，以高血压、高脂血症、冠心病、心律失常、心肌病、心力衰竭等常见，当今心病外延更广阔，但病机多以本虚标实为主，常以血脉循环枢机不利为主要表现。气行则血行，血脉循环有赖于气的推动，故程师认为本虚之心病主要与气化不足相关，治疗心病时需立足于气化。

心的生理功能有赖于元气的激发、宗气的推动和营气的滋养。元气是生命物质系统中最高层次、最根本的气，对人体的代谢和功能起推动和调节作用，具有温煦和激发脏腑生理功能的作用，为人体生命活动的原动力。因此

元气的功能涵盖了心行血和生血的功能；宗气贯注入心脉之中，帮助心脏推动血液循环，即"助心行血"，所以气血的运行与宗气盛衰有关，宗气具有推动心脏的搏动、调节心率和心律等功能。营气主要由脾胃中水谷精气所化生，行于脉中，成为血液的组成部分，化生心血，而营运周身。心病的发生多与气的生成和运行失常有关，故在治疗上，应以"疏其血气，令其和平"为治疗目的，通过调整脏腑的气化功能，重建阴阳气血升降出入的动态平衡。可以依据病因病机，相应地采用养元气、调宗气、和营气等方法治疗。

程师立足气化理论辨治心血管病分述如下。

一、从脾肾气化论治高血压肥胖

高血压和肥胖相伴发生时，或因饮食失节，过食肥甘厚味，损伤脾胃，脾失健运，聚湿成痰，痰湿中阻，阻滞脉络以致上扰清窍，发为眩晕；或为素体气虚，气化失司，运化无力，水津代谢障碍，导致痰湿停滞，气血不能上荣于脑，发为眩晕。膏粱厚味及停滞水湿，容易郁而化热转为湿热，呈头晕烦躁、舌红苔黄腻等痰热内盛的表现。

程师经过从基础到临床的研究，得出了结论：高血压肥胖实际上是在综合因素作用下，人体阴阳平衡失调，气血失和，痰瘀内生，气机升降失常所致。所谓变动在肝，根源在肾，关键在脾。肝、脾、肾气化失司为病之本，阳亢、痰浊、瘀血为病之标，痰浊内停贯穿于高血压肥胖的全过程。

脾虚痰湿是导致高血压肥胖的主要因素，未从热化时，当益气健脾，正如仲景言"病痰饮者，当以温药和之"，程师常用苓桂术甘汤为主方，去桂枝配伍泽泻、厚朴、半夏、苍术、菖蒲等利湿化浊之品以辛开理气、化痰除湿，共同助运脾之气化功能。血压明显升高，头胀眩晕，表现风痰上扰之时，合用半夏白术天麻汤、二陈汤以化痰息风。痰湿化热之时，改用黄连温胆汤加减，给予清热燥湿、健脾化浊、理气化痰、降逆和胃。

程师治疗本病除了抓住涤痰化湿运脾之法外，同时强调还需调节肝肾之气化功能，尤其40～50岁以后发生的高血压肥胖存在着肝肾亏虚因素，即强调肾为气化之源，肝脾为气机升降之枢，只有肾气充足、脾气健运、肝气调达，方能机体津液周流、气血通利，达到浊脂消散而肥胖控制、阴阳平衡而血压控制之目的。

基于上述认识，程师对高血压肥胖病人进行了临床与相关实验研究，提出中西医结合治疗高血压肥胖的思路与方法，即"Ⅰ+Ⅱ"中西医综合疗法治疗高血压肥胖，所谓"Ⅰ"是饮食控制、有氧运动、戒烟限酒等改善生活方式的基础治疗，"Ⅱ"为中西医共同治疗，包括降压西药、中药、针灸共同组成。西药首选肾素血管紧张素转换酶抑制剂（ACEI），因 ACEI 舒张血管的同时有降低血浆瘦素水平和改善胰岛素敏感性的作用；中药自拟了"平肝益肾涤痰饮"，药用天麻、钩藤、桑寄生、川牛膝、泽泻、半夏、白术、海藻、夏枯草、决明子、广地龙等，达平肝益肾、健脾祛痰、息风清热、化湿活血作用；针灸处方阴阳兼顾，泻补兼施，既可平上亢之肝阳，降上扰之相火，又能健脾祛湿、化生气血、输布气水津，以百会、曲池（双侧）、太冲（双侧）、足三里（双侧）、减肥组穴组成。

近年，程师接触了芳香疗法，深悟芳香疗法之玄妙，现以 CPTG 级精油代替针灸，取得了意想不到的疗效。因植物提取的芳香精华，具有纯度高药效明显、透皮性好可入经络、刺激性小耐受度高、芳香愉悦易于接受等优点，而针灸受着专业技术、场地、时间、疼痛刺激反应等限制，难以普及，目前考虑优化方案，以芳香疗法替代"Ⅰ+Ⅱ"疗法的针灸治疗，进行临床验证及技术推广，使更多高血压肥胖病人获益。

病案举例：高血压肥胖案

蒋某，男，38 岁。2018 年 11 月 7 日初诊。主诉：头胀、血压升高 1 周。病人 1 周前因头胀不适，反复测血压 160/110mmHg，最高血压 170/120mmHg，血压高时心率有 107 次 / 分，未曾于医院正规就诊、检查，故前来就诊。追问病史，既往有痛风多次发作史，10 月初体检时血压仍正常，平素心率 80～90 次 / 分，10～11 月初期曾食阿胶膏，每日 4～5 片。家族中父亲有高血压，曾有劳累致眩晕发作史。辅助检查：未检。刻诊：血压 160/120mmHg，睡眠不佳会有头晕头胀不适，心动过速，近日大便溏（自服决明子、罗布麻煮水），体胖，舌暗红苔薄黄腻，脉细弦。辨证：肝郁气滞，湿壅化热，心神被扰。治法：清心平肝，化湿理脾。

处方：川连 3g，夏枯草 15g，柴胡 10g，郁金 12g，赤芍 12g，枳壳 9g，车前子 15g，怀牛膝 15g，生山楂 15g，丹参 15g，降香 9g，红景天 12g，茯苓 15g，天麻 9g，炒白术 15g，法半夏 9g，双钩 15g，罗布麻 15g。7 剂。

二诊：2018 年 11 月 14 日。血压下降至 150/99mmHg，头晕未现，记忆力减退，有时心悸不适，便溏。舌红苔薄脉细弦。治法：加强脾肾气化。2018 年 11 月 7 日方去夏枯草、枳壳、柴胡、赤芍，加山药 30g、黄肉 12g、

桑寄生 15g、杜仲 15g、生牡蛎 30g、炙甘草 5g，7 剂。后血压增高时有反复，颈项疼痛，但头晕未现，舌暗红苔薄腻脉细弦数，便溏好转。持续于平肝息风、理气活血基础上，始终贯穿益肾健脾治疗。

按：该病人有高血压家族史，素体肥胖，有痛风史，日常舌苔薄腻，故病人为痰湿体质之人。病起食阿胶膏，滋腻不化，加之工作压力过大，肝郁气滞，痰湿郁而化热，热扰心神而发心悸、心动过速，肝火上炎而发头胀、血压升高。故急予清心平肝，化湿理脾。药用川连清心火，柴胡、郁金疏肝解郁，夏枯草、罗布麻、双钩平肝降压，天麻息风定眩，茯苓、白术、半夏健脾燥湿，车前子利水祛痰，丹参、红景天、赤芍活血养血清热，山楂活血消积，怀牛膝补益肝肾引血下行，枳壳、降香理气行滞。诸药用后心肝火旺得以平复，湿热清利。后缓予加强脾肾气化，加山药、炙甘草健运脾气以化湿，萸肉、桑寄生、杜仲补益肾气以降浊，用生牡蛎敛阴潜阳，防脾肾气化后肝阳上亢。后持续兼顾平肝息风，理气活血，使血压控制，浊脂消散。

二、从肝脾气化论治高脂血症

高脂血症目前中医病名，称"血浊病"。历代医家认识以"膏浊""痰浊"为主。血脂即传统称谓的膏脂，为营血之组分，与津血同源，膏脂的化生离不开脾胃化生气血，脾气运化正常时，则津液和合而为膏，脾虚气化失司之时，散精不利，致使生理之膏脂转化为病理之膏脂，从而出现血脂异常。脾虚气化功能失常是导致血脂异常的关键病机。脾虚的成因，外源性往往由于暴饮暴食、饥饱失常、饮食不节、过食肥甘厚味、嗜酒无度等原因，导致脾胃损伤，脾气不足，气机壅滞；内源性往往因先天禀赋不足或后天失养，元气亏虚，脏腑功能不足，脾气虚弱，脾运失常。脾之气化失司，脾不散精，则津液难以转化成正常膏脂；脾不布津，则水湿凝聚成痰成浊；脾不转输，则已成血脂难以转化代谢而积滞循行之处。

膏脂化生后的代谢传输，与肝密切相关，肝主疏泄，肝之气机的畅达与否影响着膏脂的传输。肝气郁结时，津液的输布代谢障碍，导致膏脂阻于血脉而使血脂升高。肝失疏泄，木不疏土，还可致脾失健运，而成脂浊之变，气化不足，膏凝过度，膏脂化生为痰浊，停积身体各处，发展为临床上各种病证如脂肪肝、动脉粥样硬化等。

程师认为心肾之气机运化在膏脂的形成中也有着重要作用。肾之气化不利,则膏脂布化失调,或酿而为湿,或酿而生热,日久浊脂生痰;心之气化不利,则血脉运行无力,津血滞留阻塞脉道,膏脂沉积,当与瘀血痰浊共患时可引发各种心血管疾病,如冠心病、脑卒中等。

高脂血症的治疗主要从清源和固本两大方面着手,一是清源,即清除体内过多的脂浊,保持代谢产物的及时运转,亦即体内的气滞、痰浊、瘀血,常用的清源法有理气活血、化痰祛湿等药物疗法,以及控制饮食、适度运动等非药物方法。二是固本,改善脏腑气化功能,采用疏肝健脾、益肾泄浊、益气活血等改善脏腑气化功能的主要治法。

病案举例:高脂血症案

朱某,女,49岁。2016年9月20日初诊。因"体检发现血脂高1个月"就诊。查血总胆固醇7.68mmol/L,高密度脂蛋白1.95mmol/L,低密度脂蛋白胆固醇5.3mmol/L,三酰甘油TG3.43mmol/L,既往体健,每年体检正常。刻诊:口干,眼睑黄脂瘤,舌暗红有齿痕苔薄腻,脉细数。血压124/88mmHg,辨证:肝肾亏虚,肝脾气化失司。治法:疏肝健脾,滋养肝肾。

处方:生地12g,山药30g,丹皮10g,茯苓15g,萸肉12g,泽泻12g,枸杞12g,甘菊10g,柴胡10g,郁金12g,赤芍12g,丹参15g,红景天12g,决明子30g,绞股蓝15g,枳壳12g,沙棘20g,生山楂12g,红曲2g。7剂。

鼓励病人坚持自己喜爱的运动锻炼,病人开始跑步、打羽毛球,当时病人服他汀药物肝酶异常,故未服西药降脂。上方加减服用3个月后,复查总胆固醇6.21mmol/L,高密度脂蛋白1.59mmol/L,三酰甘油3.99mmol/L,黄脂瘤明显缩小,病人曾拍照留证。

按: 该患病起中年,肝肾亏虚,肝脾气化失司,脂浊不化,痰瘀互生。年过四十,阴气自半,肝肾阴虚,津血同源,故以杞菊地黄汤滋养肝肾,益津血化生之源;柴胡、郁金疏肝解郁,枳壳理气,共同调畅肝之疏泄,以助血脂转化输布代谢;山药、茯苓健运脾气,散精成脂,防痰浊之变;赤芍、丹参、红景天活血养血;决明子、绞股蓝、沙棘、生山楂、红曲均有降脂化浊之作用。肝脾气化健旺,津血化生有常、周流顺畅,方能浊脂不生。

三、从五脏气化论治冠心病

冠心病病机多为本虚标实之心脉痹阻,本虚多为气、血、阴、阳亏虚,以气虚为主;标实多为痰浊、瘀血、寒凝、气滞,以瘀血为常见。病位在心,

浙江中医临床名家·程志清

与肺、肝、脾、肾他脏功能失调有关。程师认为其发病与脏腑气化失司有关，其精髓与张仲景在《金匮要略》中所论的胸痹病机"阳微阴弦"是一致的。先天元气不足、素体阳虚，或后天失养，都可导致心气虚弱，气不足则寒，心居阳位属火的功能不足，而呈"阳微"之改变，同时任一脏腑气化功能失常，都能使气血津液的化生输布异常，出现血瘀、痰浊、寒凝、气滞等病理因素，痰瘀浊物皆为阴邪，阴邪盛，故呈"阴弦"之脉，阴袭阳位，以致经脉闭塞不通，而出现以心胸憋闷疼痛为主症的胸痹心痛。

冠心病治疗，应立足于气化，调脏腑之功能，补其不足，泻其有余，皆可恢复心气，驱散阴邪，心脉荣通。例如《金匮要略·胸痹心痛短气病脉证治》中论"胸痹之病……瓜蒌薤白白酒汤主之"，此处，薤白通心阳、白酒辛温发散，二者恰起气化之意，助瓜蒌消散痰浊，共达涤痰宽胸的效果。

病案举例 1：调节肝脾气化治疗冠脉搭桥术后案

俞某，男，45 岁。2018 年 1 月 17 日初诊。病人于 2017 年 7 月 19 日行冠状动脉搭桥手术。"术中见冠状动脉三支血管多发狭窄，其中左前降支、中间支、顿缘支、右冠狭窄明显。取左乳内动脉搭左前降支，右乳内动脉搭中间支，取左下肢大隐静脉约 25cm，序贯搭顿缘支和右冠。"该病人同时有高血压、高尿酸血症、高脂血症。刻诊：心慌头晕，咽喉异物感，胃脘痞塞，纳可便溏，舌淡暗质胖，苔薄，脉沉细涩。证属肝郁脾虚，痰瘀痹阻。治拟疏肝健脾，涤痰活血。

处方：天麻 12g，炒白术 15g，法半夏 9g，茯苓 15g，柴胡 10g，赤芍 12g，枳壳 12g，丹参 20g，降香 9g，红景天 12g，厚朴 9g，苏梗 9g，川芎 10g，制延胡索 15g，炙桂枝 5g，瓜蒌皮 12g，薤白 10g。共 14 剂，水煎服。7 剂。

药后心慌头晕消失，胃脘得舒，诸症好转，上方加减调理至 9 月，复查冠状动脉 CTA 示两支桥血管通畅，左前降支中段中度狭窄，右侧冠状动脉中段局部扩张，左回旋支远端中度狭窄，第一对角支、第二钝缘支混合斑块。

按：本病例是典型的冠状动脉三支严重病变搭桥手术后病人，因病致郁，根据本病肝郁脾虚、痰瘀痹阻病机，运用气化理论辨治，取得了较好疗效。药用柴胡、郁金疏肝解郁，茯苓、白术健脾，厚朴、苏梗健脾理气，枳壳、降香、延胡索等疏肝理气，天麻、瓜蒌皮、薤白、半夏涤痰舒痹，丹参、郁金、赤芍等活血化瘀，炙桂枝通心阳。该例通过疏肝健脾、宣畅中焦枢机，使痰瘀之源得以气化；通过温煦心阳、涤痰宽胸，恢复心为阳位之主。该例治疗后复查血脉通畅，为立足气化治疗冠心病的有效性做了验证。

病案举例 2：温补脾肾治疗冠状动脉支架植入术后案

孟某，男，70 岁。2010 年 10 月 21 日初诊。冠心病，经皮冠状动脉介入术后，前列腺癌术后，刻诊：胃脘不适，入夜脐腹发冷。胸闷时现，舌暗红苔薄脉细弦。证属脾肾阳虚，气化失司，痰瘀痹阻；治拟温补脾肾，涤痰化瘀。

处方：淡附片 3g，生黄芪 15g，炮姜 5g，瓜蒌皮 12g，薤白 9g，法半夏 9g，丹参 15，郁金 12g，红景天 12g，刺五加 12g，当归 10g，赤芍 12g，绞股蓝 15g，生米仁 30g。

二诊：2010 年 10 月 28 日。药后，患者有肛门灼热感，2010 年 10 月 21日方去附片，加炙桂枝 5g，服 14 剂后，脐腹发冷再未现，胸闷等症未发。

按：病人年老，多次手术，心肾阳气渐衰，临床阳虚表现尚不明显，气血运行不畅、痰瘀痹阻已成，时有郁而化火，口舌糜烂，但进凉药清除火热后，夜晚脐腹发冷，脾肾阳虚证显现。故给予淡附片、黄芪、炮姜，温补脾肾，脾肾气化得复，则痰瘀无再生之源。心肾阳气渐复，阴冷之气消散，配合瓜蒌、薤白、半夏、丹参、郁金、红景天、当归、赤芍、绞股蓝、米仁等涤痰化瘀之品续用，故胸痹心痛缓而未发。

四、从三焦气化论治心力衰竭

心衰为各种心脏病的终末阶段，以喘息心悸，不能平卧，咳吐痰涎，水肿少尿为主要表现的脱病类疾病。程师认为心气虚衰是其病机本质，痰、瘀、水为其标实表现，也是其病理产物。病位在心，肺、脾、肝、肾皆可受累，涉及三焦气化功能。

胸为清阳之腑，"上焦如雾"，心肺运行血脉、宣发肃降的气血精气，如同雾露弥漫灌注全身。心居阳位，心阳不足时，前述血瘀、痰浊、水饮等阴邪侵袭，气化失司，浊阴停聚。上焦需"散"，治疗振奋胸阳、开宣上焦，如日照当空，阴霾消散，方能使宗气出纳自如。"中焦如沤"，中焦之气化，有赖于中焦脾胃健运升清降浊、肝胆疏利气机调畅，即中焦枢利方截生痰之源、成瘀之因。"下焦如渎"，心之气化更赖肾阳温煦蒸腾气化，即防水饮

泛滥之患。

心衰临床表现复杂，程师认为临床以症入手，针对心衰主症心胸窒闷，心悸气喘，下肢水肿的轻重程度等进行细致辨析，从气化着手，温阳利水，振奋阳气，恢复三焦气化来调治心病。心肺同居上焦，靠宗气推动，司呼吸行营血，如果痰浊痹阻，阴邪上干心胸，或阳虚水泛，水气凌心射肺，均可以导致胸闷，其治当以涤痰宽胸、宣发上焦气化为主，瓜蒌薤白白酒汤为证治主方。

心衰之喘可有虚实之分，虚喘责之于心肺气虚及肾不纳气。心肺气虚，气失所主，可少气不足以息而为喘。肾主纳气，肾为气之根，肾元不固，肾失摄纳则气不归原而为喘。故心衰虚喘之治疗，以温补心肺、补肾纳气为主。补气用保元汤，参芪草桂为补气之首选方。补肾纳气宜金匮肾气与人参胡桃汤。实喘，多因外感六淫之邪而引发，其实质是本虚标实，本虚仍多在心肺气虚或肺肾气虚，标实多因六淫之邪袭肺，与宿饮搏击，阻滞气道而喘息气急，临床常见肺部感染诱发心衰急性发作入院。治疗需涤痰化瘀利水，同时益气温阳。心衰之水肿，属于中医学"心水""水气"的范畴。其病因多为久病耗伤阳气，阳虚水泛，病位在心，与肺、脾、肾相关，脏腑气化功能失司所致。故水肿之治疗，需要兼顾泻肺行水、健脾利水、温肾利水、活血利水，根据病人水肿之主要病机不同，利水侧重不同。方剂选用黄芪防己汤、葶苈大枣泻肺汤、真武汤、五苓散等经典方化裁。

程师治疗心衰不仅依据传统的中医辨证分型，还结合现代西医对心衰的分类，看左室收缩功能是否下降、NYHA心功能分级情况，程师总结，射血分数值下降之心衰多见于风心病、扩张性心肌病、缺血性心肌病等，心衰病程相对较长，症状较重，NYHA心功能分级可达Ⅳ级，心界扩大，肺部湿啰音多见；风心病容易发生右心衰；扩张性心肌病、缺血性心肌病常见全心衰。诊治这类疾病的心衰，程师强调温阳益气，在辨证施治的基础上用黄芪、别直参、附子、桂枝之类，确能提高心肌的收缩功能，黄芪用量大，可大至50g，必要时可以用到100g。

心病治疗，程师强调立足气化，心衰治疗，程师更是以气化为主体，抓住气机、气化环节，治疗痰、瘀、水，采用清肺健脾、理气涤痰法治痰；应用益气温阳、化瘀通脉法治瘀；运用温阳利水、气化三焦的方法来治水，达邪去正安之效果。同时扶助正气、益心气、养心阴，荣通血脉循环，恢复心之动力生机。

病案举例 1：温补下焦肾阳治疗心衰合并肾衰案

计某，男，87岁。2009年12月3日初诊。病人一生辛劳，高年仍坚持工作。患有高血压、糖尿病、冠心病多年，持续服药病情控制尚可，3年前植入起搏器。近两年无明显诱因反复出现下肢浮肿，活动时轻度胸闷气短，休息后减轻，时有缓解，诊断考虑慢性心力衰竭、慢性肾衰竭，间断服用利尿剂。诊前半月下肢浮肿及气急加重，入夜不能平卧，尿量减少。刻诊：气急，动则尤甚，下肢浮肿，食不知味，唇绀，舌红绛苔薄滑，脉细弦。辨证：阴阳两虚，血瘀水停。治以温阳化气、活血利水，兼顾滋阴养血。

处方：生黄芪 15g，太子参 15g，麦冬 15g，北五味子 5g，生地 12g，怀山药 15g，茯苓 15g，丹皮 10g，泽泻 12g，淡附片 3g，炙桂枝 3g，丹参 30g，降香 9g，炒赤芍 12g，红景天 12g，玉米须（另煎）30g，冬瓜子皮各 15g，车前子（包煎）10g，怀牛膝 12g，生姜 5g，红枣 10g。每日 1 剂，水煎，连服 7 剂。病人七剂后症情显有好转，再进七剂诸症基本消除。

按：该病人年事已高，长期心肾功能不全，全身浮肿，心悸胸闷气急，应属心脾肾阳虚，气化失司，血瘀水停，但由于平时常服用西药利尿剂，损及阴津，呈现舌红绛苔薄脉细等肝肾阴虚之象，阴阳两虚，变证迭起，病情反复无常。故辨证为心肾阴阳俱虚，血瘀水停，病及心、脾、肝、肾。治以温阳化气、利水消肿、活血舒痹为主，兼顾滋阴养血。初用济生肾气丸合黄芪防己汤化裁（生地、山药、茯苓、肉桂、制附子、牛膝、车前子、生黄芪、汉防己等）益肾化气，利水消肿，同时加用麦冬、北五味子、怀山药顾护阴精，正如张景岳所说"善补阳者，必于阴中求阳，则阳得阴助而生化无穷"，以黄芪生脉饮益气养阴，宁心定悸；丹参、降香、红景天、赤芍活血通脉；冬瓜子皮、玉米须、茯苓等淡渗利水以助心脾肾气化功能恢复。本例病人药虽平淡，但 14 剂之后水肿尽退，气力显增，病人原久病无望，苦于力不从心，病情转机后欣喜异常，遂疾书墨宝赠程师以表感激之情。此后据证调理脏腑阴阳气血，病人症情稳定，还应邀出版了研究著作，足见其体力已经恢复如常，服药至今，日常起居自理。

病案举例 2：从上焦气化治疗心衰合并呼衰案

熊某，女，83岁。2014年5月29日初诊。患者有慢性阻塞性肺气肿病史 20 余年，有心房颤动病史 3～4 年，在服曲美他嗪、地高辛、地尔硫䓬等药物。年初曾患"肺部感染伴胸腔积液"而住院治疗，出院后惟感乏力，双下肢浮肿持续不退。B超示升主动脉略宽，双心房扩大，主动脉瓣轻度反流，

浙江中医临床名家·程志清

三尖瓣中度反流，二尖瓣轻度反流，肺动脉压增高。刻诊：晨起咳嗽，有泡沫样痰，色白，神疲乏力，动则气急，双下肢浮肿，目糊，口干不欲饮，舌暗红苔薄，脉沉细结代。辨证为心肺气虚，痰瘀互阻。治拟益气健脾，泻肺行水，活血舒痹。

处方：生黄芪 30g，汉防己 12g，太子参 15g，茯苓 15g，炒白术 12g，丹参 15g，赤芍 12g，红景天 12g，刺五加 12g，法半夏 9g，化橘红 9g，厚朴 9g，鱼腥草 30g，紫菀 10g，苏子（包煎）9g，冬瓜子 30g，冬瓜皮 30g，桑白皮 12g，葶苈子 12g，瓜蒌皮 12g，薤白 10g，大枣 10g，每日 1 剂，水煎，连服 7 剂。

二诊：2014 年 6 月 6 日。药后咳嗽已愈，惟感乏力，脚肿，目糊，舌红苔薄根腻，脉沉细结代，治拟益气温阳。利水消肿。原方去紫菀、苏子、鱼腥草、法半夏；加淡附片 5g，炙桂枝 5g，车前子（包煎）15g，益母草 15g，生米仁 30g，毛冬青 15g，猪苓 15g，三七粉（分吞）3g，茶树根（先煎）30g；丹参改为 20g，生黄芪改为 40g。

按：该病人为在慢性阻塞性肺疾病基础上，伴发冠心病及心功能不全。慢性阻塞性肺疾病在先，肺气虚弱，宗气不足，行气无力，肺气郁闭，心脉痹阻则胸闷气急；肺脾气虚，卫外不固易致外邪袭肺，肺失宣降，痰湿停聚，邪气内郁，心胸痹阻。心肺同居上焦，反复外感，致使心悸咳喘反复不已。引发本病急剧加重。治当标本虚实兼顾。药用生黄芪、太子参益气，刺五加、茯苓、炒白术健脾益气，法半夏、化橘红、厚朴燥湿化痰，瓜蒌皮、薤白涤痰通心气，紫菀、苏子、冬瓜子宣降化痰，丹参、赤芍活血通脉，红景天既能补气清肺又能养心散瘀，葶苈子、桑白皮泻肺平喘，配合汉防己、冬瓜皮行水，用鱼腥草清热解毒，清胸中郁热，大枣甘缓补中、缓和上述诸寒凉之药性。二诊郁热已清，去鱼腥草等，逐增黄芪用量以益气强心，加附子、桂枝、车前子、益母草等加强温阳利水，为防痰热再起，加茶树根强心利尿兼清热解毒。病人年迈，肾气已虚，命门火衰，心、肺、脾、肾失于温煦，气化失司，以致水气上凌心肺，故待痰浊化减后，加强益气温阳，恢复心、肺、脾、肾之气化功能。

综上所述，心血管疾病的治疗立足于气化，即立足于各疾病累及的脏腑器官之功能气化活动，可使气机畅达，恢复心血管血脉循环之枢机作用，最终达大气一转、邪气消散的疗效。

第四节 治肝胆着眼气机

程师早年大学毕业后待分配之时，曾被安排到安徽省东流县血防医院工作，接触了许多肝硬化病人，为了探索中医药治疗肝硬化的方法，她研读王旭高医书，对王旭高治肝三十法深有体会。后作为陆芷青教授的助手，先后总结了陆老治疗肝炎、肝硬化、胆囊炎、胆石症、肝腹水等相关学说经验，逐渐形成了自己的治疗特色，在其独到认识中，比较重要的有治肝胆着眼气机认识。

一、木气条达，五脏气和

肝在五行属木，在时为春。春主一年万物之生机，肝则主一身脏器之生气。肝胆互为表里，《素问·六节藏象论》曰："凡十一脏取决于胆。"肝胆对全身各脏腑均有疏泄条达作用。

肝主升发，肺主肃降，肝升肺降，气机调畅，气血流行，脏腑安和，肝与肺的协调作用是全身气机调节的重要环节；肝主藏血，心主行血，肝气条达，则有助于心血畅通，两者在血行方面密切相关，同时心主神志、肝主疏泄，调畅情志，两者在人的精神、意识和思维活动中也相互影响；肝属木，脾属土，肝之疏泄促进胆汁分泌，输入肠道，帮助脾胃对饮食物的消化，通过调节脾升胃降促进脾之运化，土疏则木达。肝藏血，脾统血，肝脾协调在全身气血运行方面起着重要作用；肝藏血、肾藏精，精血同源，肝肾在精血滋生与转化中相互为用，同时肝主疏泄、肾主封藏，两者相反相成的，肝气疏泄可使肾气闭藏而开合有度，肾气闭藏又可制约肝之疏泄太过，也可助其疏泄不及，相互制约，影响着女子月经来潮、男子泄精及肝肾之间的阴阳平衡。

肝藏血，体阴而用阳，肝脏具有制造和分泌胆汁、代谢功能、解毒功能、吞噬或免疫功能、凝血功能、调节血液循环量等多种功能，肝胆枢调气血，对全身的生理功能活动有着重要作用，"气血冲和，万病不生"。

二、肝胆失疏，气郁则病

肝失疏泄，常见两种病理表现。一是肝气升发不足，气机调畅不能，为肝气郁结证。表现为郁郁寡欢，意志消沉；经络不利，表现为肝经循行部位，

两胁、两乳或少腹的胀痛不适，胸胁苦满，妇女月经不调等；木不疏土，脾胃运化无助，表现为饮食呆钝、腹胀痞满等；血行不畅，气滞血瘀，日久形成癥瘕、肿块；津液气化不足，输布代谢障碍，产生痰、水，痰停经络如瘿瘤，水停腹内成臌胀；胆汁分泌排泄障碍，口苦胁下胀痛，甚则黄疸等。二是肝气升发太过，下降不及，肝气上逆，"气有余便是火"，为肝火上炎证。上攻头目，表现头晕头胀，面热面红，口苦口干，目赤耳鸣，胸胁胀满，烦躁易怒为最常见；热扰神魂，表现不寐或噩梦纷纭；肝热移胆，胆热循经上冲，可见耳鸣如潮，甚则突发耳聋。热迫胆汁上溢，口苦呕恶；当肝气升太过，迫血妄行，血随气逆，导致吐血、咯血等血从上溢的病理表现；甚则肝阳化风，热极生风，猝然昏仆气厥等。

当肝不藏血时，肝贮藏血液和调节血量的作用减弱，一方面，引起机体许多部位濡养不足影响生理活动，如血不养目、血不养筋、魂失所养、月经改变等；另一方面，肝的阴血不足不能制约肝的阳气升动，则易导致肝用太过，出现肝阳上亢、肝火上炎，甚则肝风内动、出血等病理变化。

由上可见，肝胆病变时伴随着肝胆调节气机功能障碍，引发了各种临床病证。肝胆失和，还可造成心、肺、脾、肾各脏腑的病变。肝不藏血，则心无所主，证见心肝血虚；肝郁化火，母病及子，证见心肝火旺；肝升太过，则气火上逆扰肺，证见肝火犯肺；肝失疏泄，则木不疏土，证见肝脾不和；肝血不足，则血不化精，证见肝肾亏虚；肝失疏泄，则肾失封藏，证见月经紊乱、遗精滑泄；肝肾阴阳失调，相互影响，可见肝肾阴虚、肝阳上亢等证。

三、条达木郁，理气为先

（一）理气通络治"肝积"

我国肝硬化多为肝炎后肝硬化，一般来说，属于中医学"肝积""肝癥"范畴。程师认为，肝炎后肝硬化，为湿热久蕴肝脏，肝郁气滞，气机郁阻，而肝胆疏泄不利，以致气滞血瘀；热淫血分，伤阴耗血，肝络瘀阻，于胁下而成积成癥。同时，湿邪困脾，脾胃运化失职，化生无权，则脾气衰虚，胃失健运，升降失常，清浊不分，湿聚成痰，痰瘀交阻。故肝脾俱虚为其本，湿热邪毒、痰瘀交阻为其标。虚实错杂中，瘀阻肝络为病变的关键。

基于上述认识，程师在治疗早期肝炎后肝硬化时，化瘀消癥时，注重疏肝理气、健脾益气。疏肝理气以柴胡疏肝饮为主方，药用柴胡、郁金、香附、枳壳、芍药、佛手等，使用时注意疏肝不伐肝，理气不伤阴，此处用芍药酸收来中和柴胡截肝阴的弊端。健脾益气利湿选用党参、黄芪、茯苓、薏苡仁等，容易壅滞的山药、白术少用，即注意补气勿壅滞，健脾勿助热。

病案举例：疏肝行气化肝积案

张某，男，40岁，1995年4月3日初诊。主诉：右胁隐痛伴腹胀不适1年余。既往发现乙型肝炎病史10余年。B超提示早期肝硬化。刻诊：右胁胀满，喜叹息，乏力便溏，舌暗红苔黄腻，脉弦。肝积，证属肝郁气滞。治拟疏肝解郁、行气活血。

处方：炒柴胡10g，茵陈24g，蛇舌草20g，郁金10g，生丹参30g，赤芍10g，焦山栀6g，制延胡索10g，制香附10g，白芍10g，佛手10g，枳壳10g，茯苓10g，薏苡仁30g，炙甘草3g。7剂。

二诊、三诊后，情绪好转，胁腹胀满减轻，舌暗红苔黄腻减，脉弦。后以化瘀软坚、疏肝健脾及清热解毒持续治疗。

按： 本案乙型肝炎病史10余年，血液检查及B超检查支持诊断，西医诊断为肝炎后肝硬化，中医诊断为肝积，证属肝郁气滞证。其肝郁病因为乙型肝炎邪毒久蕴，湿热留恋肝胆，引发右胁胀满；肝郁脾虚，而见乏力便溏；气机阻滞不得升降，情志不舒，故喜叹息；气滞血瘀，湿热蕴结，可见舌暗红苔黄腻脉弦之象。以炒柴胡、郁金疏肝解郁，茵陈、蛇舌草、焦山栀清利湿热以截至病因，白芍养血柔肝，注重调畅气机，用制延胡索、制香附、佛手、枳壳来行气，配合生丹参、赤芍、郁金活血，茯苓、薏苡仁、炙甘草健脾渗湿。湿热控制，气血畅通后，持续化瘀软坚、舒肝健脾、清解热毒。

（二）行气利水治"臌胀"

腹水属于中医学"臌胀"范畴。肝硬化腹水的形成，西医认识主要与门静脉压力增高有关，与伴随的低白蛋白血症、肝淋巴液生成过多、继发性醛固酮及抗利尿激素增多等因素，共同导致大量腹腔漏出液生成。中医认为由气滞、血瘀、脾虚失运、肾失气化、湿热蕴结等原因所致，病理因素及病理产物为气滞、血瘀、水停，关键病机在于肝失疏泄，脾失健运，肾失气化形成臌胀。

逐水辨证施治方法较多，程师认为根据病机，应该抓住肝失疏泄、气滞血瘀的关键点。程师早年跟随陆老临证时，总结了逐水四法有"行气逐水、化瘀利水、清热利湿解毒消胀、软坚消癥"，其中行气逐水是治疗臌胀的基

本法则，其他方法并用，酌情有所侧重。尤其是臌胀早期，形气尚实，多有气滞湿阻征象，务必先逐水祛邪兼予扶正，方能收效显著。老师教诲，《医学入门》言"凡胀初起是气，气不走则阻塞血行，血不行久则成水"，气行则血行，气阻则血凝，血不利成水，水停则气阻，因此行气化瘀是利水逐水治疗的先决保证条件。在各种治疗中都需要考虑应用行气消胀之品，如大腹皮、青皮、槟榔、枳壳、川朴等，行气则逐水之力倍增，正所谓"盖善治水者，不治水而治气"，治疗时注意避免泻下峻猛，耗气伤阴，出血、昏迷时禁用，中病即止，与健脾温肾、养血柔肝等法配合应用。

（三）理气通降治"胆胀"

胆为少阳春木，内寄相火，其气温热，外感内伤六气皆易从火化，当外感湿热之邪，饮酒、高脂饮食等饮食失节，寒温失调，劳累过度，情志不畅及脾虚湿邪内郁、虫积等，皆易导致肝胆气滞、湿热内蕴，壅滞不疏，而成胆胀。程师认为本病的主要矛盾在于气滞，因而治疗应以理气为主要方法，再进一步针对气滞的病因分别予以泻火、清热、化湿、祛瘀、扶正等。

程师认为，临床胆囊炎常伴随着高血压、高脂血症、脂肪肝、肥胖、糖尿病、冠心病、胰腺炎等体内代谢异常相关的疾病，这与肝胆枢机不利有关，影响消化吸收、脾胃代谢及全身代谢而致的多器官功能受累，予以疏肝利胆、升降气机，气机通畅后肝的疏泄、胆的贮泄功能恢复，伴随的消化异常、脂肪肝、胆心综合征等病同时能得到缓解。

程师认为治疗胆石症临证时应注意：面色黧黑患者，有肝硬化，有黄疸的，往往是湿热与瘀血蕴结，要理气化湿加活血化瘀，药用五灵脂、延胡索、米仁、莪术、丹参；舌苔干净无明显湿浊的患者，往往与情绪有关，肝郁气滞多见，用柴胡疏肝饮加金铃子散，予疏肝泄热，行气止痛；融石、化石，药用鸡内金、炮山甲；排石，药用金钱草、威灵仙；结石伴阴虚者，用乌梅酸敛。胆石治疗，重通，一般不补，亏虚明显的，酌加补气养阴，太子参、绞股蓝、黄芪、生地、麦冬、天花粉；遇阴亏重者，表现舌红绛干燥的，可选三甲复脉汤；肝胆气滞兼脾虚的，健脾利湿选用茯苓、米仁，容易壅滞的山药、白术少用。各种方法治疗中，处处注意气机灵动、流通，避免用导致壅滞的药，疏肝理气时，注意不要伤肝阴，故四逆散多用，用芍药酸敛来中和柴胡截肝阴的弊端；时时不离肝胆相照，肝之疏泄、胆之通利要同时兼顾。胆主决断，与情志活动有关，生活上，要避免各种强烈精神刺激，保证情志舒畅，配合饮食清淡、睡眠充足、生活规律等，以保证气机稳定流畅。

病案举例：理气化湿利胆石案

江某，女，55岁。2012年12月28日初诊。主诉：多次胆结石术后，反复发热腹痛三年。病史：病人于2010年因突发腹痛于浙江省中医院就诊，诊断为胆石症，急诊行胆囊摘除术，2011年因胆管结石于"邵逸夫医院"行第二次手术治疗，后仍反复发作，2012年外科彭淑牖主任只同意做了第三次整形手术，不建议再开刀，病人反复高热急诊消炎治疗，抗生素不断升级，后出现白细胞下降至1.7×10^9/L，故推荐来程师处就诊。刻诊：右胁疼痛，脘腹不适，全身湿疹，舌暗红苔黄腻，脉弦。病属胁痛，证属湿热壅滞。治拟清热祛湿，疏肝利胆。

处方：广金钱草30g，茵陈24g，焦山栀12g，制大黄12g，枳壳12g，制延胡索15g，蒲公英15g，虎杖15g，郁金12g，白花蛇舌草30g，热毒盛时加蚤休6g，三叶青12g。肝郁时加炒柴胡10g，赤芍12g，枳壳12g疏肝利胆和络。

病人服药后诸症显减，全身湿疹消退，因长期喜油腻饮食、喜食海鲜等习惯难以改变，偶饮食控制不良病情出现反复，后复查肝内胆管结石消失，病人看到了治愈希望，坚定信心长期中药调理，近一两年未来就诊服中药，打电话告知老师，再用精油控制，病情稳定。

按：程师认为，本病案重点在湿和热，予以清利湿热为主。病因在结石，以广金钱草化结石，焦山栀、蒲公英、虎杖清利湿热，茵陈利胆，时加白花蛇舌草清热解毒，热毒盛时加蚤休、三叶青，枳壳、郁金、延胡索理气止痛，大黄通腑，柴胡疏肝，赤芍养血活血。高热时加用蚤休、三叶青，病人自觉身热立减。在清热利湿的基础上，加疏肝理气，使肝气条达，腑气通降，少阳气机得以舒展。病人现用精油，湿疹也少发，在于精油挥发性强，调畅肝胆、调理消化功能后，改善了肝脏解毒功能，其疏理气机作用优势强，故近年稳定再无发作。

（四）运气泄浊治"肝癖"

脂肪肝是各种原因引起的肝细胞弥漫脂肪变性或肝内脂肪蓄积过多的一种病理综合征，临床常见酒精性脂肪肝，肥胖及高脂血症、糖尿病等引起的非酒精性脂肪肝。中医病名目前确定为"肝癖"，病位在肝，涉及脾、肾等脏腑，痰、湿、浊、瘀、热为其主要病理因素。

酒精性脂肪肝的病因病机认识，程师认为，酒为"气热而质湿"之物，酒毒与湿热蕴结，以肝胆脾胃最先受累，肝气虚弱，肝失疏泄，肝郁气滞，气滞则血瘀；脾胃受伤，加之肝郁脾虚，木不疏土，脾失运化，痰浊内生；最终，留于胁下。个人因体质不同及临床阶段不同，可表现为不同证型：湿热内蕴型、肝郁气滞型、脾失健运型、痰瘀互结型。日久，可累及肾之阴阳虚损。治法首先截至病因，戒酒限酒，同时采用清利肝胆湿热、疏肝理气行滞、健脾和胃祛湿、化痰活血及滋养肝肾等手段，根据证型表现有所侧重不同，但疏肝理气与健脾化湿之法需作为基础治疗。常选用柴胡、郁金、茵陈等疏利肝胆，取"葛花解醒汤"分消酒湿醒脾之法，用陈皮、青皮，来疏肝理气化滞消积。

非酒精性脂肪肝，临床常见于偏肥胖之人，血脂增高的人，糖尿病等存在糖脂代谢异常的人，以气虚、气滞、痰湿凝滞为多见。气虚日久，则脾胃升降失司，水湿不化，湿聚成痰，痰浊阻滞；肝郁气滞者，气机不畅，则肝疏泄失常，导致脂代谢异常；体内素有痰湿之人，易存在脂浊运化障碍而生"伏痰"。气虚者，给予益气健脾行气化湿；气滞者，给予疏肝理气行滞健脾；痰湿凝滞，热化者予以清热化湿，寒化者予以温补脾肾，痰瘀互结者予以活血化瘀、祛痰散结。各类证型治疗时，仍然要疏肝理气与健脾化湿之法作为基础治疗。

针对老年群体的脂肪肝，程师指出肝气虚弱、肝肾阴虚往往是他们的病理基础。肝气虚者，常用黄芪来益气健中，抑制脂肪在肝脏沉积，现代药理及临床研究，也证实黄芪具有促进血液循环、降低血黏度、调血脂、抗动脉粥样硬化等作用；肝肾阴虚者，常选用何首乌、桑寄生、杜仲、枸杞子、女贞子等，这些药除了滋养肝肾作用外，现代研究皆证实了其降脂作用。

程师认为现代脂肪肝的激增与不良的生活方式有关，如饮食不节、过食肥甘、缺少运动等，她还强调肝郁是脂肪肝发病不容忽视的病因，持续的紧张、焦虑、不安、担忧、恐惧、愁闷、内疚等不良心理因素刺激，会导致神经、内分泌系统功能紊乱，最终影响脂代谢。同时，肝郁传脾，肝脾失调是脂肪肝的病理基础，故疏肝健脾需持续作为基础治疗，而在治疗过程中调畅肝胆气机尤为重要，她总结了疏肝、清肝、柔肝、平肝等方法来调畅肝胆气机。

病案举例：疏肝运脾泄肝浊案

王某，女，68岁，2018年12月28日初诊。主诉：体检发现脂肪肝、高脂血症、室性早搏来就诊。刻诊：自觉颈肩板滞疼痛，偶轻微胸闷心悸，双眼睑黄脂瘤明显，舌紫红苔黄腻，脉弦细。证属肝脾不和，痰瘀痹阻。治拟疏肝健脾，涤痰活血。

处方：瓜蒌皮12g，薤白9g，法半夏12g，丹参20g，降香9g，柴胡10g，赤芍12g，枳壳10g，红景天12g，决明子15g，绞股蓝15g，生山楂15g，郁金12g，葛根15g，怀牛膝15g，红曲3g，垂盆草30g。14剂。

二诊：2019年1月11日。黄脂瘤明显减小，黄腻苔退，2018年12月28日方去垂盆草，加茯苓15g，白术15g，山药30g。

按：该病人有高脂血症基础，长期脂浊不化已成痰化瘀，停聚身体各处：上停头颈，可见眼睑成黄色脂瘤、颈肩板滞疼痛；中滞心胸，表现胸闷、期前收缩；下聚肝胆，故呈脂肪肝、黄腻苔。予以瓜蒌薤白半夏汤涤痰宽胸，丹参、赤芍、红景天活血通脉，葛根上行舒缓颈项板滞。终其脂浊成因，考虑肝郁脾虚，以四逆散加减，用柴胡、郁金疏肝解郁，怀牛膝引血下行，降香、枳壳配合疏肝理气，黄腻苔为郁久化热、肝胆湿热表现，用垂盆草清利湿热，待壅滞湿热清退，后进茯苓、白术、山药健运脾气，痰湿得化。疏肝健脾持续作为基础治疗以截痰瘀之源，疏肝理气、行气化湿贯穿其中，即调畅肝胆气机必不可少。加决明子、绞股蓝、生山楂、红曲等明确有降脂化滞功效的药，消退已成痰瘀。复诊黄脂瘤缩小，期前收缩未现，超声示脂肪肝逐渐减轻。

四、善于调肝，善治百病

百病皆生于气，肝胆失和，可造成各脏腑的病变，致病变错综复杂。程师在总结多方面治疗经验时，如治疗情志病、治郁证、治已病、治未病等，常常提到注重调肝胆气机，肝气左升，胆气右降，是气机升降的关键，对其他脏腑有重要的调节作用，是营卫协调及阴平阳秘的保证。故治病善从肝胆疏泄着手者，善治百病。

情志调和，则气机畅达，血脉通畅，若情志过度，则气机逆乱，所谓"怒则气上，喜则气缓，悲则气消，恐则气下，惊则气乱……思则气结"。故情志病治疗必须调气为先，而肝胆为一身气机之枢纽，调肝胆气机可成为情志病治疗的切入点。

目前情志病以郁症多见，随着时代的快速变革，人们的生活工作方式也随之不断变化，各种矛盾冲突激增，身心失衡的病症增多，常"因病致郁"或"因郁致病"，如心血管领域的双心疾病已被普遍认识。郁证治疗方面，程师重

视疏肝理气、疏通气机。迁延日久，气滞而血瘀，肝郁而生风，气郁而化火，火盛而伤阴，脾虚而生痰，心虚而神乱，甚至影响肺肾，百症俱起，变化多端，致成虚损，所以应当及早治疗。

在各种已病治疗中，程师仍强调要调畅肝胆气机，从全身气机讲，程师在《陆芷青老中医谈"上病下取，下病上取"》一文中，论述"上壅者疏其下也""下滞者宣其上也"，即气机壅滞于上，可疏通其下，有开北窗而招南风之义，气滞于下，可宣发于上，有"提壶揭盖"之功。而在这上下气机调畅之中，肝胆为枢，肝升胆降，上下气机贯通，气血津液流转周身。

由此可见，程师继承了前辈对气机的认识，临证中总结了自己的经验认识，逐渐形成了自己的临证思路。

病案举例 1：疏肝理气治双心

谢某，女，69岁，2018年7月5日初诊。主诉：冠状动脉支架植入术后，焦虑、胸闷5个月。病史：2018年2月因胸闷行冠状动脉造影，检查提示左主干90%狭窄，当时植入支架3枚，服用他汀降脂后，肝功能指标异常升高，谷丙转氨酶181μmol/L，谷草转氨酶68μmol/L，谷氨酰转移酶295U/L，停用降脂药，焦虑不安，失眠，胸闷时发，故转求诊中医。刻诊：胸闷胸痛不时发作，持续时间不定，情绪焦虑，头晕，大便干结，舌红绛苔薄黄腻，脉细弦涩。焦虑症，证属肝郁气滞，血瘀痰凝。治拟疏肝理气，活血涤痰。

处方：柴胡10g，赤芍12g，枳壳12g，郁金12g，石菖蒲12g，瓜蒌皮12g，薤白9g，法半夏9g，丹参20g，降香9g，制延胡索15g，红景天12g，夜交藤30g，炒酸枣仁15g，合欢花12g，垂盆草30g，水飞蓟15g，决明子15g，火麻仁15g，绞股蓝15g，制香附12g。共7剂。

二诊：2018年7月12日。药后胸痛显减，夜寐转安，精神饮食好转，复查谷丙转氨酶88μmol/L，谷草转氨酶64μmol/L，谷氨酰转移酶149U/L，病人信心增强，情绪渐放松。该病人痰瘀渐去后，再拟调气血阴阳，同时配合生活调理、心理疏导，后诸症不明显。

按：焦虑症应属中医学情志病范畴，散见"郁证""脏躁""百合病""心悸""不寐"等病症描述中，临床女性多见，初起大多为肝郁气滞，治疗当以疏通气机为要，常用疏肝理气法。该病人是在冠心病发病基础上，经受了手术及药物副作用等刺激后，表现惶恐不安，其肝郁气滞证与血瘀痰凝证并现，其肝气郁结也加重了血行不畅及痰湿不化，故以柴胡为君疏肝解郁，用枳壳、郁金、香附、降香、延胡索等多重理气行滞药物来疏畅气机，夜交藤、枣仁、合欢花等安神对症，其他活血化瘀、涤痰宣痹等法同冠心病。该病人焦虑诱因在于肝酶异常，祛除诱因是治疗该病必不可少的环节，舌红绛苔薄黄腻，提示湿热蕴结存在，以垂盆草、水飞蓟清利肝胆湿热显效，郁结得开。该病人初诊时，眉宇不展，惶惶不安，手拿处方后反复出入诊室七次方离去。二诊后，情绪舒展，面色转润，身安魂定。

病案举例2：调达肝气解瘀痛

赵某，女，63岁，2016年6月8日初诊。主诉：全身疼痛不适1年余。病史：病人无明显诱因于1年前出现全身疼痛不适，疼痛处需反复敲打至出现"乌青"，多处求诊无果。既往有胆囊息肉行胆囊切除病史10年，高血压病史2年，服用左氨氯地平、替米沙坦、六味地黄丸等药，血压控制正常。刻诊：全身筋脉胀痛感，痛处敲打"乌青"后结块，活动后出汗偏多，夜寐不安，便溏，血压135/75mmHg，舌红苔薄，脉弦。证属气滞血瘀，治拟疏肝理气，活血通络。

处方：柴胡10g，当归10g，炒赤芍12g，川芎10g，红花5g，炙桂枝5g，鬼箭羽12g，制延胡索15g，鸡血藤15g，郁金12g，制乳香5g，制没药5g，晚蚕沙30g，生米仁30g，生黄芪15g，炒黄芩12g，法半夏9g，秫米15g，木香9g。7剂。

二诊：2016年6月15日。药后，全身瘀青顿挫，筋脉硬块消失，便溏。2016年6月8日方去炒黄芩，加毛冬青15g，制香附12g，再进7剂。

三诊：全身胀痛消失，不用再局部敲打，大便溏薄，考虑为肝郁气滞、脾虚失运，2016年6月15日方加茯苓15g，白术15g，山药30g，鸡内金12g，加强健脾运化功能，巩固月余，病情未反复。

按： 该患病症属杂病，程师常以此例讲调肝胆气机在杂病中的作用，且此例属机缘巧合而来，我们也喜闻乐记。病人当时被全身疼痛折磨得困苦不堪，多处就医不能明确诊治，故下决心寻名医名家，当日到浙江省第一医院，初挂骨科专家号，看后告知其病不在骨科，建议看神经内科，转到神经内科就诊后，亦告知其病与神经无关。病人情绪失控，生气大骂，"你们这么大的省级医院怎么看不了我的病？这科不是那科不是，我应该看哪个科？"出医院漫无目的前行，仍是边走边骂，恰好看到与浙江省第一医院毗邻的省名中医馆，转念看中医有无办法解决，刚好程师在此出诊成就了该病人。病人描述让程师顿时想起了王清任的"身痛逐瘀汤"，"身背杖打"，此乃周身经络被瘀血阻痹之症，而结合病人胆囊息肉、胆囊切除病史及其脾气秉性，

考虑病人为肝郁气滞、气滞血瘀，需从肝论治，给予疏肝理气、活血化瘀，活血化瘀选用王清任的另一个广泛应用的名方"血府逐瘀汤"为主方，取"四逆散"加"桃红四物"之意，用该方中柴胡、炒赤芍等，以制延胡索代替原方中牛膝、枳壳来理气止痛，结合"身痛逐瘀汤"加了制乳香、制没药祛瘀定痛，用鬼箭羽破血通经，用生米仁、晚蚕沙来祛湿化浊，病人肝郁脾虚，有多汗便溏等气虚脾弱之象，故酌加了炙桂枝、炒黄芪来益气通经，用法半夏、秫米，取半夏秫米汤之意，来和胃安眠，郁久化热，一味炒黄芩清热泻火，痛减症缓后，因便溏而去苦寒之黄芩，代以苦平之毛冬青清热解毒而又活血通脉，加香附强化疏肝理气。病人气血畅通后，瘀祛痛消。

第五节　治脾胃注重升降

程师指出内伤杂病，多因升降失调，以升降主里也。治疗内伤杂病，多从"升降"中求之。脾胃居中，为上下升降之枢纽，脾宜升胃宜降。故治疗内伤杂病，可从调治脾胃入手，其治以恢复脾升胃降为关键点。

一、升降失和，变生百病

《临证指南医案》曰："脾胃居中，为上下升降之枢纽""脾宜升则健，胃宜降则和。"脾气主升与胃气主降形成了升清降浊的一对矛盾，它们既对立又统一，共同完成饮食物之消化吸收和输布。《脾胃论》指出"元气之充足，皆由脾胃之气无所伤，而后能滋养元气……脾胃之气既伤，而元气亦不能充，而诸病由生也"。脾胃健则元气充足，脾胃失健则百病丛生。

（一）脾升胃降，各司其职

脾主升清，脾宜升则健。脾主升清是指脾具有将水谷精微等营养物质，吸收并上输于心、肺、头目，再通过心肺的作用化生气血，以营养全身，这种运化功能的特点是以上升为主，故说"脾气主升"。脾性主升，脾气健旺，脾的升清功能正常，水谷精微等营养物质才能正常吸收和输布，气血充盛，人体的生机益然。同时，脾气升发，又能使机体内脏不致下垂。故《临证指南医案》曰："脾宜升则健。"

胃主通降，胃宜降则和。胃主通降与脾主升清相对。胃主通降是指胃腑的气机宜通畅、下降的特性。《医学入门·脏腑》云："凡胃中腐熟水谷，其滓秽自胃之下口，传入于小肠上口。"饮食物入胃，经过胃的腐熟，初步进行消化之后，必须下行入小肠，再经过小肠的分清泌浊，其浊者下移于大肠，然后变为大便排出体外，从而保证了胃肠虚实更替的状态。这是由胃气通降下行作用而完成的。故《素问·五脏别论》曰："水谷入口，则胃实而肠虚；食下，则肠实而胃虚。"《灵枢·平人绝谷》曰："胃满则肠虚，肠满则胃虚，更虚更满，故气得上下。"所以，胃贵乎通降，以下行为顺。

（二）病起脾胃，升降失宜

脾宜升，居湿地、穿湿衣、劳倦、忧思过度、久病耗伤等可导致损伤脾气，导致脾的运化、升清、统血功能失常。如脾气不足，运化失司，则纳少，腹胀，便溏；脾不升清，则神疲乏力，眩晕，泄泻；脾气下陷，则可见久泄脱肛甚或内脏下垂等。

胃宜降，寒热偏颇，饮食失节等都会导致胃失和降，表现为受纳、腐熟、和降功能失常，胃失和降则纳呆脘闷，胃脘胀满或疼痛，大便秘结；胃气上逆则恶心，呕吐，呃逆，嗳气。

脾胃共居中土，为"后天之本"，气血化生之源，灌溉四旁。脾胃升降相应，则上煦心肺，下济肝肾。脾胃失和，脏腑依存失调，则上损心肺，下损肝肾，正气不能卫外，百病由此而生。

二、处方立法，升降相因

《临证指南医案》曰："百病皆由脾胃衰而生也。"临床上众多疾病的发生和发展均与脾胃失调密切相关。此外，脾胃功能强健则药物容易施用，强健脾胃有助于各种疾病的恢复。故程师临床治病尤其重视脾胃，将调治、固护脾胃贯穿于所有疾病的治疗当中，并强调调治脾胃要注重升降，通过各种治疗方法恢复脾胃升清降浊的功能。

（一）疏肝理脾，木土相安

肝与脾胃的五行之理表现为"木克土"的相克关系。相克者，制其太过也。土性濡湿，疏之以木气，则土不过湿。肝主疏泄，肝木通过协调脾胃气机升降，促进胆汁分泌，来促进脾胃运化功能的正常发挥。因肝与脾胃在生理上相互

依赖制约的关系，故病理上往往相互影响，如情志不舒，肝气郁结，肝失条达而乘脾犯胃，可表现为"肝胃不和"，可见脘胁胀痛、痞满、嗳气、呃逆、吞酸等胃失和降的见症；或饮食劳倦损伤脾气，脾失健运，土壅侮木或肝失疏泄，致"肝郁脾虚"，常见食少、腹胀、便溏等见症。故程师治疗脾胃，重视"调肝以和脾胃"，常以"四逆散"疏肝理脾、调理脾胃气机，并将其视为治疗气机郁滞的基本方，主要用于肝脾不和的病证。

四逆散疏肝理气，条达脾胃气机，则土不为木乘，则脾胃可恢复升降本性，气行血行，气滞血瘀之痛胀可渐除。若肝气郁滞证兼胁肋胀痛明显，则枳实易为枳壳，并加香附、川芎以行气活血止痛，更添陈皮理气化湿，即"柴胡疏肝散"，程师临床常以之治疗肝郁气滞、瘀血阻滞诸疾，尤其合并"郁证"者。若肝脾同病，肝郁血虚脾弱证，则四逆散去枳实，加当归养血、白术燥湿、茯苓渗湿、煨姜温中、薄荷疏肝透达肝经郁热，即"逍遥散"，功能调和肝脾、疏肝解郁、养血健脾，程师临证善以之治疗肝郁脾虚痰凝所致的高脂血症。

（二）辛开苦降，温脾清胃

辛开苦降法，是指利用辛味药发散、行气的作用，苦味药降泄、通下的作用来调理气机升降的治法。辛开苦降法起源于《黄帝内经》，《素问·至真要大论》曰："五味阴阳之用如何……辛甘发散为阳，酸苦涌泄为阴"，即凡辛、甘味的药，药性是发散的，属于阳，酸、苦味的药，药性是涌泄的，属于阴。《素问·至真要大论》又曰："阳明之胜，治以酸温，佐以辛甘，以苦泻之"，首次提出阳明病用药宜取性味辛温、甘苦者，明确"辛而散之，苦以泄之"的治则，为辛开苦降法的雏形。在此基础上，张机在《伤寒杂病论》中遵《黄帝内经》之义，创制20余首寒热并用之剂，奠定辛开苦降法的临床应用基础，其中以半夏泻心汤为代表方剂。

半夏泻心汤证《伤寒论》原义指少阳病误下后导致脾阳被伤，中气受损，脾胃升降失司，中焦气滞，而成心下胀满堵塞之痞证。热入阳明胃腑，胃热则气逆而为呕；苦寒泻下伤太阴脾脏，脾寒则气陷而肠鸣、便溏下利，半夏泻心汤辛温药与苦寒药并用，辛开苦降、调和脾胃阴阳。程师临床常以半夏泻心汤化裁，治疗消化性溃疡、慢性浅表性胃炎、糜烂性胃炎、幽门螺杆菌相关性胃炎、胃窦炎等消化道疾病，属于胃热脾寒者。程师认为胃为阳明六腑之一，病变早期表现为实证、热证；久病伴有脾虚，脾失升清，中焦气滞，就会出现满、胀、完谷不化的飧泄，日久而成"肠澼"。以半夏泻心汤加减，调节脾胃的寒热，则脾气自升，胃逆自降。程师指出，干姜过热，需易以生姜，若脾阳虚明显而便溏，则仍用干姜；若脾气不虚者，则去参不用；若脾气虚者，则予太子参替代党参补气健脾，因程师认为现如今之党参，多以硫黄熏蒸过，容易助阳动火。方中半夏、生姜辛温散寒、消痞散结，黄芩、黄连苦寒清热，太子参、大枣、甘草益气补脾。姜半夏、黄芩、黄连相配，一热一寒，一升一降，寒热并用，辛开苦降，从而调和阴阳，调理脾胃气机升降，具有消痞除满、降逆止呕之效。

（三）苦燥淡渗，升清降浊

《素问·脏气法时论》曰："脾主长夏，足太阴阳明主治，其日戊己；脾苦湿，急食苦以燥之""脾欲缓，急食甘以缓之，用苦泻之，甘补之。"脾性恶湿，湿则滞，所以脾要"缓"，湿盛则伤脾，苦味能燥湿，故宜急食苦以燥之。脾脏病需要缓和，甘能缓中，故宜急食甘味以缓之。常见用方如平胃散、二陈汤、四君子汤类方。

平胃散出自《简要济众方》，以燥湿为主，兼以和胃，为一治疗湿滞脾胃证的基础方。湿邪阻滞脾胃，致脾胃升降失常，表现为脘腹胀满，不思饮食，口淡无味，恶心呕吐，嗳气吞酸，肢体沉重，倦怠嗜卧，常多自利，舌苔白腻而厚，脉缓。方中苍术为君，具有较强的燥湿作用，既能健脾燥内湿，也能辛温发汗除表湿。厚朴为臣药，既能苦温燥湿，又能芳香化湿。苍术、厚朴相配，为燥湿运脾常用组合。陈皮为佐药，善于理气化湿。程师常以平胃散治疗高脂血症、脂肪肝证属于湿滞脾胃、舌苔厚腻者，治疗时加入苍术、厚朴，可起到燥湿运脾、恢复脾胃升清降浊之功。随症加减：舌苔黄腻多为湿热，可加黄芩、黄连，以清中焦之湿热。若为寒湿，则加干姜温脾胃之阳，可加草豆蔻温中燥湿。若气滞较重，可加木香、砂仁，以增加行气和胃之功。若以呕吐、胃气上逆为主，可加藿香、半夏，增加化湿和胃止呕之功。若泄泻较重，则加茯苓、泽泻以渗湿止泻，利小便实大便。

二陈汤功能燥湿化痰、理气和中。方中半夏辛温性燥，善能燥湿化痰，又能和胃降逆，为君药。陈皮为臣，理气燥湿化痰，有"治痰先治气，气顺痰自消"之义。半夏、陈皮为治痰常用的配伍组合。茯苓为佐，健脾渗湿化痰。甘草为佐使，健脾和中，调和诸药。程师常以二陈汤治疗脾虚不运、湿聚成痰引起的高脂血症，痰阻气机、肺胃气逆的咳嗽痰多，恶心呕吐，痰阻胸脘、胸脘气滞的胸膈痞闷，清阳不升的眩晕症，痰气凌心的心悸。若痰随肝风挟

持、上扰清窍而为"风痰上扰"之眩晕，则治宜二陈汤之上加天麻平肝息风，即半夏白术天麻汤。半夏、天麻配伍，一涤痰，一息风，用治风痰上扰之证，为程师所常用。

泽泻汤由泽泻、白术组成，功能健脾利水，燥湿除饮。程师临床常以之治疗症见眩晕、呕恶，舌淡胖，苔滑或白腻的眩晕症及脾虚水停、痰浊瘀阻为主的高脂血症患者。方中白术健脾燥湿，则痰不生，泽泻渗湿，引水气下行，则水不蓄积。

四君子汤功能益气健脾，为治疗脾胃气虚证基础方，在此基础上化裁许多方如加陈皮，名五味异功散，行气化滞、醒脾助运，补而不滞；参苓白术散，化湿利湿，健脾升清泄浊，补中益气汤补中益气、升阳举陷。程师常用这类方来恢复脾之升清功能，用于治疗高脂血症中因饮食不节，过食肥甘厚味，少劳过逸，脏腑功能失调，津聚为湿，湿聚为痰，痰浊成脂，而浊脂留滞于血脉所致者。

三、升降为本，灵活化裁

程师临床上以脾胃升降理论为指导思想，常以辛开苦降、疏肝和胃、健脾化痰、升清降浊、补中益气等方法治疗慢性胃炎、眩晕、冠心病、高脂血症等疾病。现就程师从脾胃升降论治在临床的应用经验进行展开论述。

（一）脾胃病

1. 疏肝清热，和胃降逆

程师认为慢性非萎缩性胃炎（浅表性、糜烂性）、幽门螺杆菌相关性胃炎、胃溃疡临床上以肝胃蕴热型为多见，症见胃脘胀痛、胃部烧灼感、吞酸、嘈杂、嗳气、口苦、便干或不畅，舌红苔黄腻脉弦，且多伴有幽门螺杆菌感染。肝胃蕴热的多发，首先是由于近年来国民摄入肥甘食物比例明显升高，《素问·奇病论》曰："数食甘美而多肥，肥者令人内热，甘者令人中满"，过食肥甘导致肥胖、脂肪肝，过食油腻使阳气内郁而生内热，过食甜食则使中气滞缓不行、脘腹胀满。其次，现代人工作压力大、竞争激烈、生活忙碌、节奏快，性情多急躁或抑郁，导致肝失疏泄，郁久化火，乘脾犯胃，脾不升清，胃不降浊，精微不运，滞而成痰，积久生热，导致痰热中阻。治法应升清降浊、疏肝清热和胃。方用以四逆散合左金丸化裁。程师指出肝的疏泄功能正常，脾胃升降才会正常。《素问·宝命全形论》曰："土得木而达"，因此治疗上注重疏泄肝气，方用四逆散，该方疏肝理气，条达脾胃气机，则土不为木乘，则脾胃可恢复升降本性，气行血行，气滞血瘀之痛胀可渐除。左金丸疏肝泄热、降逆和胃，治疗以胁肋胀痛、呕吐口苦、嘈杂吞酸等肝火犯胃证。方中黄连苦寒泻火为君，佐吴茱萸辛热之性制约黄连寒凉，吴茱萸又能温中散寒止痛、降逆止呕制酸；二味配合，辛开苦降，一温一清，共奏疏肝泄热、降逆止呕、制酸止痛之功。程师认为黄连大苦大寒，治胃不宜过量，黄连：吴茱萸常为3：1以辛开苦降、平调寒热。且需察舌质舌苔，舌淡红胖嫩，苔薄白或无苔者，应慎用黄连；舌质坚老，舌红或暗红，苔黄腻者方可使用。胃溃疡者，加海贝散持久止酸、治疗溃疡疼痛，并予白及粉收敛止血、消肿生肌。

2. 清热利胆，和胃降逆

程师指出胆胃在生理和病理上均存在相关性。胆胃均为六腑，同居中焦，"木生于水而长于土，土气冲和，则肝随脾升，胆随胃降"，胆胃共同调畅气机、协同消化。"胆宜沉降"，若胆郁生热，胆热壅滞，失于疏泄，胆失沉降，横逆犯胃，胃失通降，表现为脘胁疼痛、口苦、嘈杂、大便不畅、舌红苔黄、脉弦数。临床多见于胆汁反流性胃炎，常兼有胆囊炎，胆结石病史。治当清热利胆、和胃降逆。方用四逆散合茵陈蒿汤化裁。药用柴胡、枳壳、白芍、生甘草、茵陈、焦山栀、制军、郁金、蒲公英、制延胡索、绿梅花、佛手等。其中茵陈蒿汤、郁金清热利胆，四逆散疏肝理气，蒲公英清热和胃，制延胡索理气祛瘀止痛，佛手、绿梅花理气和胃。胆囊结石，加用金钱草、鸡内金；胆囊息肉，加用乌梅、皂角刺；肝内胆管结石，加用地鳖虫、穿山甲、鳖甲。

3. 温中健脾，清热和胃

本法多用于中虚气滞、脾寒胃热者，以十二指肠球部溃疡伴胃窦炎者多见。表现为胃痛、喜温喜按，饥饿时明显，脘胀不适、食后尤甚，便溏或黑便，舌淡白嫩而苔见黄腻。程师认为脾寒宜温、胃热宜清，脾虚宜补、胃实宜降，故当温清并用以和胃。方用党参、白术、茯苓、炙甘草、炒白芍、制延胡索、佛手、炮姜、炙升麻、川连。其中四君子汤加炮姜、健脾助运，炙升麻升举脾阳，川连清热燥湿和胃，芍药、甘草酸甘缓急止痛，制延胡索理气止痛。十二指肠溃疡者，加海贝散持久止酸、治疗溃疡疼痛，并予白及粉、川贝粉收敛止血、消肿生肌。

4. 健脾升清，化饮和胃

此法用于水饮内停中焦之证，此为脾胃虚寒不能化饮，导致饮停中焦，

胃寒气逆，临床可见于急慢性胃炎病人，多表现为胃脘痞闷或疼痛、泛吐清水、胃中有振水声、头晕、苔白滑、脉弦或细。方用吴茱萸、党参、白术、茯苓、代赭石、旋覆花、大枣、生姜、丁香、苏梗。四君子汤去炙甘草加大枣健脾益气，生姜散胃中水邪，吴茱萸、丁香温中祛寒、下气降逆，代赭石、旋覆花降逆化痰导饮，苏梗理气。胃寒者，胃脘冷痛、舌淡苔白，予良附丸、生姜、荜茇；脾胃阳虚，腹痛隐隐、绵绵不已、得食痛减、喜温喜按、多食心下痞、便溏乏力、四肢不温、舌淡苔薄白脉软无力，予理中丸类如小建中汤、黄芪建中汤等；胃痛甚者，加金铃子散（制延胡索、川楝子）理气止痛。程师指出益气升脾之中亦需佐和中降胃之品，防止升发太过，内动胆火，加重病情。

病案举例 1：肝胃蕴热验案

胡某，男，27 岁。2017 年 2 月 8 日初诊。主诉：头晕头胀，脘腹胀痛，时有反酸，恶心，口苦，口干，口气秽，大便溏结不调，排便不爽，纳可，少寐易醒。舌红苔薄腻，脉沉细偏数。辅助检查：2016 年 10 月 12 日电子胃镜检查示十二指肠球部霜斑样溃疡（A1），浅表性胃炎。胃窦黏膜病理：（胃窦）慢性轻度浅表性胃炎，幽门螺杆菌阴性。2016 年 12 月 15 日电子肠镜示慢性结肠炎。有高血压病史，24 小时动态血压 135/94mmHg，白天 138/98mmHg，夜间 128/84mmHg。血脂检查正常。有慢性前列腺炎。辨证为肝胃蕴热，气滞化火。治拟疏肝清热和胃，平肝息风。

处方：川黄连 3g，炒黄芩 12g，法半夏 9g，淡吴茱萸 1g，生姜 5g，红枣 15g，柴胡 10g，炒赤芍 12g，炒枳壳 12g，郁金 12g，天麻（先煎）9g，双勾（后下）15g，罗布麻 15g，生地 10g，茯苓 15g。7 剂。

二诊：2017 年 2 月 15 日。头晕头胀较前好转，惟感腹部胀满，易乏力，大便欠畅，舌红苔薄黄脉细。辨证为肝郁气滞，脾胃升降失调。治拟疏肝健脾，和胃降逆。处方：2017 年 2 月 8 日方去法半夏、茯苓，加怀牛膝 15g，夏枯草 15g，生米仁 30g，车前子（包煎）15g，生牡蛎（先煎）30g。7 剂。

三诊：2017 年 2 月 22 日。头晕头胀好转，惟药后腹胀，易乏力，大便欠畅，舌红苔薄脉细。治拟疏肝解郁、健脾祛湿。

处方：柴胡 10g，炒赤芍 12g，炒枳壳 12g，郁金 12g，生白术 15g，茯苓 15g，法半夏 9g，广木香 9g，川厚朴 12g，天麻（先煎）9g，双勾（后下）15g，绛香 9g，丹参 15g，罗布麻 15g，桑寄生 15g，红景天 12g，车前子（包煎）15g。7 剂。

四诊：2017 年 3 月 1 日。腹胀好转，腹痛已瘥，头晕头胀未见。舌红苔薄脉细弦。治拟原法。病人此后一直无不适主诉，未继续服药。2018 年 10 月 24 日复查电子胃镜示浅表性胃炎（胃窦糜烂型）。胃窦黏膜病理结果示（胃窦）慢性轻度浅表性胃炎，幽门螺杆菌阴性。

按：初诊病人脘腹胀痛、反酸、口干、口苦、排便不爽，证属肝郁气滞化火，肝胃蕴热，故予半夏泻心汤合左金丸合四逆散化裁疏肝清热和胃。半夏泻心汤、左金丸辛开苦降，吴茱萸、生姜辛开，黄芩、黄连苦降清热和胃，调节脾胃气机升降。四逆散疏肝理气，条达脾胃气机，"土得木而达"，则脾胃可复升降本性，脘腹胀痛可渐除。郁金辛散苦降，疏肝利胆、行气解郁、清心凉血，为调逆气行瘀血之要药，主治脘腹胁肋诸痛。此用郁金即可疏肝解郁，又能清心凉血治失眠，有一举两得之功。患者有高血压，故去甘草不用。高血压、头晕头胀，考虑肝阳上亢，予天麻、钩藤平肝息风；罗布麻清热、平肝、安神、利水降压；大便溏结不调、苔薄腻，加茯苓健脾渗湿。后续治以疏肝解郁、健脾祛湿收功，在四逆散基础上加白术、茯苓、米仁、车前子健脾渗湿；法半夏、川厚朴燥湿和胃、消痞除满。

病案举例 2：肝胃不和，气阴两虚案

周某，男，42 岁。2018 年 7 月 25 日初诊。主诉：胃癌切除术后两年，术后胃痛好转，胃脘嘈杂易饥，大便易溏，夜寐易醒，舌红少津，脉细弦。胃癌切除术中见胃小弯、胃大弯 1/6～2/6 淋巴结转移，病理提示低分化腺癌。辨证为肝胃不和，气阴两虚。治拟疏肝和胃，益气养阴。

处方：柴胡 10g，炒赤白芍各 12g，炒枳壳 7g，炙甘草 6g，川连 3g，淡吴茱萸 1g，蒲公英 15g，铁皮石斛（粉吞）10g，麦冬 15g，炙黄芪 15g，炒白术 12g，茯苓 15g，夜交藤 30g，炒枣仁 15g，藤梨根 30g，佛手柑 6g，广木香 6g。14 剂。

二诊：2018 年 8 月 8 日。药后嘈杂易饥显减，大便不实，舌红绛少津好转，脉细弦。治拟原法。2018 年 7 月 25 日方去广木香，铁皮石斛改 12g，加生米仁 30g。21 剂。

三诊：2018 年 8 月 29 日。胃脘嘈杂已除，惟入眠较慢，大便时干时稀，舌红苔薄脉细弦。2018 年 8 月 24 日电子胃镜检查提示残胃吻合口炎。治拟原法。2018 年 7 月 25 日方，铁皮石斛改 6g，加郁金 12g，太子参 15g，五味子 5g。

四诊：2018 年 12 月 6 日。间歇服用以上中药证情稳定，无不适，胃脘

浙江中医临床名家·程志清

嘈杂已消失，少寐易醒，大便有时黏溏，舌红绛少津脉细。辨证为肝胃不和，胃阴不足，润降失常。治拟疏肝和胃，养胃生津。

处方：柴胡 10g，炒赤芍 12g，炒枳壳 12g，炙甘草 6g，川连 3g，煨木香 9g，炙乌梅 9g，铁皮石斛（粉吞）6g，太子参 15g，麦冬 15g，五味子 5g，炒白术 12g，茯苓 15g，郁金 12g，夜交藤 30g，炒枣仁 15g，藤梨根 30g。

按：《景岳全书》曰："嘈杂一证，或作或止，其为病也，则腹中空空，若无一物，似饥非饥，似辣非辣，似痛非痛，而胸膈懊侬，莫可名状，或得食而暂止，或食已而复嘈，或兼恶心，而渐见胃脘作痛。"该病人胃癌切除术后两年，胃痛已除，嘈杂易饥，舌红少津，证属肝火犯胃，肝胃不和，久而胃阴亏虚，而致嘈杂，病久脾气受损，大便易溏。治予疏肝和胃，益气养阴。用四逆散合左金丸疏肝清热和胃；太子参、麦冬、五味子取"参麦饮"之意，太子参、炒白术、茯苓、炙甘草取"四君子"之意，健脾益气升清，程师酌情选加炙乌梅、麦冬、铁皮石斛等甘凉润降和胃，佛手柑、广木香理气，藤梨根抗肿瘤。脾气健则清阳升，大便自调；胃津复则和降；肝气调达则郁热除。

病案举例 3：肝脾（胆胃）不和兼夹湿热验案

劳某，男，68 岁，2017 年 4 月 21 日初诊。主诉：胃溃疡复发，胃脘隐痛，多为胀痛，有时刺痛，饭后明显，便溏每日 2～3 次，左侧脑后及左下肢皮肤瘙痒、色红，有时头胀痛头晕，舌红苔黄略腻，脉弦细。曾查电子胃镜提示慢性浅表性胃炎，胃角溃疡；超声提示肝多发囊肿，胆囊息肉，右肾囊肿，前列腺增生。血压 104/64mmHg。辨证为肝胆湿热，脾胃气滞。治拟疏肝利胆清热，健脾和胃化湿。

处方：柴胡 10g，赤芍 12g，炒枳壳 12g，郁金 12g，炒白术 15g，茯苓 15g，川连 3g，炒黄芩 12g，法半夏 9g，制延胡索 15g，佛手 9g，广木香 9g，蒲公英 15g，天麻（先煎）9g。7 剂。

二诊：2017 年 5 月 26 日。上方转方服用 1 月余，药后脘胁疼痛好转，舌红苔薄脉细弦。再拟原法。2017 年 4 月 21 日方加厚朴花 9g，苏梗 9g。14 剂。

按：病人素有肝脏多发囊肿，胆囊息肉，肝胆湿热，枢机不利，致脾胃气滞，故见脘腹胀痛，食后明显，脾失健运则便溏，湿热内郁，则皮肤瘙痒、色红，肝郁化火上扰，头晕胀痛，舌红苔黄腻均为湿热之象，治当清热疏肝利胆、和胃降逆。治以四逆散、郁金、广木香、佛手、制延胡索疏利肝胆、行气止痛，"土得木而达"，木疏则土不为木乘，脾胃升降复常；取黄芩、黄连、蒲公英苦寒泄热，法半夏辛开，辛开苦降之法，以复中焦气机升降之职，清阳得升，浊阴得降，脘胁疼痛自除。程师指出，凡治法，热者寒之，寒者热之，滞者行之，亢者抑之，陷者举之……不可偏执一端，过犹不及，物极必反，需寒热平调，动静相宜，升降并用，适时损益，以平为期。此方中，辛温之品少佐于大队苦寒降泄药中，寒热并用，使脾胃阴阳和调，辛开散寒无劫阴之弊，苦泄清热无碍阳之害；脾虚便溏，更以茯苓、白术实脾；肝阳上亢，头痛头胀，予天麻平肝息风。二诊时，更加厚朴花芳香化湿，合苏梗理气宽中。

病案举例 4：脾虚胃热验案

患者，男，50 岁，1998 年 6 月 12 日初诊。主诉：电子胃镜提示胃溃疡约 2cm，准备手术切除等床位前，术前请程师中草药调理。诉胃痛泛酸，食后腹胀，纳少，舌红苔微黄腻边有齿痕脉细弦。辨证为脾虚胃热，升降失司。治拟益气健脾，清热和胃。

处方：党参、白术、茯苓、生甘草、陈皮、川贝、海螵蛸、黄连、吴茱萸、白及、白豆蔻，等份磨粉，每次 5g，一天两次（分吞）。半月后复查电子胃镜提示溃疡几乎愈合。病人便免去了手术的创伤，之后在门诊断断续续中草药调理半年以后胃溃疡痊愈。

按：病人胃痛反酸，食后腹胀，舌红苔微黄腻边有齿痕脉细弦，证属胃热脾虚，兼气滞。给予五味异功散，行气化滞、醒脾助运，补而不滞；陈修园《时方歌括》曰："胃气为生人之本，参术苓草，从容和缓，补中宫土气，达于上下四旁，而五脏六腑，皆以受气。故一切虚证，皆以此方为主。若加陈皮，则有行滞进食之效。"程师治疗上消化道溃疡，均以川贝易浙贝，认为川贝有"收口生肌，解郁散结"之功。《本草通玄》曰："川贝母，味苦，微寒。主烦热，心下满，收口生肌。"古今文献均指出川贝母能"解郁愁，散逆气"。清中、后期开始区分出川贝母"解郁愁、散逆气"之效优于浙贝母，《药性切用》《本草正义》《家藏蒙筌》《药笼小品》《本草分经》《本草害利》等均有关于川贝母此功效的记载，《本草正义》谓其"解肝脏郁热，散心中逆气"。左金丸泻肝止酸止痛。脾虚食少，予白豆蔻醒脾开胃。

（二）眩晕症

眩晕症有虚有实，虚者有气虚、血虚之别，实者为停痰、宿饮、风、火为患。程师认为眩晕症为本虚标实之证。血虚饮停中焦者，临床屡见不鲜。究其病机为脾虚血弱，肝旺，肝失条达，肝气郁结，饮停中焦，肝之亢阳挟饮上逆，

脾之清气虚陷不展，遂为眩晕。程师以"联珠饮"化裁治疗血虚饮停中焦之眩晕症，临床疗效颇佳。方用四物汤补血养肝，苓桂术甘汤温阳化饮。肝体得养，则肝阳不逆；脾运得健，则阴霾自能消散。清升浊降则生生之气不息，而生其已虚之血。若阳虚明显，面色㿠白，胃有振水音者，以桂心易桂枝，增其温化寒饮之力。

病案举例：眩晕验案

张某，女，46 岁。2018 年 9 月 26 日初诊。主诉：头晕 5 月余。病人2018 年 4 月初开始突发下肢乏力头晕，行头颅 MRI 检查提示腔隙性脑梗死（具体不详），活动及劳作时头晕明显，休息时头晕不明显，无视物模糊，但觉肩背拘紧，颈项板滞，每晚夜尿 2～3 次，大便溏而不爽，末次月经 2018 年9 月 24 日，经行量少色黑，性情急躁，肢体浮肿，舌淡红苔薄白，脉细。平素血压偶有偏高，规则服用阿司匹林抗血小板。血压 110/80mmHg。辨证为血虚肝旺，风痰上扰。治拟养血平肝，涤痰息风。

处方：当归 10g，炒白芍 12g，川芎 12g，葛根 10g，柴胡 10g，炒枳壳12g，夏天无 15g，怀牛膝 15g，郁金 12g，天麻（先煎）9g，炒白术 12g，茯苓 15g，生米仁 30g，炒黄芩 10g，法半夏 9g，制延胡索 15g。7 剂。

二诊：2018 年 11 月 7 日。药后头晕顿挫，肩背拘紧显减，原法再进 5 剂，至今未发，已能从事正常工作（保洁员）。

按：《素问·至真要大论》说："诸风掉眩，皆属于肝。"该病人本在脾虚，脾虚生痰，土虚无以养木，肝血不足，阴亏则阳亢，肝阳化风，风痰上扰，发为眩晕。予联珠饮化裁。四物汤养血，因便溏不爽，故去生地，予生米仁、茯苓、炒白术健脾除湿，法半夏燥湿化痰，用于风痰眩晕。肩背拘紧、颈项板滞，予葛根生清阳、升津舒筋、健脾止泄，怀牛膝补肾平肝，天麻平肝息风，夏天无祛风除湿、舒筋活血、通络止痛、降血压，制延胡索理气止痛。病人性情急躁，血压偶偏高，更加四逆散调肝疏肝，炒黄芩清泄少阳之火。

（三）胸痹

《金匮要略》首提"胸痹"之病，相当于现代医学的冠心病、心绞痛。胸痹是指以胸部闷痛、甚则胸痛彻背，喘息不得卧为主要表现的一种疾病，轻者胸闷如窒、呼吸欠畅，重者胸部持续疼痛，严重者心痛彻背、背痛彻心。程师指出胸痹之证，总属本虚标实，本虚不外乎气血阴阳，标实总在气滞、寒凝、瘀血、痰浊，引起心脉痹阻不畅，不通则痛。

程师认为脾胃功能失常在胸痹的发生中有时也起着关键作用。首先，心与脾胃之间具有母子生克的关系。心属火，脾胃属土，"火能生土，土多火晦；强火得土，方止其焰"，阳明胃土必须得到心火的温煦才能生化不息，心火必须得到脾土的滋润才能治而不亢。若脾胃功能失调，则会出现子病犯母的病理表现。脾胃损伤，运化失常，则津停为痰，谷反为滞，致血瘀痰阻，气机不畅，心脉不通，发为胸痹。程师认为"根本固则枝叶繁"，通过健运脾胃，恢复脾升胃降功能，使气血津液行而不留，气血流通，则胸痹自除。因此临证胸痹治心而不应者，可以从脾胃论治，其关键是恢复脾胃升降。

程师指出胸痹多为心之气阳不足，痰瘀互结为常见，治以益气通阳，涤痰化瘀。但临证中也多见"胃心综合征"之胸痹者。胃心综合征是由胃部疾病如胃及十二指肠球部溃疡、慢性肥厚性胃炎、胃扩张、胃黏膜脱垂及溃疡病胃后壁穿孔等（包括食管或幽门狭窄、反流性食管炎、鼓肠和膈高位）引发心血管系统功能紊乱的一组临床症候群，故称为胃心综合征。这些病人除了心之气阳不足，痰瘀互结见证外，还见到肝气犯胃、肝气犯脾等见证，临床上在益气通阳，涤痰化瘀基础上，从调理脾胃升降入手，往往可获佳效。常用的治法有疏肝理气、和胃、健脾、益气、涤痰、活血、化瘀、温阳等。疏肝理气多用四逆散；健脾益气多用太子参、黄芪、红景天等；涤痰多用瓜蒌、薤白、法半夏、胆南星、川贝等；活血化瘀多选用丹参、赤芍、降香、郁金、红景天等；涤痰温阳选用桂枝、薤白、干姜等。

病案举例：胃心综合征验案

刘某，女，60岁。2015年5月29日初诊。主诉：素有冠心病史，胸闷隐痛，纳呆，腹胀，易怒性急，舌红苔薄，脉细弦。辨证为肝胃不和，痰瘀痹阻心脉。治拟疏肝和胃，益气通阳，涤痰化瘀。

处方：瓜蒌皮12g，薤白9g，法半夏12g，川连3g，柴胡10g，炒赤芍12g，炒枳壳12g，郁金12g，降香9g，丹参15g，红景天12g，生黄芪15g，太子参15g，川朴9g，广木香9g，焦六曲9g，炒二芽各12g，茯苓15g，石菖蒲12g。7剂。

二诊：2015年6月5日。症状已瘥，舌红苔薄脉细弦。2015年5月29日方去焦六曲、石菖蒲，加绞股蓝15g。7剂。

三诊：2015年6月12日。近日胸闷胸痛又作，下午腹胀，打嗝后腹胀改善，

性急易怒，舌红边有齿痕苔白腻，脉细。再拟原法。2015年6月5日方去绞股蓝、茯苓，加制延胡索15g，毛冬青15g。14剂。

四诊：2015年6月26日。胸闷胸部隐痛未作，胃胀打嗝消失，心情好转，舌红苔薄脉细弦。治拟原法。2015年6月12日方加生米仁30g。14剂。

五诊：2015年7月10日。症情稳定，舌红苔薄脉细弦。治拟原法。

处方：瓜蒌皮12g，薤白9g，法半夏12g，川连3g，柴胡10g，炒赤芍12g，炒枳壳12g，郁金12g，降香9g，丹参15g，红景天12g，生黄芪15g，太子参15g，川朴9g，广木香9g，炒二芽各12g，生米仁30g，制延胡索15g，佛手9g，毛冬青15g。效不更方，一直服用数月。病情反复时均以上方为基础进行化裁，以心胃同治取效。病情一直稳定，遂停服中药。

按：本案病人除心之气阳不足，痰瘀互结外，兼见纳呆、腹胀、易怒性急等肝气犯胃，肝胃不和见证。故治以疏肝和胃，益气通阳，涤痰化瘀。药用瓜蒌皮薤白半夏汤通阳散结、涤痰宽胸，四逆散、佛手疏肝理气，半夏泻心汤、半夏厚朴汤化裁辛开苦降、散结消痞。半夏辛温，辛以行气散结，尚能降逆止呕、消痞散结，下气除满，黄连苦寒，降泄胃气，木香、厚朴行气除满，制延胡索理气止痛，焦六曲、炒二芽消食助运，石菖蒲化湿开胃，丹参、郁金、赤芍、降香等活血化瘀，黄芪补气、行滞通痹，太子参益气健脾，茯苓、米仁渗湿健脾。红景天益气活血通脉，毛冬青活血通脉止痛，常用于冠心病、心绞痛者。

三年后病人胸闷胸痛又发，于2018年6月28日复诊。主诉：近因情绪不好，以致胸闷胸痛又作，纳少，胃脘不适，反酸，舌下含服麝香保心丸后好转，舌红苔薄脉细弦。治拟涤痰活血，宽胸舒痹。心胃同治。

处方：瓜蒌皮12g，薤白9g，法半夏9g，炙桂枝5g，柴胡10g，炒赤芍12g，炒枳壳12g，川连3g，淡吴茱萸1g，炒黄芩12g，生姜5g，大枣12g，苏梗9g，川朴9g，郁金12g，丹参15g，红景天12g，制延胡索15g。7剂。

二诊：2018年7月5日。药后胸痛顿挫，胃脘已舒，纳食增加，舌红苔薄脉细弦。再拟心胃同治。此后一直上方加减化裁，病情反复时均以上方为基础进行化裁取效。

按：病人三年后胸痹又作，病起情绪失畅、肝郁气滞，兼见肝气犯胃、肝胃不和，病机基本同前，仍治以疏肝和胃，益气通阳，涤痰化瘀。药用瓜薤皮薤白半夏桂枝汤通阳散结、涤痰宽胸，四逆散疏肝理气，半夏泻心汤、半夏厚朴汤化裁辛开苦降、散结消痞，左金丸泻肝止酸和胃，丹参、郁金、赤芍等活血化瘀，制延胡索理气止痛，红景天益气活血通脉。该病人胸痹兼肝胃不和，治疗中均以"心胃同治"收效。

第六节　治肿瘤虚实并重

随着工业现代化的飞速发展，人类赖以生存的大环境（自然界）、小环境（体内脏器）都不同程度地受着工矿企业排出的废气、废水、废料及各种工业垃圾的熏染。农业方面，日益增量使用的化肥、农药、除草剂等残留，无时无刻不在危害着人体的脏器和机体功能。加之现代人不正确、不规范的饮食习惯，各种肿瘤呈高发趋势，据世界卫生组织统计，现肿瘤年发病人数逾千万，我国占诸国之最，且仍处于飙升状态。

程师专业主攻虽为心血管疾病，但由于肿瘤的高发病率，在她近五十年的从医生涯中，时常碰到各种肿瘤病人，面对病人的求助，使她对肿瘤的病因病机、诊治方法进行了深入的思考和研究，也积累了丰富的经验。

一、辨证审因，虚实为纲

程师认为，由于全身各个脏腑都可能发生肿瘤，肿瘤涵盖的疾病范围非常广泛，牵涉的脏腑也较多，因此，肿瘤的病因病机比单一疾病的病因病机更为复杂，如要概括，"虚实夹杂"较为合适。

（一）正虚为本

所谓"虚"，即正气亏虚，包括气、血、阴、阳的亏虚。肿瘤的发病过程中为什么会出现正气亏虚，主要有以下两个方面原因。

一方面，程师认为，正气亏虚是肿瘤发病的内在条件，所谓"正气存内，邪不可干，邪之所凑，其气必虚"。《诸病源候论·积聚病诸侯》言"积聚者，由阴阳不和，腑脏虚弱，受于风邪，搏于腑脏之气所为也……诸脏受邪，初未能为积聚，留滞不去，乃成积聚"。《医宗必读》指出正虚与积的关系"积之成者，正气不足，而后邪气居之"。正虚贯穿于肿瘤发病的始终，病邪侵袭机体时，若正气能祛邪外出，则脏腑功能可恢复正常，病邪消散。若正气

亏虚，脏腑功能紊乱，阴阳失调，祛邪无力，病邪则长期留滞于体内而酿生癌毒，直至肿瘤发生。另一方面，肿瘤患者在整个治疗过程中，某些治疗措施会导致正气亏虚。例如，病人常常要接受包括手术、化疗、放疗、介入在内的多种综合治疗措施，这些措施多具有损伤性，常常损伤耗散人体的气、血、阴、阳，故而导致正气亏虚。

不同部位的肿瘤，根据所归属的脏腑不同，在气、血、阴、阳的亏损方面，各有不同侧重，这与脏腑各自的特性、喜恶相关。例如，肺为娇脏，主气，司呼吸，主宣发和肃降，喜润恶燥，不耐寒热，易受内外邪气侵袭，尤其肺之气阴易于耗伤，一旦肺脏受邪，常表现为气阴不足的证候，因此肺癌虚症以气虚、阴虚为主。临床可表现为声音嘶哑，咳嗽痰黏，夹带血丝，气短乏力，胸闷，舌红苔少，脉细数。肝为刚脏，体阴而用阳，主升主动，肝阳易动易旺，而肝之阴血易亏，癌毒耗气伤阴，故肝癌在正虚方面多表现为血虚、阴虚、气虚，或阴虚及阳。气虚可表现为少气懒言，神倦乏力，或头晕目眩，自汗，活动后诸症加重，舌淡，脉弱。血虚表现为面色淡白或萎黄不华，唇色淡白，爪甲色淡，头晕眼花，心悸多梦，手足发麻，妇女经血量少色淡，舌淡脉细无力。阴虚表现为形体消瘦，口燥咽干，头晕目眩，心悸，失眠，脉细，舌红少苔；或有五心烦热，潮热，盗汗，颧红，舌红绛，脉细数。肾为先天之本，内藏精，蕴元阴元阳，乃一身元气之根，同时，肾主水，纳气。因此，肾癌虚症可表现为气虚、阳虚、阴虚。临床表现为肉眼或者镜下尿血，腰膝酸软、腰背疼痛、潮热盗汗、口干咽燥、耳鸣或听力下降，舌红，少苔甚至无苔，脉细数等证候。或身体浮肿，腰以下尤甚，浮肿处按之凹陷不易起，并常伴有腰膝冷痛，四肢不温，小便短少，舌质淡胖，苔多白滑，脉沉迟无力，两尺脉尤甚。胃为"阳明燥土，得阴始安"，喜润恶燥，胃癌日久易耗气伤津，导致胃气、阴不足。因此，胃癌在正虚方面多表现为阴虚、气虚。可表现为胃脘痛时作，乏力，纳少，口干，大便干结，舌暗红，苔薄白少津，脉细缓。凡此种种，故肿瘤在辨明虚实的同时，一定要结合病变脏腑自身的特性来匡扶正气。

（二）邪实为标

所谓"实"，即邪实，包括气滞、血瘀、痰凝、癌毒，四者相互影响、相互滋生，胶结致病。

中医学理论认为人体之气升降出入、运行全身，气机以通畅调达为顺，气机不畅，则津血运行失常，变生一系列疾病。丹溪曰："气血冲和，百病不生，一有佛郁，百病生焉。"据调查，肿瘤病人病前大多数都有焦虑、抑郁等病史，气为血之帅，气行则血行，气滞则血瘀，瘀久则成块。"气有余便是火"，气郁日久亦可化火，火灼津液生痰，火、痰、瘀胶结而生积；气郁不疏土，或木横克土，脾失运化，津蕴为湿，湿凝为痰，痰瘀凝结发为包块而成瘤。气滞、血瘀、痰凝为肿瘤的发生发展创造了条件。正如《疡科心得集》说："癌病者，非阴阳之气所结肿，乃五脏瘀血、浊气、痰滞而成。"而癌毒是肿瘤形成的必要因素，癌毒是人体正常细胞在特定条件下由某些因素诱发而成的，是人体正常组织变异而成的。但它不同于痰和瘀，痰、瘀是人体的气血津液运行不畅产生的病理产物，是不能迅速增殖的，而癌毒是有活力且能够迅速增殖的，是一个动态变化的状态，并且极易耗散人体的正气，这也比较符合现代医学对肿瘤的一些认识。那么癌毒是如何产生的呢？《丹溪心法》曰："痰挟瘀血，遂成窠囊。"由于"窠囊"的选择作用，产生了很多异质性的肿瘤细胞——孕育而生癌毒，"窠囊"就是孕育癌毒的局部土壤。六淫侵袭、饮食不节、七情内伤导致脏腑功能紊乱，机体气血阴阳失调，此时，如正气旺盛，能够及时祛邪外出，则机体恢复"阴平阳秘、精神乃治"的常态。如因正虚不能恢复常态，则脏腑和气机失常的机体微生态失衡继续存在，就会引发气机郁结，继而产生火、瘀、湿、痰等病理产物。这些病理产物与残留的外邪、食积聚集于至虚之处，而产生局部的微生态系统失调。这一局部失调的微生态系统与现代医学的肿瘤微生态环境相似，即生成了癌毒产生的土壤——窠囊。如正气恢复则能驱除癌毒；如正气亏虚，癌毒会狂夺精微以自养繁殖而大量增生，使癌毒与局部的窠囊胶结成块成瘤。癌毒与痰、瘀、湿、食积、郁火、残留邪气聚集的窠囊等病理因素的胶结存在、互为因果、兼夹转化、相互孳生、共同为病，日久耗伤正气，无力制约癌毒而迅速扩散，从而形成了肿瘤病机特有的复杂性和危害性。

（三）虚实并重

程师认为，正虚为本，邪实为标，两者互为因果，相互影响，肿瘤的发生发展过程，就是邪正斗争和消长的过程。"邪之所凑，其气必虚""真气存内，病安以来"。肿瘤的发病过程，始终贯穿着正虚和邪实，但不同的阶段，正虚和邪实所占的比例不同。肿瘤初期，癌毒内蕴，或气滞，或血瘀，或痰凝，

浙江中医临床名家·程志清

或兼而有之，以邪实为主，正气尚强；肿瘤中期邪毒较甚，正气已伤，两者势均力敌；肿瘤晚期癌毒郁结不去，痰瘀胶结，正气耗伤，正虚为主，夹杂邪实。

二、扶正祛邪，进退有度

根据以上对肿瘤病因病机的分析，程师认为中医治疗肿瘤应把握"虚实并重"的原则，坚持扶正与祛邪相结合。单纯扶正难以消除肿瘤，有时反使肿瘤滋长，延误病情；同样，一味祛邪，又会克伐正气，降低机体免疫力，反而加重病情。所以应根据病人病情的具体表现、体质状况、疾病所处的阶段等区别对待，或以扶正为主，或以祛邪为主，或攻补兼施，将扶正与祛邪有机结合，才能更好地治疗肿瘤。一方面从整体上根据肿瘤所涉及的脏腑，机体阴阳、气血的亏虚选择合适的扶正药物，达到调整脏腑阴阳平衡、气血调和、正强本固之目的。另一方面，"结者散之""坚者削之""客者除之"，根据机体气滞、血瘀、痰凝、癌毒侧重的不同，选用"理气祛痰""活血化瘀""解毒散结"之品来攻逐、杀灭癌细胞，达到减轻临床症状之目的。

明末清初著名医学家李中梓在《医宗必读》中就提出对"积聚"分初、中、末三期治疗的原则，"初者，病邪初起，正气尚强，邪气尚浅，则任受攻；中者，受病渐久，邪气较深，正气较弱，任受且攻且补；末者，病魔经久，邪气侵凌，正气消残，则任受补"。程师认为，扶正、祛邪贯穿于肿瘤治疗过程的始终，但是疾病的不同阶段，扶正和祛邪侧重有所不同。肿瘤初期，病人正气尚强，能够耐受攻伐，如手术、放疗、化疗、介入等抗肿瘤手段均属于攻伐、祛邪手段；中期，体质下降，机体不耐攻伐，不能一味祛邪治疗，应祛邪与扶正治疗相结合；末期，病人体质较差，不能耐受手术、放化疗等抗肿瘤手段，应以扶正治疗为主，祛邪为辅。

另外，目前肿瘤的治疗是一个中西医综合治疗的过程，程师认为，中医药治疗也要考虑病人目前运用的西医治疗手段对病人的影响，如是否接受手术、放化疗等，手术前后、放化疗前后，对中医辨证都有影响。如手术会耗伤正气，化疗药伤津耗气，损伤脾胃，累及肝肾，故治疗方面辨证使用益气养阴、健脾和胃、滋补肝肾等方法；放射线属于热毒之邪，易耗气伤阴，许多病人放疗后可见口干舌燥、肌肤干燥等阴液亏损的表现，可予以滋阴润燥。

三、情志疏导，贯穿其中

情志在肿瘤的发生、发展过程中起着重要的作用，王肯堂在《外科准绳》说："忧怒郁遏，实实积累，脾气消阻，肝气横逆，遂成隐核……名曰岩。"现代医学也认为长期精神压力过大、情志抑郁可能导致癌症，大量调查研究显示，癌症病人都普遍存在着焦虑、恐惧、绝望、抑郁等情绪障碍。而当肿瘤既成，不良的情志因素也会进一步促进肿瘤的进展恶化。由于肿瘤的治疗至今尚无十分理想的方法，在病人的心目中，一旦患了肿瘤，基本等于患了绝症。病人会产生极度恐惧、悲观、绝望的心理，情绪极其低落，严重者轻生，因此情志疏导在肿瘤治疗过程中具有重要意义。

程师在肿瘤治疗过程中，常常对病人进行疏导，安慰病人，耐心解释消除病人疑虑，鼓励病人正确地对待疾病，树立病人战胜疾病的勇气和信心，用积极乐观的态度对待人生，充分调动病人自身的潜能与肿瘤做斗争。对一些病情相对稳定的病人，鼓励他们参与到一些集体活动和社会活动中，丰富自身的精神文化世界，更好地融入社会，提高生活质量。对癌症晚期的病人，在开导病人的同时，也从病人家属入手，让家属设身处地为病人着想，感受病人的情绪，体会病人的心情，使病人感觉自己被理解、被接纳，让病人始终处在家人、亲朋好友的关心、理解之中，慢慢适时引导病人做好人生规划，让病人在温暖中走完余生。

四、临床见证，效果显著

病案举例 1：柔肝软坚、健脾化痰、解毒祛瘀法治疗右胁癥积一例

吴某，男，59 岁。初诊：1988 年 9 月 24 日。主诉：右胁肿块 17 年，伴神疲乏力，纳呆气急半年。刻诊：右胁肿块已有 17 年，半年来逐渐增大，伴神疲乏力纳呆，多行走则感到气急，膝软。查体：肝剑突下五指，表面不平，质硬。1988 年 9 月 10 日东阳市人民医院 B 超提示肝区实质占位，呈结节状融合成团块型（3.1cm×3.3cm 和 7.3cm×3.5cm），浙江省第一医院 B 超提示结节性肝癌。舌淡白苔白腻，舌边有青色瘀斑，脉细弦。辨证为肝郁脾虚，痰瘀互结，毒邪内阻。治拟柔肝软坚，健脾化痰，解毒祛瘀。

处方：当归 9g，赤白芍 15g，枸杞子 12g，炙鳖甲（先）30g，半枝莲 30g，半边莲 30g，白英 30g，石见穿 30g，八月札 12g，广地龙 15g，郁金 12g，生薏苡仁 30g，茯苓皮 12g，生黄芪 30g，潞党参 15g，广木香 9g，鸡内金 9g。共 30 剂。

二诊：1988 年 11 月 24 日。药后睡眠好转，食纳增加，精神略振，症情好转，肿块见小。1988 年 9 月 24 日方加冬瓜子皮各 18g。20 剂。

三诊：1989 年 3 月 7 日。叠进柔肝软坚化痰祛瘀之剂，并嘱平日常服乌龟肉、鳖甲肉，症情好转，右胁下肿块亦见缩小，唯感乏力神疲多行则气急，舌红中裂，入夜口干，苔薄黄，脉细弦。再拟原法。

处方：党参 24g，生黄芪 30g，白英 30g，炙鳖甲（先）30g，半枝莲 30g，半边莲 30g，石见穿 30g，八月札 12g，当归 9g，赤白芍（各）15g，丹参 30g，鸡内金 12g，玄参 12g，浙贝 30g，瓜蒌皮 9g，生牡蛎（先）30g。共 30 剂。

按： 本案西医诊为肝癌，因病人体质较差不能接受化疗，遂就诊中医。证属肝郁脾虚，痰瘀互结，毒邪内阻，故以当归、赤白芍、枸杞子、炙鳖甲柔肝软坚，生薏苡仁、茯苓皮、生黄芪、潞党参健脾化痰，半枝莲、半边莲、白英、石见穿、八月札、郁金解毒瘀，广地龙涤痰通络，广木香、鸡内金行气消积。服药 1 个月后诸症悉有好转，二诊加冬瓜子皮化痰利湿；三诊舌转红加丹参以凉血活血，生牡蛎、玄参、浙贝、瓜蒌皮以软坚涤痰。前后服药 100 剂，病情稳定，还能做些农活。1990 年 5 月，胁痛又作，上方再进，加服蛇毒胶囊，胁痛止，因家境经济状况较差，遂停服中药，平时自采绞股蓝、半枝莲、白英、白花蛇舌草煎水当茶饮，体积虽见缩小，但仍存在。病人带瘤生存八载，直至 1996 年年底因干农活时不慎跌伤而病故。

病案举例 2：疏肝清热、化瘀散结法治愈左肝低回声结节患者一例

朱某，男，66 岁。初诊：2003 年 1 月 25 日。主诉：B 超、CT 发现左肝低回声结节与小片状非囊性低密度影 3 天，自觉症状不明显。诊查：2003 年 1 月 22 日体检，B 超检查见肝大小正常，实质回声增粗，呈网络样改变，肝左叶下段可见一约 1.1cm 低回声结节，边界欠清，胆、胰、脾、肾未见异常。结论：①血吸虫肝病；②左肝低回声结节，建议短期内随访。1 月 25 日 CT 提示肝Ⅲ段小片状非囊性低密度影，性质待定，建议随访或 MRI 检查，甲胎蛋白、铁蛋白、CA199 在正常高值。有乙型肝炎病史和糖尿病史，目前无明显不适，舌红绛苔薄黄，脉弦滑。辨证为肝郁血瘀。治拟疏肝解郁，清热化瘀散结。

处方：柴胡 10g，炙鳖甲（先煎）10g，郁金 12g，炒赤芍 12g，茵陈 24g，半枝莲 20g，香茶菜 15g，生牡蛎（先煎）30g，怀山药 30g，浙贝 30g，佛手 6g，玄参 10g，炮山甲（先煎）6g，生米仁 30g，炒莪术 10g，炒枳壳 9g。14 剂。

二诊：2003 年 2 月 10 日。腰酸，舌薄黄腻，脉弦滑，治疗拟疏肝清热，化瘀软坚。2003 年 1 月 25 日方去玄参、香茶菜，加石见穿 15g，枸杞子 15g，女贞子 12g，桑寄生 18g。14 剂。

三诊：2003 年 2 月 24 日，2003 年 2 月 19 日超声复查示血吸虫性肝病。检查见肝形态正常，实质回声增粗，分布不均，未见明显结节回声，肝内外胆管不扩张。腰酸，舌红苔薄黄腻，脉弦滑。治拟疏肝清热，化积软坚。2003 年 2 月 10 日方再进 14 剂。

四诊：2003 年 3 月 7 日。CT 复查肝小片状非囊性低密度影消失，腰酸好转，舌红绛苔黄脉弦。治拟原法化裁。2003 年 2 月 24 日方去桑寄生 15g，加旱莲草 15g，白茅根 30g。7 剂。

五诊：2003 年 4 月 4 日。2003 年 3 月 13 日 B 超二次复查，肝内低密度影消失，有慢性前列腺史，小便化验有红细胞，舌红苔薄脉弦，治拟原法化裁。2003 年 3 月 7 日方去薏苡仁、石见穿、莪术，加生地 20g，丹参 24g，7 剂。另：六味地黄丸每次 8 粒，每日 2 次。

按：本案因体检时 B 超与 CT 发现左肝低回声结节与小片状非囊性低密度影，虽无明显自觉症状，由于病人有乙型肝炎病史，甲胎蛋白、铁蛋白、CA199 在正常高值，病人精神上非常紧张，程师采用辨病辨证结合，针对肝内结节与舌质红绛，用柴胡、郁金、枳壳、佛手疏肝解郁，茵陈、半枝莲、香茶菜、生薏苡仁清热利湿，赤芍、莪术、生牡蛎、浙贝、炙鳖甲、炮山甲化瘀散结，更以玄参滋阴降火软坚散结，怀山药补脾益肾，养阴生津又有降糖作用，二诊见有腰酸，加枸杞子、女贞子、桑寄生益肾养肝，石见穿化瘀散结。三诊、四诊 B 超二次复查左肝低回声结节消失，CT 复查肝小片状非囊性低密度影消失，原法基础上加益肾养肝以资巩固。

病案举例 3：养阴清肺化饮法治疗肺腺癌一例

方某，女，72 岁。初诊：2014 年 4 月 4 日。主诉：胸痛 3 个月。刻诊：肺腺癌，胸腔积液，局部引流后胸部胀痛消失，精神萎靡，纳差，少寐，舌红少津，脉细弦。辨证为肺阴亏虚，痰饮内聚。治拟养阴清肺化饮。

处方：生黄芪 15g，汉防己 12g，葶苈子（包）15g，红枣 15g，桑白皮 10g，冬瓜子皮各 30g，生米仁 30g，瓜蒌皮 12g，绞股蓝 15g，炒二芽各 12g，蚤休 10g，夜交藤 30g，茯苓 15g，麦冬 12g，三叶青 10g，佛手 9g。14 剂，日一剂，水煎服。

二诊：2014 年 4 月 19 日。药后精神显振，胃纳增加，恢复到病前，夜寐好转，舌红苔薄，脉细滑，治拟原法化裁，2014 年 4 月 4 日方加平地木 15g，21 剂，藤梨根 30g 煎水当茶饮。

三诊：2014 年 5 月 10 日。胸腔积液引流管已拔，目前胸透局部积水 67mm，自觉脘腹痞满，食纳尚可，大便干结，夜寐欠安，舌红苔薄脉细弦，治拟原法。

处方：生黄芪 15g，汉防己 12g，葶苈子（包）15g，红枣 15g，桑白皮 12g，冬瓜子皮各 30g，生米仁 30g，瓜蒌皮 12g，茯苓 15g，椒目 10g，白芥子 5g，三叶青 15g，藤梨根 30g，蚤休 10g，绞股蓝 20g，郁金 12g，车前子（包）15g，夜交藤 30g，生牡蛎（先）30g。14 剂。

四诊：2014 年 5 月 25 日。药后精神显振，脘腹痞闷好转，纳食增加，舌红苔薄，脉细弦，治拟原法，2014 年 5 月 10 日方加毛冬青 15g，藤梨根自备。14 剂。

五诊：2014 年 6 月 8 日。肺部 CT 复查示左肺上叶舌段肿块范围较前缩小，胸闷胸痛消失，人渐消瘦，利尿所致，舌暗红苔薄腻，脉细弦涩，治拟益气健脾，涤痰舒痹。

处方：生黄芪 30g，汉防己 12g，葶苈子（包）15g，红枣 15g，桑白皮 12g，瓜蒌皮 12g，生米仁 30g，椒目 10g，三叶青 12g，蚤休 10g，藤梨根 30g，绞股蓝 15g，茯苓 15g，法半夏 12g，秫米（包）30g，生牡蛎（先）30g，冬瓜子皮各 30g，平地木 15g。14 剂。

六诊：2014 年 6 月 22 日。症情稳定，惟大便干结，不易入睡，舌红苔薄脉细弦，治拟原法，2014 年 6 月 8 日方去椒目、秫米、法半夏，加鱼腥草 30g，山海螺 30g，夜交藤 30g，炒枳壳 12g，生黄芪改为 15g。14 剂。

七诊：2014 年 7 月 6 日。症情稳定，大便干结好转，舌红苔薄脉细弦，治拟原法。

处方：生黄芪 20g，桑白皮 12g，瓜蒌皮 12g，生米仁 30g，绞股蓝 15g，山海螺 30g，法半夏 12g，秫米（包）30g，鱼腥草 30g，炒二芽各 12g，佛手 9g，葶苈子（包）15g，红枣 15g，猪苓 15g。21 剂。

按：病人为老年女性，住院确诊为肺腺癌，肺癌易合并胸腔积液，胸腔积液从症状、体征上讲，与中医学"悬饮"相似。病人行胸腔引流后，胸部胀痛好转，但精神萎靡，纳差，病人舌红少津，脉细弦，属本虚标实，肺阴亏虚为本，阴损及阳，气化失司，水饮互结为标。治疗上要虚实并重，标本兼顾，一方面培本，一方面祛邪。治拟养阴清肺化饮，方中冬瓜子皮、麦冬养阴清肺，桑白皮泻肺平喘、利尿消肿，生黄芪、汉防己利水消肿，葶苈子、红枣，组成葶苈大枣泻肺汤泻肺行水、下气平喘，瓜蒌皮清肺化痰、利气宽胸，茯苓、生米仁利水渗湿，同时生米仁又有抗肿瘤作用，夜交藤养心安神、健脾安神，炒二芽消食和中，佛手疏肝理气、和中化痰，诸药合用兼顾病人兼证。

同时，程师在辨证基础上，结合现代药理研究，往往加上相应的抗肿瘤中药。如绞股蓝、米仁、蚤休、三叶青等。绞股蓝味苦寒、无毒，具有消炎解毒、止咳祛痰之功，在临床上多用来治疗呼吸系统疾病，多糖是其重要的药用活性成分，绞股蓝多糖不仅具有显著的抗肿瘤活性，还参与和介导了免疫功能的调节，能够提高机体免疫功能而对正常细胞没有毒副作用，在恶性肿瘤防治和治疗方面具有广阔的应用前景。薏苡仁中含有多种活性成分，主要包括薏苡仁酯、三酰甘油类、脂肪酸类、内酰胺类、薏苡内酯、糖类、甾醇类、三萜类等化合物，目前经国内外研究人员发现并被分离鉴定出的化学成分已有41种以上，通过多种途径发挥抗肿瘤作用。蚤休又名重楼，味苦、性微寒，有小毒，现代研究认为，重楼甾体皂苷为其抗肿瘤有效成分，作为抗肿瘤药物广泛应用于恶性淋巴瘤、肺癌、鼻咽癌、脑肿瘤及消化系统肿瘤等，三叶青是葡萄科崖爬藤属多年生蔓生藤本植物，为中国特有珍稀中药植物。《中国植物志》记载"三叶崖爬藤全株供药用，有活血散瘀、解毒……具有较好的抗肿瘤活性"，黄酮类化合物是三叶青的主要组成成分和功效成分。

病人二诊后精神显振，食纳渐增，五诊后肺部CT复查示左肺上叶舌段肿块范围较前缩小，胸闷胸痛消失，此后针对兼证原法化裁，症情基本稳定。

病案举例 4：标本兼顾治疗肺癌合并高血压、心律失常患者一例

杨某，女，80岁。初诊：2016年1月12日。主诉：右中肺癌化疗后，有高血压病史，服降压药效果欠佳，今日血压170/70mmHg，头晕，腹鸣，入夜多甚，舌红苔薄脉细弦。辨证：心脾气虚，肝阳上亢。治法：益气健脾，平肝降逆。

处方：生黄芪30g，防己12g，炒白术15g，茯苓15g，丹参15g，太子参30g，麦冬15g，五味子5g，红景天12，铁皮石斛（先）12g，天麻（先）

9g，怀牛膝 15g，生地 15g，炒山药 30g，生米仁 30g，炒丹皮 10g，枸橘 15g，蚕沙（包）30g，炒谷芽 12g，炒麦芽 12g，炒赤芍 12g，山茱萸 10g。35 剂。

二诊：2016 年 3 月 16 日。证情稳定，头晕好转，纳食一般，入夜肠鸣，舌红苔薄，脉沉细，治拟原法，原方加炙桂枝 3g。30 剂。

三诊：2016 年 4 月 12 日，下肢发冷，晨起欲便，动则乏力，舌红苔薄，脉沉细，治拟原法。

处方：黄芪 30g，防己 12g，炒白术 15g，茯苓 15g，丹参 15g，太子参 30g，麦冬 15g，五味子 5g，红景天 12g，天麻 9g，怀牛膝 15g，生地 15g，炒山药 30g，米仁 30g，炒丹皮 10g，枸橘 15g，炒二芽各 12g，炒赤芍 12g，山茱萸 10g，石斛（另）12g，补骨脂 15g，艾叶（外用）15g，生姜 30g。28 剂。

四诊：2016 年 5 月 10 日。肺癌，CT 复查较 2016 年 1 月 17 日胸部 CT 片所示病变略有缩小，谷丙转氨酶 41U/L，谷草转氨酶 46U/L，谷氨酰转移酶 1.8U/L，癌胚抗原 3.0U/L，畏寒怕冷，舌红绛苔薄，脉细弦，治拟原法，2016 年 4 月 12 日方去山茱萸、炒丹皮，加垂盆草 30g、水飞蓟 15g。28 剂。

五诊：2016 年 6 月 7 日。癌胚抗原、甲胎蛋白、糖类抗原正常，γ-谷氨酰转移酶 33U/L，背胀乏力，舌红苔薄，脉细弦，治拟原法，2016 年 5 月 10 日方去垂盆草、水飞蓟、生姜，加山萸肉 12g，炒丹皮 10g，枸杞子 15g。28 剂。

六诊：2016 年 7 月 5 日。症情稳定，背胀好转，足冷好转，舌红苔薄，脉细弦，治拟原法，2016 年 6 月 7 日方去山萸肉、枸杞子，加百合 15g，北沙参 15g，淡竹叶 12g。28 剂。

七诊：2016 年 8 月 2 日。血压 140/80mmHg，右中肺癌化疗后改变，唇皱，瞬间眩晕，每日 1～2 次，谷丙转氨酶 74U/L，舌红苔薄唇干，脉细，治拟育阴清肺平肝。

处方：生地 15g，百合 15g，炒赤芍 12g，葛根 15g，桑白皮 12g，桑叶 15g，鱼腥草 30g，生米仁 30g，蚤休 10g，三叶青 10g，铁皮石斛（先）12g，瓜蒌皮 12g，生黄芪 20g，炒白术 12g，茯苓 15g，太子参 15g，绞股蓝 15g，炒山药 30g 炒二芽各 12g，北沙参 15g，车前子（包）15g。28 剂。

八诊：2016 年 10 月 26 日。血压 150/70mmHg，近日心绪欠佳，癌胚抗原 9U/L，口糜，腰痛已瘥，舌红绛少苔，脉细，治拟原法。

处方：生地 15g，百合 15g，炒赤芍 12g，鱼腥草 30g，生米仁 30g，蚤休 10g，三叶青 10g，瓜蒌皮 12g，生黄芪 20g，茯苓 15g，太子参 15g，绞股蓝 15g，炒山药 30g，炒二芽各 12g，北沙参 15g，炒杜仲 15g，牛膝 12g，铁皮石斛（先）12g，延胡索15g，猫人参20g，珠儿参15g。28剂。

九诊：2016年11月22日。血压150/70mmHg，近来夜寐欠佳，甚至彻夜不眠，近1月来常感心脏不适，每日3次左右，舌红绛少苔，脉细。2016年8月2日方去桑白皮、炒白术、蚤休、生黄芪、葛根、桑叶、炒山药，加夜交藤30g，炒枣仁15g，当归10g，珍珠母（先）30g，川连3g，麦冬15g，红景天12g，玉竹15g。28剂。

十诊：2016年12月20日。近来心悸发作，下肢发冷，舌红苔薄，脉细，治拟益气养阴，宁心定悸，清肺解毒。

处方：太子参15g，麦冬12g，五味子5g，生地15g，百合15g，炒赤芍12g，鱼腥草30g，生米仁30g，绞股蓝15g，红景天12g，珍珠母（先）30g，珠儿参12g，炒枣仁15g，北沙参15g，炒二芽各12g，铁皮石斛12g，三叶青10g，夜交藤30g，丹参15g，藤梨根30g，生黄芪15g。28剂。红花10g，艾叶10g水煎外用。

十一诊：2017年1月17日。症情稳定，癌胚抗原9U/L→5.5U/L，唯心悸阵发，下肢发冷，舌红苔薄脉细，有歇止，再拟益气养阴，宁心定悸。

处方：太子参15g，麦冬12g，五味子5g，生地15g，百合15g，丹参15g，绞股蓝15g，生米仁30g，红景天12g，生牡蛎（先）30g，炙桂枝5g，铁皮石斛12g，生黄芪15g，刺五加12g，炒白术15g，茯苓15g，炙甘草5g，炒二芽各12g，三叶青9g，淡附片3g，干姜5g。28剂。

十二诊：2017年3月14日。心悸好转，下肢畏寒，手冷，舌红苔薄脉细，治拟原法，2017年1月17日方生黄芪改为20g，去淡附片、干姜、绞股蓝，生地改12g，加山药30g，生姜5g，红枣15g。28剂。

十三诊：2017年4月11日。肺癌复查与前相仿，血糖正常，舌红苔薄脉细，治拟原法。

处方：太子参15g，麦冬12g，五味子5g，生地15g，百合15g，丹参15g，生米仁30g，红景天12g，生牡蛎（先）30g，炙桂枝5g，铁皮石斛6g，生黄芪20g，炒白术15g，茯苓15g，平地木30g，红枣15g，三叶青9g，炒二芽各12g，山药30g，银花15g。28剂。

十四诊：2017年5月9日。血压140/72mmHg，心悸下肢浮肿均有好转，瞬间头晕，舌红苔薄，脉细，治拟原法，2017年4月11日去平地木、红枣、银花，加葛根15g，川芎6g，绞股蓝15g。28剂。

十五诊：2017年7月4日。血压168/60mmHg，症情稳定，2017年7月

1 日复查胸部 CT 与前相仿，纳少，咽痛，大便次频，量不多，舌红偏绛，苔少脉细，治拟原法，2017 年 5 月 9 日方去川芎、炙桂枝，加元参 12g，无花果 15g，佛手 9g。28 剂。

十六诊：2017 年 8 月 29 日。近因中暑，头晕不适，心悸怔忡，心动过缓，舌红苔薄，脉细缓，治拟原法。

处方：生黄芪 25g，太子参 30g，麦冬 12g，五味子 5g，生地 15g，百合 15g，丹参 15g，生米仁 30g，红景天 12g，铁皮石斛（先煎）12g，川芎 6g，葛根 15g，茯苓 15g，炒白术 15g，炒二芽各 12g，天麻（先）9g。28 剂。

十七诊：2017 年 9 月 26 日。血压 164/60mmHg，心悸怔忡，心动过缓，清晨感心悸不适，胸部 CT 提示病灶较前缩小，曾有泛恶，便秘，目前大便细软不畅，舌红绛少苔，脉弦细，治拟原法。

处方：生黄芪 30g，太子参 30g，麦冬 15g，五味子 5g，生地 15g，百合 15g，丹参 15g，生米仁 30g，红景天 12g，铁皮石斛 12g，川芎 10g，葛根 15g，天麻（先）9g，炒二芽各 12g，制玉竹 15g，茯苓 15g，炒白术 15g。28 剂。

按： 该病人为一老年女性肺癌病人，既往有高血压、心房颤动、期前收缩、心力衰竭病史，有时会出现血压升高、头晕、心悸、面浮肢肿等症。病人基础疾病较多，症状多变，程师在整个治疗过程中充分运用了辨病与辨证、治标与治本相结合的方法，按病情轻重缓急，急则治其标，缓则治其本，病人头晕时，采用平肝潜阳之法，心悸、肢肿显著时，采用温阳利水、宁心定悸之法；当这些兼证平稳时，针对肺癌治以育阴清肺。养肺阴主要运用沙参、麦冬、铁皮石斛等；清肺热主要运用鱼腥草、三叶青、绞股蓝、藤梨根等；其中，铁皮石斛、三叶青、绞股蓝、藤梨根等现代研究证实有抗肿瘤作用。高血压责之于肝肾阴虚、肝阳上亢，运用天麻、六味地黄丸加减育阴潜阳；浮肿、心悸责之于心气亏虚，气化无力，水饮凌心，运用黄芪生脉饮、防己黄芪汤加减以温阳利水、宁心定悸。病人在程师处就诊期间，肺癌情况基本稳定，多次复查肺部 CT 未见病灶增大，2017 年 9 月胸部 CT 复查病灶较前缩小，此后一直在程师处服药，同时调理心血管系统方面疾病。

病案举例 5：育阴清热润燥法治疗鼻咽癌术后一例

洪某，女，50 岁。初诊：2012 年 12 月 1 日。主诉：鼻咽癌术后，口鼻咽干燥，舌红苔薄，脉细弦。辨证：阴虚内热。治法：育阴清热润燥。

处方：生地 15g，元参 12g，麦冬 15g，炒枳壳 12g，鱼腥草 30g，银花 15g，白茅根 30g，南沙参 15g，冬瓜子 30g，蒲公英 20g，绞股蓝 15g，天花粉30g，三叶青12g，玉竹15g，藤梨根30g，赤芍12g，丹皮10g，生甘草5g。7剂。

二诊：2012年12月15日。颈项不适，手麻，手足心发痒，舌红苔薄，脉细弦，治拟养血祛风。2012年12月1日方去白茅根、天花粉、鱼腥草、蒲公英、南沙参、银花，加当归10g，鸡血藤15g，秦艽12g，桑白皮15g，制延胡索15g，生米仁30g，粉葛根15g。7剂。

三诊：2013年1月20日。鼻咽干燥，便秘，舌红苔薄，脉细滑，治拟原法，2012年12月1日方加黄芩12g。7剂。

四诊：2013年2月15日。鼻咽干燥，有时鼻血，舌尖痛，大便不畅，舌红苔薄，脉细滑，治拟原法。

处方：生地15g，元参12g，麦冬15g，炒枳壳12g，鱼腥草30g，银花15g，白茅根30g，知母9g，淡竹叶12g，三叶青12g，玉竹15g，藤梨根30g，赤芍12g，丹皮10g，冬瓜子30g，蚤休9g。7剂。

五诊：2013年4月5日。近因疲劳过度，乏力，口干，舌红苔薄，脉细，治拟益气养阴清热，2013年2月15日方去淡竹叶，加北沙参15g，绞股蓝15g。7剂。

六诊：2013年6月16日。皮肤瘙痒，舌红苔薄，脉细弦滑，治拟凉血祛风。

处方：生地15g，赤芍12g，丹皮10g，银花15g，蚤休12g，三叶青12g，玉竹15g，藤梨根30g，鱼腥草30g，地肤子（包）30g，白鲜皮12g，元参15g，生米仁30g。7剂。

七诊：2013年7月7日。瘙痒好转，舌红，苔薄脉细弦，治拟原法，2013年6月16日方加鲜芦根30g。7剂。

八诊：2013年10月2日。鼻干，口干，大便干结，舌红苔薄，脉细弦，治拟育阴清热润燥。

处方：生地15g，赤芍12g，百合15g，石斛15g，天花粉30g，银花15g，三叶青10g，玉竹15g，元参12g，麦冬15g，藤梨根30g，鱼腥草30g，炒枳壳12g。7剂。

九诊：2013年10月20日。鼻干，口干，大便干结，舌红苔薄，脉细弦，治拟原法，2013年10月2日方加瓜蒌仁15g，珠儿参12g，蒲公英15g，南沙参15g。7剂。

十诊：2013年11月10日。药后大便通畅，面色萎黄，舌嫩红，苔薄脉细弦，治拟原法，2013年10月20日方去瓜蒌仁、珠儿参，加太子参15g，

当归 10g。7剂。

按：病人鼻咽癌术后，出现口鼻咽干燥，严重者鼻衄。肺为娇脏，开窍于鼻，性喜清润，肺阴不足，虚热内生灼肺，以致肺热叶焦，口鼻咽喉失润，故见口鼻咽干燥；严重时，虚火灼伤肺络，络伤血溢而见鼻衄。故治以养阴清热润燥之法，衄血时在此基础上加用凉血止血之品，这也符合程师治肿瘤"虚实并重"大法。养阴润肺选用元参、麦冬、南沙参、天花粉、冬瓜子、玉竹、百合、石斛等；清热解毒选用银花、鱼腥草、三叶青、藤梨根、生甘草等；鼻衄时选用白茅根、丹皮、赤芍、生地等凉血止血；病人每每干燥诸证发作，上方加减常能奏效。其中，藤梨根、三叶青不仅具有清热解毒作用，现代药理研究发现，两者均具有抗肿瘤作用。另外由于肺与大肠相表里，肺阴亏虚，常常引起大肠失润，传导失司，病人时常出现便秘、大便干结，酌情予以炒枳壳、蒲公英、瓜蒌仁等行气润肠通便，兼清肺热，病人症情稳定。

病案举例 6：疏肝清热育法阴联合情志疏导治疗甲状腺癌术后一例

金某，女，43岁。初诊：2013年10月2日。主诉：甲状腺癌术后5年余，既往慢性胃炎病史。刻诊：鼻干，口干，大便干结，舌红苔薄，脉细弦。辨证：肝郁化火伤津。治法：疏肝清热育阴。

处方：生地 15g，赤芍 12g，百合 15g，石斛 15g，天花粉 30g，银花 15g，三叶青 10g，玉竹 15g，元参 12g，麦冬 15g，藤梨根 30g，鱼腥草 30g，枳壳 12g。7剂。

二诊：2013年10月20日。鼻干口干便干，舌红苔薄，脉细弦，治拟原法，2013年10月2日方加麦冬 15g，瓜蒌仁 15g，珠儿参 12g，蒲公英 15g，南沙参 15g。7剂。

三诊：2013年11月10日。药后大便通畅，面色萎黄，舌嫩红，苔薄，脉细弦，治拟原法，2013年10月20日方去瓜蒌仁、珠儿参，加太子参 15g，当归 10g。7剂。

四诊：2015年5月1日。胃脘烧灼疼痛，嗳酸，幽门螺杆菌阴性，舌红苔薄，脉细滑，治拟疏肝和胃清热。

处方：川连 3g，炒黄芩 12g，法半夏 9g，生姜 5g，红枣 15g，生甘草 5g，佛手 9g，川朴 9g，麦冬 12g，枳壳 12g，柴胡 10g，赤芍 12g，蒲公英 15g。14剂。

五诊：2015年5月17日。药后胃脘烧灼疼痛、嗳酸显减，舌红苔薄脉细，治拟原法，2015年5月1日方加绿梅花 5g，7剂。

六诊：2015年8月2日。胃脘胀满，嗳气，舌红，苔白腻，脉细弦，治拟疏肝和胃。

处方：川连3g，炒黄芩12g，法半夏9g，生姜5g，红枣15g，川朴9g，苏梗9g，柴胡10g，赤芍12g，郁金12g，枳壳12g，木香9g，蒲公英15g，陈皮9g，炒二芽各12g，生山楂15g。7剂。

七诊：2015年8月13日。甲状腺癌术后5年余，药物性肝损，出院后，铁蛋白140U/L，肿瘤指标正常，舌红，苔薄腻，脉细弦，治拟疏肝清热解毒。

处方：苍术15g，川朴9g，陈皮9g，郁金12g，茵陈24g，垂盆草30g，水飞蓟15g，生米仁30g，法半夏9g，虎杖15g，蒲公英15g，丹参15g，苏梗9g，藿香10g，生甘草5g。7剂。

八诊：2015年9月1日。甲状腺癌术后5年余，谷丙、谷草转氨酶升高，分别为177U/L、144U/L，碱性磷酸酶124U/L，谷氨酰转肽酶90U/L，慢性萎缩性胃炎，无明显不适，性情抑郁不适，少寐，右胁不适，舌红苔薄黄，脉细弦，治拟疏肝清热。

处方：郁金12g，柴胡10g，赤芍12g，枳壳12g，垂盆草30g，水飞蓟15g，虎杖15g，蒲公英15g，生米仁30g，茯苓15g。7剂。

九诊：2015年10月2日，药后面部浮肿消退，谷丙转氨酶114U/L，谷草转氨酶158U/L，碱性磷酸酶149U/L，少寐，右胁隐痛，舌红苔薄黄，脉细弦，治拟原法，2015年9月1日方去虎杖、蒲公英，加平地木15g，茵陈24g。7剂。

十诊：2015年10月23日，谷丙转氨酶62U/L，谷草转氨酶120U/L，碱性磷酸酶131U/L，谷氨酰转肽酶79U/L，药后夜寐好转，舌红苔薄，脉细弦，治拟原法。

处方：郁金12g，垂盆草30g，水飞蓟15g，平地木25g，茵陈24g，生米仁30g，茯苓15g，丹参15g，金钱草20g，制延胡索15g，柴胡10g，赤芍12g，枳壳12g。7剂。

按：宋代《太平圣惠方》和《济生方·瘿瘤论治》谓瘿瘤病因是："忧恚气结""喜怒不节、忧思过度"或"饮沙水"。甲状腺为肝经所络，"怒伤肝"，肝气郁结，阻碍血运，痰瘀交阻，结于颈前而成瘿。本病发病与情志关系密切。

该病人甲状腺癌术后，出现口干、鼻干、大便干结，舌红苔薄，脉细弦。系肝郁化火，木火刑金，导致肺阴亏虚，口鼻咽喉失润所致。肺与大肠相表里，肺阴亏虚，常常引起大肠失润，传导失司，病人时常出现便秘、大便干结。故治以养阴降火润燥之法，这也符合程师治肿瘤"虚实并重"大法，但是不

同阶段，虚实侧重点不同。肿瘤病人体质本虚，手术更加重病人正气虚损，该病人在养阴润燥的基础上，运用清肝解毒降火之品，标本兼顾，治疗得当。养阴润燥选用元参、沙参、麦冬、天花粉、玉竹、百合、石斛等；清热解毒选用银花、鱼腥草、三叶青、藤梨根等。肿瘤病人在疾病过程中常常出现药物性肝损，该病人也不例外，病人肝酶升高，治疗上清肝解毒，病人肝功能逐渐正常。

程师在治疗本病的整个过程中，一方面运用中药进行调理；另一方面注重情志的疏导和情志的调节，切中病机，效如桴鼓。目前该病人停药两年余，症情稳定，肝功能正常，生活工作如常人，生活质量高，精神生活丰富。

第五章

学术成就

第一节　继承中谋发展——临床研究成就

　　程师在临床工作的基础上，不断进行学术方面的研究，研究主要涉及高血压病、病毒性心肌炎、冠心病等几大系列，每个系列的研究都是不断深入，层层递进，既源于临床，又对临床具有积极的指导意义。此外，程师还运用比较医学的方法建立了心气虚证动物模型，为中医药防治心血管疾病提供了可靠的实验研究技术平台。

　　关于程师学术研究方面的具体内容，本节按上述几大系列详细分述如下。

一、高血压方面的相关研究

　　高血压方面的研究从"高血压影响因素与中医证型相关性流行病学研究"入手，逐渐深入到"高血压肥胖流行病学调查研究""高血压肥胖的动物实验研究及临床研究""Ⅰ＋Ⅱ疗法的减肥降压机制"，进而扩展到"高血压合并失眠的中医治疗"。

（一）流行病学调查方面研究

1. 浙江省高血压影响因素与中医证型相关性流行病学研究

　　目的：①了解浙江省高血压的影响因素与高血压中医证型的分布情况；②进行高血压的影响因素与中医证型的相关性分析，为中医药有效防治高血压提供临床依据。③探讨高血压血压水平、靶器官损害和并存临床情况与中

医证型的关系。④观察同一证型病人服用不同类降压西药疗效（血压控制情况）的关系，为中医药防治高血压及中西医结合合理选用降压西药提供一定依据。⑤了解并分析中老年高血人群的中医体质类型与非高血压人群的差异。

结论：①浙江省中老年高血压人群中医证型分布情况：浙江省中老年高血压人群在中医证型分布上以阴虚阳亢型所占的比例最大，其次为痰湿壅盛型、阴阳两虚型，肝火亢盛型最少。②高血压影响因素与中医证型相关性：在高血压影响因素中，性别、年龄、体重指数、饮酒、吸烟与中医证型有相关性。此外，在杭州市、温州市的调查中，职业、饮食习惯与中医证型有相关性；在绍兴市的调查中，文化程度、家族史与中医证型有相关性。③治疗方面，老年高血压阴虚阳亢证服用血管紧张素转化酶抑制剂效果最好，其次是钙拮抗剂，痰湿壅盛证服用利尿剂效果最佳。④血压分级、脉压、靶器官损害及并存临床情况反映出四种中医证型之间高血压危重程度逐步提高的趋势，其中阴阳两虚证危重程度较高，预后相对较差。⑤与非高血压人群比较，高血压人群的体质类型特点是阳盛质、痰湿质和阴阳两虚质。本调查显示，在高血压影响因素中，与高血压证型相关的性别、年龄、体重指数、饮酒、吸烟等因素与体质类型之间也存在显著相关性。高血压病程、血压控制情况、高血压伴相关疾病与体质类型之间也存在显著相关性。因此在辨证治疗高血压时，结合病人的体质特点，辨证与辨质相结合，真正做到因人制宜，具有现实意义。中医摄生作为高血压的干预手段对中医证型有明显的影响作用。而体育锻炼作为措施，对体质的改善有明显的影响。⑥中医摄生作为高血压的干预手段对中医证型有明显的影响作用。

本次高血压影响因素和中医证型的相关性研究发现，目前采取中医中药等手段防治高血压方面，还需要做大量工作。首先，应加强中西医结合防治高血压病的健康教育，提高疾病知晓率和防治依从性；其次，应充分发挥中医养生学上的优势，合理膳食、戒烟限酒、平衡心理、科学运动，降低高血压患病率；第三，应重视高血压的社区干预，并在其中充分发挥中医药"简、便、廉、效"的优点；再者，要进一步加强中医药循证医学研究，规范防治方案，提高防治效果。

本研究获2005年浙江省卫生厅颁发的"浙江省中医药科学技术创新奖一等奖"及2005年浙江省人民政府颁发的"浙江省政府科学技术奖二等奖"。

2. 高血压肥胖流行病学调查研究

目的：了解浙江省中老年高血压肥胖人群的患病情况；分析高血压肥胖影响因素与中医证型的相关性；为中医药防治高血压肥胖提供依据。

结论：①浙江省高血压肥胖在高血压人群中所占的比例较高，局部接近国外水平；性别之间构成比基本一致；地域上呈北高南低趋势；不合理饮食习惯和缺乏体力活动在浙江省高血压肥胖人群中普遍存在。在高血压病人中超重及中心性肥胖者多。②证型以痰湿壅盛型为主者多见，基本符合中医之"肥人多痰湿"。③在高血压肥胖影响因素中，年龄、文化程度、食盐与高血压分级有显著相关性；性别、文化程度、服药、饮食与高血压肥胖病人体质分级有明显相关性，服药、饮食体力活动与高血压肥胖病人肥胖类型有相关性。

（二）高血压肥胖相关方面研究

1. 高血压肥胖及"Ⅰ+Ⅱ"疗法减肥降压作用动物实验方面研究

目的：通过动物研究检验"Ⅰ+Ⅱ"疗法对高血压肥胖的减肥降压疗效及可能的作用机制，以及对肥胖抵抗现象进行探讨。

结论："Ⅰ+Ⅱ"疗法具有良好的减肥降压作用，优于其他对比组，其作用机制，可能与降低脂肪组织中的瘦素基因及瘦素蛋白表达，提高脂联素基因和脂联素蛋白表达，改善内皮功能，抑制内皮素分泌和释放，从而提高胰岛素敏感性和瘦素抵抗，调节紊乱的生化指标等有关。

2. 高血压肥胖及"Ⅰ+Ⅱ"疗法减肥降压作用临床方面研究

目的：通过临床研究检验"Ⅰ+Ⅱ"疗法对高血压肥胖的减肥降压疗效及可能的作用机制，以及对肥胖抵抗现象进行探讨。

结论："Ⅰ+Ⅱ"疗法具有良好的减肥降压作用，优于其他组，并可提高病人生活质量。其作用机制，可能与降低脂肪组织中的瘦素基因及瘦素蛋白表达，提高脂联素基因和脂联素蛋白表达，从而提高胰岛素敏感性和瘦素抵抗，调节紊乱的生化指标等有关。

由此看出，"Ⅰ+Ⅱ"疗法的疗效性比基础治疗（包括适度运动、合理膳食及对症处理）、中药治疗和针灸治疗更为明显。基础治疗是减肥降压的基石，必须长期坚持不懈；无论是加用中药治疗还是针灸治疗，减肥降压作用都强于基础疗法，两者各有所长；三者具有协同作用，综合应用疗效最佳。胰岛素敏感性降低和瘦素抵抗是高血压肥胖发病的重要途径。"Ⅰ+Ⅱ"疗法的主要作用是改善高血压肥胖状态下的高胰岛素血症和瘦素抵抗，由此进

一步改善血脂血糖代谢紊乱等病理变化。应用中西医结合的"Ⅰ＋Ⅱ"疗法，可明显改善病人的生理、躯体症状和精神心理状况，提高病人的工作和生活能力，对总的生活质量的改善具有明显意义。

"Ⅰ＋Ⅱ"疗法治疗高血压肥胖的减肥降压作用研究获浙江省人民政府颁发的 2007 年"浙江省科学技术奖二等奖"，同时获浙江省卫生厅颁发的 2007 年"浙江省中医药科技创新奖二等奖"。

（三）交通心肾法干预高血压合并失眠的心血管保护作用研究

目的：建立高血压合并失眠大鼠模型，评价交通心肾方药对模型的心血管保护作用，论证交通心肾法治疗高血压合并失眠的合理性。

结论：应用自发性高血压大鼠（SHR）腹腔注射对氯苯丙氨酸方法，可成功建立高血压合并失眠的动物模型。交通心肾法治疗高血压合并失眠是符合其病机的有效方法，体现该疗法的方剂加味交泰汤可以改善模型整体状况，具有安眠、辅助降压作用，同时具有一定的血管内皮保护和抗心肌纤维化作用。交通心肾法治疗高血压合并失眠有利于改善临床症状并可能发挥较好的心血管保护作用。

二、病毒性心肌炎方面

病毒性心肌炎的研究主要针对心肌炎各期的不同病机特点，提出相应的辨病辨证思路与清心饮系列经验方药，长期临床观察疗效明确。同时通过十余年来的实验研究，初步揭示了清心饮治疗病毒性心肌炎的作用机制。有关病毒性心肌炎的后续研究，2018 年由程师的传承人刘强博士获得了国家自然基金的资助。

（一）病毒性心肌炎不同分期细胞免疫功能紊乱及清心饮对其干预作用的研究

目的：初步探讨病毒性心肌炎急性期、恢复期、慢性期 Th 细胞分化和凋亡的部分调控机制，并观察清心饮对这一环节的干预作用。

结论：①病毒性心肌炎急性期、恢复期，Th1/Th2 均上升，γ- 干扰素（IFN-γ）水平均升高，白细胞介素（IL）-4、IL-10 水平均降低。提示病毒性心肌炎急性期、恢复期，Th 细胞亚群之间的平衡关系被打乱，Th1 应答增强，Th2 应答被抑制。②病毒性心肌炎急性期、恢复期，Th 细胞凋亡率增加，caspase-3、caspase-9 和 NF-κβ 的表达上升，提示病毒性心肌炎急性期、恢复期存在脾脏 Th 过度凋亡现象。③清心饮能通过平衡 Th1 应答、Th2 应答，降低 IFN-γ 水平，提升 IL-4、IL-10 水平，减少 Th 细胞的过度凋亡发挥其对病毒性心肌炎的积极干预作用。④病毒性心肌炎慢性期的免疫应答以 Th2 细胞应答为主；清心饮干预后 Th2 细胞应答受到抑制，Th1/Th2 比例趋于平衡，而且病毒性心肌炎慢性期小鼠存在 Th 细胞过度凋亡现象。⑤清心饮干预后 Th 细胞过度凋亡现象受到抑制，这一作用途径可能是清心饮抑制了 caspase-3、NF-κB 在 Th 细胞上的表达（浙江省自然科学基金项目 M303693）。

本研究获浙江省科学技术成果奖。

（二）病毒性心肌炎心肌纤维化和不同分期细胞免疫功能紊乱的部分发病机制及清心饮的干预作用研究

目的：进一步研究细胞因子及凋亡在慢性病毒性心肌炎心肌纤维化的形成机制及清心饮抗心肌纤维化的机制。

结论：① BALB/c 小鼠经 CVB3 反复增量腹腔注射造模，可成功复制慢性心肌炎心肌纤维化模型。②本实验进一步证实病毒持续感染状态是形成慢性心肌炎心肌纤维化的主要原因。③转化生长因子（TGF）-β1、基质金属蛋白酶（MMP）9、整合素 β1、纤连蛋白（FN）表达增强在心肌纤维化形成过程中具有重要作用，金属蛋白酶组织抑制物（IMP）1 作用不明显。④凋亡是慢性病毒性心肌炎心肌纤维化形成过程中的一个原因，血管紧张素 Ⅱ（Ang Ⅱ）、c-myc 蛋白可能起主要调控作用。⑤清心饮通过抑制 TGF-β1 的合成、调节基质金属蛋白酶（MMP）9 含量、抑制整合素 β1、FN 的合成，调节 Ang Ⅱ、c-myc 蛋白以抗心肌纤维化。⑥ TGF-β1-MAPK/ERK 通路激活是病毒性心肌炎慢性病毒持续感染机制之一。⑦清心饮可通过阻断 MAPK/ERK 通路来抑制病毒性心肌炎慢性期病毒持续感染，并抑制心肌纤维化。阻断 TGF-β-Smad 传导通路可能是清心饮减少心肌组织 Ⅰ、Ⅱ 型胶原表达以防治慢性病毒性心肌炎心肌纤维化机制之一（浙江省自然科学基金项目 Y207808）。

本研究获浙江省科学技术成果奖。

以上病毒性心肌炎两大项目的完成对于进一步查明病毒性心肌炎的发病机制，寻求关键的治疗干预靶点，阻逆疾病慢性化及向 DCM 发展，改善病

人预后，具有重要的现实意义和临床价值。

"清心饮治疗病毒性心肌炎作用机理的实验研究" 1999 年获浙江省人民政府颁发的"浙江省科学技术奖三等奖"，获浙江省科学技术成果奖、省教育厅科技进步奖一等奖；"清心饮拆方对病毒性心肌炎的作用机理研究"获2001 年度浙江省高校科研成果二等奖，"清心饮抗心肌纤维化的作用机理研究" 2014 年获得省政府科技进步奖三等奖。

（三）人参皂苷对病毒性心肌炎小鼠穿孔素表达的影响

目的：本实验通过研究人参皂苷对急性病毒性心肌炎小鼠心肌浸润细胞穿孔素表达的干预作用，探讨人参皂苷治疗急性病毒性心肌炎的最佳剂量，为清心饮的新药开发提供质控技术支持。

结论：①中、低剂量人参皂苷可抑制穿孔素的表达，高剂量人参皂苷干预穿孔素表达的作用与模型组比较无显著性差异；②中、低剂量人参皂苷对急性 VMC 的作用疗效较好，其治疗作用可能与抑制穿孔素表达有关；③用人参或人参皂苷治疗急性病毒性心肌炎时，宜采用中小剂量或配伍其他中药。

本研究获 2003 年浙江省卫生厅颁发的"浙江省中医药科学技术创新奖三等奖"及 2003 年浙江省人民政府颁发的"浙江省科学技术奖三等奖"。

以上程师对病毒性心肌炎的研究是逐渐深入的，对清心饮组成成分也进行了进一步的研究，"一种治疗病毒性心肌炎的中药及其制剂工艺"获国家专利，专利号：ZL01103287.1。

三、冠心病方面

冠心病方面的研究主要为冠状动脉内支架植入术后再狭窄的研究，通过长期临床研究，程师提出"从气化立论，审查病机；从痰瘀论治，辨证求本；从虚实着眼，标本同治；从心理疏导，调达气机；动态辨证，贯穿始终"的治疗策略。充分发扬了中医诊治冠心病的治疗特点与优势，不少病人因此免除了再次手术的风险。

（一）冠状动脉内支架植入术后再狭窄的治疗

目的：总结程师治疗冠状动脉内支架植入术后再狭窄的学术经验。

结论：通过中医理论阐述和临床案例分析，总结了程师治疗冠心病主要把握以下几个方面。

1. 从气化立论，审察病机

程师认为冠心病多为本虚标实之候，本虚多为心、脾、肝、肾亏虚，标实多为痰瘀、寒凝、气滞。其发病与气化失司有关，如饮食不节，过食肥甘，损伤脾胃，气机升降失司，可致津聚成痰，血滞成瘀，痰瘀互结，壅阻心脉而发病；或因肾气虚衰，肾阳不足，心阳失于温煦，运血无力，可致心血瘀阻；或命门火衰，火不生土，脾失升清，湿聚成痰，痹阻心阳，出现胸闷痞塞，甚则痰瘀互结、寒凝气滞，使疼痛加剧；或肾阴不足，不能济心火，以致心火独亢，煎熬津液成痰，痰浊阻滞，瘀滞心脉。经冠状动脉内支架植入术治疗后，虽然能使局部血脉瘀消络通，临床症状得以缓解，但是由于脏腑虚损的本质并未因此而得到根本解决，痰瘀等病理产物难免会随着脏腑气化功能的逐渐衰退而不断产生，加上手术中血脉受到的机械损伤，导致冠状动脉内支架植入术后再狭窄的发生率甚高。

2. 从虚实着眼，标本同治

冠心病冠状动脉内支架植入术后病人多有痰瘀，而痰瘀乃津不归化的病理产物，究其成因多为脏腑功能失调，肾之气化失司，心之离照不力，以致胸阳不振，痰浊内生，痰瘀痹阻心脉而致。正虚痰瘀，互为因果，虚实夹杂。故常以益心肾之气治其本，涤痰化瘀治其标，标本同治。

3. 从心理疏导，条达气机

心主神志，主宰人的精神活动；肝主疏泄，调节人的情志活动，疏泄功能正常，则肝气条达，血气和顺，心情舒畅，若情志抑郁不遂，则肝失疏泄，气滞而血瘀，气滞生痰，致使心神不宁，胸闷心痛。程师认为支架术后，病人有不同程度的精神及经济负担，久则影响肝之疏泄功能，正所谓因病致郁，气滞血瘀生痰，促进冠状动脉再狭窄的发生与发展。因此肝失疏泄在冠状动脉内支架植入术后再狭窄的发病中起着很重要的作用。

（二）冠状动脉狭窄的临床观察及经验探讨

目的：①观察中药联合常规西药辨证治疗冠状动脉狭窄的临床疗效及药物安全性；②通过比较治疗前后血脂、心电图、冠脉狭窄程度、生活质量及中医症状的变化探讨程志清教授辨证治疗冠状动脉狭窄的诊治经验。

结论：①本研究初步证明程志清教授辨证治疗冠状动脉狭窄在改善症

状、心电图、血脂、冠状动脉狭窄程度、生活质量及减少临床终点事件发生率等各方面与对照组比较均有明显的临床疗效，且用药过程中未出现药物不良反应，安全性是可靠的。②根据本研究的试验结果肯定程志清教授治疗冠状动脉狭窄的有效性，进一步探讨本病发生的根本原因是"本虚"，其主要致病因素是"痰瘀"，其病机是"本虚标实"，因此程师主张采用动态辨证论治的方法，根据病情的虚实缓急灵活应用"通""补"治则，除此之外不忘诸多危险因素的治疗。以求达到未病先防、既病防变、愈后防复的目的。

（三）中医药与心理疏导对冠心病合并焦虑症和（或）抑郁症病人疗效的临床研究

目的：观察中医药与心理疏导对冠心病合并焦虑症和（或）抑郁症病人心绞痛的疗效。

结果：①心绞痛症状疗效：治疗前后组内比较，有统计学意义（$P < 0.05$）；组间比较，治疗后在主要症状胸痛及总分上 A、B 两组明显优于 C 组，有统计学意义（$P < 0.05$）。兼次症状改善不显著（$P > 0.05$）。②西雅图心绞痛量表（SAQ）评分疗效：A、B 两组五个维度均有明显改善，有统计学意义（$P < 0.05$）；在躯体活动受限程度、心绞痛稳定状态两个维度方面，C 组改变不大，无统计学意义（$P < 0.05$）。组间比较，有统计学意义（$P < 0.05$）。

结论：①中医药与心理疏导疗法可以提高冠心病合并焦虑症和（或）抑郁症病人的生活质量。改善心绞痛症状及西雅图心绞痛量表、HAMA、HAMD 评分；②本研究初步证实了心理疏导疗法在冠心病合并情志病的治疗作用。

（四）程志清教授治疗心律失常的经验总结及 81 例临床病例观察

目的：通过对 81 例室性期前收缩病人的临床观察，验证其疗效的有效性和安全性，并评价其对病人生活质量的影响。并从理论总结程志清教授治疗心律失常的学术经验。

结论：程志清教授治疗心律失常的经验，基本体现了其衷中参西的诊治特色。程师认为心律失常病因病机多以气血阴阳不足为本，情志、血瘀、痰饮及邪毒外侵等为标，本虚标实，虚实夹杂；其病位在心，其他脏腑病变也可直接或间接影响而发病。治疗上采用中医辨证与西医辨病相结合、无证可辨时采用辨质论治，同时重视中药药理的研究成果充实传统的经验用药，可以提高疗效，并提倡改善生活方式、适时调节情志、冬令进补膏方等养生方法可以巩固疗效。同时，通过对81例室性期前收缩病人的临床观察，证明综合治疗在动态心电图、中医证候、生活质量的改善方面均优于对照组，并具有较好的安全性。

四、亚健康失眠状态中医证候分布规律及中医药干预方法研究

目的：①了解并分析杭州地区亚健康失眠状态中医证候的分布规律及其与影响因素相关性，探讨杭州地区亚健康失眠状态人群各中医证候的影响因素；②评价中医药辨证论治及中医特色睡眠宣教等心理干预对亚健康失眠状态的治疗作用，探讨亚健康失眠状态中医干预的优化方案。

结论：①杭州地区亚健康失眠状态中医证候分布规律主要有阴虚火旺型、心脾两虚型、肝郁化火型、痰热内扰型、心胆气虚型5型，其中主要以阴虚火旺型和心脾两虚型为主。②对亚洲地区亚健康失眠状态中医证候分布状况有明显影响的因素为性别、年龄、婚姻状况、职业类型、匹兹堡睡眠质量指数、工作压力、经济条件、人际关系、家庭摩擦、吸烟饮酒。文化程度、生活环境的影响不明显。③中医特色卫生睡眠宣教和中医药辨证论治能够改善亚健康失眠人群匹兹堡睡眠质量指数，改善不寐中医证候，提高WHOQOL生活质量及CGI疗效，其疗效优于单纯中医药辨证论治。④中医药辨证论治干预亚健康失眠状态，在改善亚健康失眠人群匹兹堡睡眠质量指数各维度及总分、不寐中医证候评分、WHOQOL生活质量四个领域及自我打分方面优于乌灵胶囊组和安慰剂组。⑤乌灵胶囊经过中医辨证论治后分析认为，其对亚健康失眠状态阴虚火旺型疗效好于心脾两虚型，因此临床选用也应注意中医辨证。⑥中医药辨证论治及中医特色睡眠卫生宣教心理干预是亚健康失眠状态一种较佳的方案。

五、用比较医学的方法建立心气虚证动物模型

目的：运用比较医学的方法筛选出合适的造模方法及品质，并提出心气虚证动物模型的评价标准。

结果：表明实验动物各项指标符合临床心气虚证的变化，其中以心功能

减退、cAMP、超氧化物歧化酶降低与反应免疫功能降低的细胞因子变化最明显。电镜结果显示心肌细胞超微结构有不同程度的损伤。

结论：两种造模方法都能够在多品系动物上复制出符合中医理论的心气虚证模型，以游泳法较易推广，以 SD 大鼠、Wistar 大鼠较为合适。为中医药防治心血管疾病提供可靠的实验研究技术平台。

该研究获 2004 年浙江省卫生厅颁发的"浙江省中医药科学技术创新奖二等奖"。

第二节　常规中求创新——教学研究成就

程师自 1972 年大学毕业分配至徽州地区卫生学校中医教研室，讲授中医基础理论、中医内科等课程；1979 年调入浙江中医学院（现为浙江中医药大学）后，一直工作在课堂教学与临床教学第一线，先后讲授中医基础理论、中医诊断、内经、中医内科学、中医临床科研设计等课程，同时还在临床上带教硕士、博士研究生、学术继承人、传统医学师承与跟师学生等，积累了十分丰富的教学经验。多年来，程师在日常课堂教学、临床教学中形成的"举重若轻，深入浅出"的独特教学风格，深受学生欢迎，成为学校最受欢迎的老师之一，更重要的是，程师能在教学实践中积极探索，不断创新教学理念，开发设计新课程，积极编著或参与编写教材、教辅材料，改进新的教学方法，取得不俗的成果。

一、创新教学理念，施行靶向教育

程师在多年丰富的教学经验的基础上提出：高等教育应有自身的有别于各级基础教育的教学理念，应根据高等教育对象的特殊性，施行"靶向教育"（或称"精准教育"，即应有意识地强化教育内容的针对性，针对各不同教育对象进行精准的、有的放矢的教育）。程师在这一指导原则之下，总结并提出自己的"四因"教育理念。即"因材施教""因病施教""因人施治""因症挈领"。

第一，"因材施教"理念。程师认为，作为高等教育教学中对"因材施教"的理解上，应当有别于基础教育。导师所带的硕士生、博士生、学术继承人，都是在专业已具备相当基础的教育对象，"因材施教"原则在高等教育中，应当赋予其不同的内涵特征。为此，程师提出"放中学、学中管、管中调、调中进"的方法（程师自己笑称为"四中"法），实现因材施教原则在高等教育中的落实。

所谓"放中学"，是谓针对有相当理论基础或业务能力、学术能力的博士生、硕士生，导师首先要学会"放"，即放开学生的思维，放开学生的手脚，给学生一个方向后让学生放手自我学习。当学生在学习中碰到问题、困难时，导师即该抓住有效时机，进行全面透彻的"传道授业解惑"；所谓"学中管"，是谓导师应当全面监控学生的学习过程，全面了解和掌握学生的学习动态，全面掌控学生的学习方法、实践能力、行为习惯、优势劣势，并采取相应的措施加以引导；所谓"管中调"，就是在监控学生学习过程中，导师及时帮助学生纠偏改错，保证学生学习方向、研究方向、实验方向不跑偏，同时传授并培育学生发现问题、解决问题的能力；所谓"调中进"，就是在导师不断帮助纠偏改错中，保证学生不走弯路，早出成绩，同时让学生看到自己的进步和成果，从而激发兴趣，树立信心。

第二，"因病施教"理念。在以学生为教育对象进行因材施教时，程师还针对学生的学习对象——各种疾病的认识和治疗，提出"因病施教"的教育教学方法。程师认为，医学本质上是一门实践性学科，医学理论的学习和掌握，均以解决临床实践中的疾病为最终目的。不同疾病的治疗其有不同的方法，具体到某一种疾病，却有内在规律可寻，因此，在教学和临床实践中，对每一种疾病的认识和治疗，采取有针对性地指导学生掌握具体的学习方法和临床处理规则，此即程师所谓的"因病施教"。程师同时认为，因病施教，并不是将一种病孤立出来，而是将这种病作为一个切入口，并寻找内在规律，同时将揭示出的规律性认识与中医基本原理相联系，再寻找出中医解决这种疾病的最佳途径和方法。此谓"病中寻踪"。

第三，"因人施治"理念。程师认为，高等医学教育中，临床教学与课堂教学有着重大差别，除一般的教学规律外，其还需采用独特的方法和手段。因此，程师在多年的实践中，在总结自己经验的基础上，提出临床教学的"特别"理念，即"因人施治""因症挈领"。

程师认为，医治疾病，目标在人，人仍根本。病实为标，本仍在人。人之病，虽有千奇百怪之表证，然究其根，多者往往同源于一宗：或心志，或情趣，或行为习惯。现实中许多疾病，多与其是否寒温失宜、饮食不节、嗜烟好酒、性急多怒、思虑过度、四体不勤、熬夜不休等习惯有莫大的关系，而冠心病

则与情志因素如焦虑、抑郁等有极强相关性。因此，治病时眼里不能只见病，而应见"人"；应从"人"的情志、行为出发，结合病症，深入探寻病机原因。因此，程师提出"因人施治，由心治本"的理念。

第四，"因症挈领"理念。程师认为，《素问·六元正纪大论》与《灵枢·九针十二原》都提到"知其要者，一言而终，不知其要，流散无穷"。意思是，知道这些要妙所在，一句话就可说明白，否则就无法说了。程师认为，"知其要者，一言而终"是中医的核心思维，是中医临床指导性原则。程师认为，中医临床最为关键的是抓主症，即"牵牛要牵牛鼻子"，抓住了"要"，这样就可以将各次要问题都能迎刃而解。这是程师毕生从医从教的最深体悟，她一直以此为准则践行于实践，并有自己的理解和发挥。

"四因"教育理念，系程师毕生教育实践的经验总结，是程师教育教学思想的高度概括，也是程师教学成果中的精髓。

二、开发校本课程，促进学科发展

校本课程，即以学校为本位、由学校自己确定的课程，它与国家课程、地方课程相对应。它的开发主体是教师。教师在实践中，对自己所面对的情景进行分析，对学生的需要做出评估，确定目标，选择与组织内容，决定实施与评价的方式。其意义主要在于建立一种以学校教育的直接实施者（教师）和受教育者（学生）为本位、为主体的课程开发决策机制。

改革开放后，由于高校教育的特殊性，尤其在研究生教育中，随着学科的发展、拓展，国家课程或地方课程已逐步不能适应教育实践的需要，各高等院校即根据本校实际需要，纷纷探索校本课程，以弥补学科教育的缺陷。在这样的大背景下，程师抓住有利时机，开发出"中医科研设计与方法"这门校本课程。

2000年，因为学校研究生发展的需要，程师主管的科研处下属研究生科升格研究生处，程师被学校任命兼任研究生处处长。在研究生教学工作中，发现如何指导学生进行"中医药科研设计"方面的专门教材竟为空白。科研设计是临床医护人员、中医科研工作者和学生等不可缺少的知识和技能。程师认为，对学校主管"研究生处"的处长来说，这是一个其职责范围内需要着手解决的大问题，是一个挑战，但作为一名教授而言，这更是一种机遇。

程师于是将开发"中医科研设计与方法"这门校本课程的设想报经学校批准同意后，专程赴北京国家中医药管理局参加科研设计的培训班，南下广州中医药大学参加流行病学与循证医学培训学习。程师根据多年的教学经验和教育学理论基础，通过不懈努力，逐步设计和规划了这门校本课程的教育目标、教学内容、教学活动方式，同时制订了课程对应的教学计划、教学大纲、教学方式及工具、手段等诸多教学实施过程所需的细节模块。不到两年时间，课程开发基本成型，"中医科研设计与方法"这门校本课程顺利开设。

本课程重点讲授中医临床科研的基础理论和知识，培养学生中医临床科研的基本能力与创新意识、对科研成果及医学文献的分析评价能力及撰写中医科研论文的技能。为此，教学的重点突出为常用的中医临床科研设计方案、疾病病因学研究设计与评价、医学实验设计与统计分析、诊断试验的研究与评价、临床治疗性试验的设计与评价、疾病预后的研究与评价、循证医学、健康相关生活质量的测量与评价及临床流行病学研究的质量控制等。

学生通过本课程的学习完成科研与创新思维的训练，掌握中医临床医学科研的选题与立题，中医文献综述撰写的原则与方法，撰写科研设计报告的原则与方法，中医科研论文撰写的原则与方法和伦理学在医学研究中的应用等相关知识，为今后从事中医临床、科研工作奠定基础。

课程开发完成，程师亲自授课。课程一边在课堂实践，一边在调整完善。"中医科研设计与方法"课程经历多年的打磨，自 2000 年起列入学校研究生教学中的必修课程。同时，该课程也被列入当时浙江省执业医师规范化培训的一项内容，由学校成教学院负责实施，邀请程师主讲，连续主讲十年之久。在此期间程师还应邀参加了宁波中医药学会、宁波市中医院、绍兴市卫生局及安徽省等举办的各类培训班，主讲《中医科研设计与方法》。

能为学校成功开设课程，且成为学校研究生的必修课程，作为一名教师，对学校的贡献自不待言；对自己，也是一种莫大的荣誉。然程师面对成绩和荣誉，只淡淡地说："这只是机缘巧合，上苍眷顾我，给了我这么个机会。在当时那种环境下，我不做，别的老师同样也会去做，说不定做得比我还要更好。"

除了成功完成校本课程开发外，程师作为学校研究生处处长，还对研究生教育的教育管理、教学管理、学生管理等进行全面探索和研究，使学校研究生工作取得突破性进展。2001 年，学校被国务院授予"全国高等中

医药院校研究生教育管理工作先进单位"，当时获得这项殊荣的全国只有两个学校。

三、投身教学科研，探索教学模式

程师不仅在中医临床上的科研活动十分活跃，而且在教学上，也积极投身科研，并取得不俗的成绩。

1998 年，程师（第三完成人）参加并完成以肖鲁伟院长为主持人的"面向 21 世纪中医教学媒体及模式的研究"课题研究，并获奖多个奖项。

"面向 21 世纪中医教学媒体及模式的研究"系国家中医药管理局科技教育司的研究课题。经过 3 年的努力，按计划完成研究，并达到预期目标。2005 年通过国家中医药管理局评审验收。课题的主要内容为以中医基础课的诊断学、中医临床治疗学的骨伤学和中医针灸学的课堂教学、网络教学、实验教学为研究切入点，根据医学教学和中医教学的特点，借助教育技术的理论和经验展开研究，在建构良好的中医教育软硬件学习环境的基础上，有机地将传统教学方法和数字网络学习方式结合起来，既充分发挥教师在学生学习过程中的引导、启发作用，也大力提倡学生在学习过程中主动学习、创新学习的积极性，培养学生在有限的大学学习阶段，主动寻找教育资源的能力，从而产生无限价值的教育资源空间，为学生终身学习能力的培养打下基础。

该课题成果从三个横向层面进行模式研究，以典型学科展开纵向的应用研究，从理论到实践的模式研究，使传统的中医教育在信息技术时代赋予了新的具体内容，是在全国高等中医药院校中首先开展中医教育技术研究的课题之一。该成果的教学硬件平台性比较高，设计合理，使用安全可靠，硬件模式适合高等中医院校的中医教学规律。教学软件平台架构符合当前国际主流教学方式，以点带面的教学软件模式和立体化课程教学体系具备先进性和实用性，以精品课程为龙头的模式设计紧密配合学校的教改，取得显著教学成果。该课题于 2004 年获得浙江中医学院教学成果特等奖；2005 年，获第五届浙江省人民政府颁发的教学成果一等奖。

四、编著编写教材，满足教学需要

程师自 1972 年担任教师以来，编写了不少教材。特别是进入浙江中医药大学后，编写教材成为其教学工作的一个非常重要的方面。

（一）主编研究生校本教材

校本教材一般是指以学校教师为主体，为有效实现课程目标，达到教育学生的目的，对教学内容进行研究，并共同开发和制订一些基本的教与学素材，作为课程实施的媒介，这些素材构成了校本教材。在高等教育中，研究生教学的教材采用校本教材十分普遍，一般都由教授本课程的老师自编。程师自1994年开始带研究生以来，主要的几门课程的教材均自己编著。程师自编的研究生教材有《中内科心病教材》《中西医心内科教材》《中医药科研思路与方法》等，参编学校教研室自编的《中西医结合心血管》研究生教材。

程师在多年编著研究生校本教材中积累了一定的经验，提出编写研究生用的校本课程要注意的"三不五性"问题。所谓"三不"，即一是教材不是学术研究论著；二是教材不是导师个人研究成果的堆积；三是教材不是"高级本科"的教材升级。因此，这种校本教材，应当重视"五性"：一是规范性，即教材编写应当符合高等学校一般教材编写规范；二是规律性，即体现教和学的基本规律与要求；三是前沿性：即坚持理论阐述的前沿性，强调重点介绍学术研究成果的共识性且要以此为阐述基础；四是严谨性，即理论阐述逻辑要严谨，结构要清晰合理，语言要简洁顺畅；五是权威性，即教材要努力达到"同行认可、学生满意"的要求，努力使所编著教材具备国内一定权威性。

（二）参编统编教材

多年来，程师参与过多部全国统编教材的编写工作，参编的主要代表教材有"全国普通高等教育医药类规划教材"《中医诊断学》（供中医类专业用），由上海科学技术出版社出版（出版时间：1995年12月）；《中药新产品开发学》，由人民卫生出版社出版（出版时间：1997年7月）。

程师在谈及参与编写统编教材的体会时指出，统编教材的要求应当更高，但一些教材仍存在不少问题，主要有一是未能及时吐故，主要表现在有些已被证明的糟粕，在新教材中仍时有出现；二是没有科学纳新：如早已有人提出"中医方位术语亟待统一"后，至今的许多中医教材中方位术语仍一片混乱；三是教材之间协调不够，如《中医基础理论》与《经络学》中有关经络循行内容，往往表述不一致甚至互相矛盾；四是教材版权处理与保护不够，仍然

存在相互抄袭现象。程师作为一名有着严谨学术作风的教授，一针见血地提出统编教材编写中的诸多问题，很值得同行们借鉴。

（三）自编教学实验教材

程师认为，实验教学是中医学专业高素质人才培养的重要环节，在学生的知识应用能力、实践动手能力及创新能力培养方面具有不可替代的作用。因此，编写出品质良好的本科教学实验教材，成为获得本科实验教学成功的基础。程师担任多年的本科学生的诊断学教学，教学中的各教学实验教材，包括《舌诊实验》《脉诊实验》等课教材都由程师自编。

程师指出，实验课教材首先是重在实践，因此内容安排的实验的可操作性是第一位；第二是必须重视关联性，即必须紧密与课本内容相关联，以使学生将理论与实践相连接；第三关注拓展性，即通过实验课，使学生在实验基础上发现问题，主动去探求解决实验中碰到的问题，因此，在实验课中应安排相应的问题，以供学生拓展思路。可操作性、关联性、拓展性这三个"性"，或许就是程师编写实验教材的体会。

除上述外，程师为学校继续教育项目主编教材，每年一个主题，连续十年，包括《老年病》《保健与康复》等十部自编教材。多年来，程师还编写或参与编写全国性、华东地区的"中医诊断学题库""中医诊断学计算机考试用题库"等试题题库。另外，还自编、主编了大量教辅用书。

五、改进教学手段，提升教学质量

（一）主持完成电教项目《八纲辨证》电视教学片

1985年10月至1988年10月，以程师为项目负责人的电视教学项目——《八纲辨证》一版、二版电视教育录像片完成。

《八纲辨证》是中医诊断学的重点章节，是辨证的总纲。该电视教学片在内容上紧扣教学大纲，总体结构的编排上的拍摄上力求创新和突破，采用较典型的病例和生动画面，按八纲渊源、基本概念、临床表现症候分析、主要鉴别点等次序编辑，既吻合教材体例，又不单纯地搬抄课本。在病例选取上，虽然选找典型病例十分困难，如欲拍到四季病程，拍摄周期至少一年以上，但项目组仍精挑细选，力求经典。如为了拍到亡阴亡阳典型病例，摄制人员和专业老师一起，先后二次到附属医院急诊室，24小时值班，每次均在 20 天左右，抓拍珍贵的镜头。最终收集典型病例 70 余例，用入本片 50 多例。

该电视教学片充分运用对比、衬托，系统概括、取类比象，启发引导等手法把表里、寒热、虚实、阴阳等八纲病证，利用电视形象化教学的优势，把复杂纷繁的辨证通过电视屏幕直观、形象地表现出来，克服时空限制，以可见活动的图像和声音，科学地体现教材内容，使学生在有限的空间内接受以往需要一年甚至数年时间才能接收到的信息，缩短了学习周期，提高效率；同时以形象的方式，让学生对枯燥、生涩的教学内容一目了然，易于掌握。

该电视教学片经过三年的录制，二易其版收集了大量病例、病种，充实教学内容，且具有较高的学术价值，成为各医药院校的中医诊断教学及基层医疗单位进行培训的一部理想的电视教材。在当时国内，这样内容的教育教学片尚属空白，该电视教学片为首例。1985 年该片第一版完成以后，即被全国 10 多家医学院校复制使用；1987 年该片获得华东地区高等医药院校电视教学片三等奖，1988 年被评为浙江省高等院校电视教学片一等奖。二版完成后，全国几十家高等院校及相关机构购买该片用于教学，至今仍在教学中发挥作用。

（二）为实现"四诊客观化，辨证规范化"努力改进教学手段

"四诊客观化，辨证规范化"，这是中医教学、临床努力追求的方向和目标，要实现这样的目标，困难重重。程师在教学中，积极克服各种困难，主动接受新技术，努力改进教学手段和方法，力求使"两化"不断成为现实。实践证明，程师的努力最终取得良好的成果。

1. 建立舌诊图谱库

中医四诊带有浓重的个人主观色彩，要使学生准确掌握和运用有着相当的难度。20 世纪 80 年代初，学校教学条件相当有限，那时没有互联网，教学教具很少，先进的教仪设备更是奇缺无比。教授诊断学中的舌诊，当时仅靠几个失真严重的模型。从 1985 年开始，程师动脑筋，想办法，亲自动手制作舌诊图谱。程师自带相机，一旦在病房、门诊发现典型病例，即拍成照片，有些典型病例则请摄影师录像、拍照，甚至将典型病人请到学校电教室拍照。经过近三年的努力，收集典型照片近 400 张，程师将照片按课本规律，分门别类，终于建成一个"舌诊图谱库"。这个图谱库一直使用了十多年，对舌

诊教学产生重大作用。

2. 指导学生开展脉象形象化、具体化研究

脉诊是中医诊断学四诊之一，然其主观性同样限制着学生的准确掌握和运用，素有"心中易了，指下难明"之说。20世纪80年代初，出现了"脉象仪"这种新技术产品，提高了中医脉诊的客观性，使脉诊逐渐摆脱标准不统一、不易推广和学习的状况。1987年，善于接受新事物的程师，在脉象仪面向市场不久，就亲自赴上海采购了几台脉象仪，并组织六七名大二学生，指导他们开展一项针对脉象形象化、具体化的研究。研究小组负责人为袁国荣（现浙江省人民医院肿瘤科主任医师）、施军平（现为杭州市师范大学附属医院副院长），他们通过脉象仪，采集了在校学生春夏两季静止与运动状态下的不同脉图谱，来分析观察脉象的变化，半年一共观察学生400多人。最后完成了一篇"心主血脉"的脉象客观化研究报告。该项研究后来在浙江省大学生创新比赛中获得三等奖。这是程师利用新产品作为教具，指导学生开展学习、科研活动的成功范例。程师的这种教学手段的改进，大大促进学生的学习积极性，也激发了学生对中医科研的兴趣，学生印象十分深刻。

3. 建立"诊治肝胆病的计算机程序诊病系统"

1984年开始，程师成为陆芷青的"名中医助手"，师从陆芷青教授。出师后又成为陆老的"学术继承人"。在此期间，陆老把诊断方法和药方全部无私传给程师及其他学生，这些方法和药方是一笔无法估量价值的宝贵财富。为更好地将这笔财富传承，程师在当助手期间，与计算机教研室的老师合作，利用现代计算机技术，把陆老诊治胆病的学术经验输入计算机系统，建立"诊治胆病的计算机程序诊病系统"，并通过浙江省验收。该计算机诊病系统的建立，在教学和临床实践中，真正做到了"辨证规范化"，使老一辈名医大家的宝贵经验和成果，在现代科技的结合下，得到更为完整、规范的传承，这对教学和临床的指导、教学都起到无可比拟的作用。

第三节　实践中走前列——学会建设成就

程师作为浙江省中医药大学教授，博士生导师，一直在教学和临床岗位努力奉献，而且在业余时间，积极探索中西医结合医学模式，参与并创立省中西医结合专业学会建设和发展，取得良好成绩。

一、积极探索并首次提出"中西医结合×（保健+治疗+康复）"医学模式

随着我国国民平均寿命显著延长，社会逐渐步入了老龄化，疾病谱也随着生活方式如饮食结构改变而发生变化。因此，由慢性疾病、创伤、老年化等造成的功能障碍人群大量增加。而且，人们已不再仅仅满足于对疾病的临床治疗，而是普遍开始关注于生活质量的改善。因此，整个中国社会对康复治疗的需求迅猛增长，人们对康复医学也越来越重视。医学模式从单纯的"治疗"到"治疗+康复"开始递进。

（一）探索第一步：充分肯定"治疗+康复"医学模式的积极意义

程师认为，医学模式递进到"治疗+康复"，是人类医学史上的一大进步。程师从比较医学的角度，对当今医学模式进行分析，认为：现代康复医学被世界卫生组织列为保健、预防、治疗之后的第四类医学，起始于第二次世界大战之后，是一门由医学与残疾学、心理学、社会学等相互渗透而成的，以病伤残者的康复为研究内容，有关残疾和功能障碍的预防、评估、诊断治疗和处理的医学应用学科。目的在于通过物理疗法、运动疗法、生活训练、技能训练、言语训练和心理咨询等多种手段，使病伤残者尽快得到最大限度的恢复，使身体残留部分功能得到最充分的发挥，最大可能地恢复病伤残者的生活自理、劳动和工作能力。常用的康复治疗技术有物理治疗、作业治疗、言语治疗、心理辅导与治疗、文体治疗、康复工程、康复护理、社会服务。

而我国真正将康复医学作为独立的学科来发展，应自20世纪80年代开始。中国康复学是在中医学理论指导下的，针对残疾者、老年病、慢性病及急性病后期，运用传统康复治疗技术如针灸、拔罐、推拿、按摩、中药熏蒸、导引等非药物疗法治疗疾病，有着独特康复理论和治疗方法的一门医学科学。各地康复医学事业发展迅速，康复医学事业队伍不断壮大，一部分神经内科、骨科、内外科的医生，还有相当一部分针灸、中医骨伤、推拿专业的医生投入到中国康复医学事业中来。同时，中医养生康复热，食疗、针灸、气功、太极拳等中医养生康复疗法已经得到公认。但是，我国现代康复医学事业起步晚，总休水平与西方发达国家差距较大，规模和覆盖范围也远远不能满足

社会的需求。因此，建立具有中国特色的中西医结合康复医学体系，加快具有中国特色的中西医结合康复医学队伍的建设已十分迫切。

（二）探索第二步：现代、传统康复学各有优势及局限性分析

程师指出：传统康复医学与现代康复医学具有共同的核心思想，即"全面康复、整体康复"，将治疗对象视为一个整体，拥有一些相同的康复治疗模式，即心理治疗、药物治疗、体育治疗、物理治疗等。但是这两种康复医学又各有优势及局限性。

西方现代康复医学是建立在现代科学和现代医学基础上，以神经、运动生理学、功能解剖学、人体发育学等为理论基础，采用的康复疗法以物理治疗、作业治疗、言语治疗为核心，适用于病伤残者。中国传统康复医学具有悠久的历史，是以中医学基础理论为指导，《黄帝内经》四时五脏阴阳整体观、形神统一观、阴阳和调气血和畅的健康观更是贯穿于内经有关康复学理论之中，成为中医传统康复学的理论基础和指导思想，中国传统康复不但适用于伤残者，还适用于常人保健、老年养生、慢性病、老年病的康复和病后养生，运用的康复治疗技术包括非药物疗法如针灸、拔罐、推拿、按摩、中药熏蒸、导引等，还包含药物康复、摄生养性等康复内容，这些在中国经典医学《黄帝内经》《诸病源候论》《本草纲目》《遵生八笺》等经典医籍中均有记载。

现代康复医学的"康复"包括医疗康复、教育康复、职业康复和社会康复在内的全面康复，具有客观规范量化的诊断、评定标准，有助于评价康复疗效。而中国传统康复医学则侧重于医疗康复，而对功能评定、作业治疗、语言治疗、康复工程等方面并未给予足够重视。

现代康复疗法则将先进的医学物理学和康复工程学技术运用于康复诊断、功能评定、功能训练、矫形外科和功能障碍等方面较传统康复医学占有优势。现代康复医学涉及的病种非常广泛，主要有十一种疾病，即心脑血管病、慢性肺病、慢性疼痛、老年病、神经科疾病、骨伤科疾病（包括意外事故）、肿瘤、慢性胃肠道疾病、精神疾病、酒精药物滥用成瘾、大量吸烟，但以三瘫一截（偏瘫、脑瘫、截瘫和截肢）及颈椎病、腰椎间盘突出症、骨关节病等疼痛性疾病为主要病种，与传统针灸、推拿治疗的病种有高度的相关性。

现在现代康复医学以物理治疗、作业治疗、言语治疗、假肢矫形器及声光电等理疗为手段，对改善运动认知、言语／语言功能及日常生活活动能力有很大帮助，但是大多需要病人的主动参与才能完成。传统康复医学以"整

体康复观""辨证康复观"和"功能康复观"为特点，既有针刺、推拿、药物等被动手段，又配合以太极拳、导引等主动训练，具有醒神开窍、疏通经络、放松肌肉、缓解疼痛、强身健体的作用，具有明确的适应证和确切的疗效。

（三）探索第三步：提出"中西医结合×（保健＋治疗＋康复）"医学模式

程师经分析后提出，新的医学模式要尽量汲取中医与西医各自的长处，充分发挥各自的优势，将原来最初单一的"治疗"逐步演变发展成"中西医结合治疗"＋"中西医结合康复"＋"中西医结合保健"的模式。

首先，要实现从"单纯的一般康复"向"中西医结合康复"发展，即要将"现代康复治疗"与"传统康复疗法"相结合，促使两者相互协同，发挥两者的互补性，从而形成中西医结合康复医疗体系，实现超越单一现代或者传统康复治疗所能取得的疗效，进而逐步形成一个具有中国特色的康复医学体系。这将能更加有效地促进康复医学的发展与进步，加速病、伤残者早日康复、回归社会。

其次，将中医学"治未病"植入"治疗＋康复"医学治疗模式中，逐步将医学模式转变为中西医结合的"保健＋治疗＋康复"模式。治未病是中医学术思想的基本内容之一，指的是运用养生保健方法，提高健康水平，防止疾病的发生。《黄帝内经》的养生理论是世界上最早的预防医学理论，《素问·四气调神大论》曰："圣人不治已病治未病，不治已乱治未乱，此之谓也。夫病已成而后药之，乱已成而后治之，譬犹渴而穿井，斗而铸锥，不亦晚乎！"此句强调了治未病的重要性，提示了中医治未病的本义是"未病先防"。程师认为内经所倡导的"治未病"理念是医学的最高境界，为中医养生保健的特色和优势所在。2002年，程师被应邀在全国各地进行保健讲座，受到各地人民群众的高度关注和喜爱。因此，程师在对国内的康复和保健的现状分析以后，认识到"治未病"的伟大现实意义和长远意义，清醒地认识到仅凭寥寥可数的专家们对群众进行养生保健的宣教是远远不够的，要加快养生保健的全民教育，还需要尽可能多的医疗工作者参与进来。

再次，需要进一步研究"保健、治疗、康复"三大模块中每个模块的中西医如何结合，如何发挥中西医各自优势的问题，同时还要研究三大模块之间的延续性、关联性、整体性、系统性，以形成三大模块三个阶段"一体化"的中西医结合服务，从而真正实现中国特色医学模式的全面形成。

二、首创浙江省中西医结合保健与康复专业学会，为医学新模式提供传播和实践平台

2002 年，程师在浙江省中西医结合学会的支持下，主持创立了"浙江省中西医结合保健与康复专业学会"。该专业学会与程师提出的"中西医结合×（保健＋治疗＋康复）"医学模式一脉相承。程师认为，新的医学模式仅仅提供医学发展的一种思路和方法，模式的最终形成并实现还需从意识提高、制度创设、临床实践等方方面面不断摸索和落实。因此，创设省中西医结合保健与康复专业学会，就是为这一医学新模式提供一个探索、实践、宣传的平台，以使更多的医务人员和社会大众参与到新医学模式的建设中来。

经过程师及同行们的认真筹备，2002 年 5 月，在美丽的杭州，浙江省中西医结合保健与康复专业委员会召开成立大会。到会代表近百名，大会选举了第一届专业委员会，程师不负众望地成为第一届创始主委。成立大会同时召开首届学术年会暨养生学与康复医学新进展国家级继续教育班。该次大会共收到论文近百篇，有 22 篇论文参与了大会交流，对中西结合保健与康复的新进展理论、实验及临床研究等方面进行了论述。程师在大会上专门做"心血管病的中西医结合康复方法及作用原理"及"亚健康与传统医学保健"的专题报告，大会同时邀请省内在本专业领域颇具学术影响的专家，做有关"高血压、脑中风、慢性肝病、痴呆"等疾病的康复专题报告。此次大会讨论了中西医结合的保健、治疗、康复在临床实践中的重要性、科学性，涉及范围广，学术探讨程度深，与会同道受益匪浅。

中西医结合保健与康复专业学会成立后，成功对接中西医保健与康复医学国家级继续教育项目。程师任职学会主委十年，成功举办十届中西医结合新医学模式的继续教育培训，使学会成为真正宣传、贯彻、落实新模式的良好平台。

在程师主持学会的这十年的国家级继续教育项目中，培训项目涉及老年病、心血管疾病、骨伤科疾病、肿瘤、疑难病、亚健康等的"中西医结合保健-治疗-康复"新模式的相关内容。除涉及十一种需康复治疗疾病外，还涉及皮肤病、五官科疾病等的治疗及康复，针灸的康复应用，老年病人体质调理和膏方运用等。培训对象层次涉及初级、中级、高级临床医护人员，每次学术培训班均有近百名同道参加，这些对程师提出的新医疗模式的推广、传播，都有着深远的意义。

程师一直是每届学术年会及培训班的主讲专家。其主讲的典型课题和内容如下。

（1）2002年，程师主讲"心血管的中西医结合康复方法及作用原理"。程师在讲座中指出，中西医结合心血管康复：①需要采取综合康复措施进行治疗，以运动疗法为基础，以康复程序为主要内容，包括运动心理疗法、针灸推拿、药物疗法、控制心血管病危险因素等综合措施。②需要加强社区教育，提高病人自我保健意识，坚持康复训练，包括运动训练、放松训练、心理疗法等。③需要建立良好的医患合作关系，定期随访以提高康复疗效。

（2）2002年，程师主讲"亚健康与传统医学保健"专题讲座。程师认为内经所倡导的"治未病"理念是医学的最高境界，为中医养生保健的特色和优势所在，程师指出亚健康是处于"健康和疾病之间的一种状态"，相当于中医狭义的"未病"（包括潜病未病态和前期未病态）。程师认为传统医学保健在亚健康的治疗和预防方面有着广阔的空间，并指出可通过辨证论治、针灸、按摩、心理护理、养生、传统体育保健如导引、武术、气功及食疗、药膳等中医传统医学保健及早干预亚健康状态，起到"未病先防"的作用。

（3）2004年，程师主讲"冠状动脉粥样硬化性心脏病中西医临床康复"的专题讲座。程师对冠心病中西医结合康复治疗的适应证、目的、方法等进行了详细的阐述，指出中西医结合康复方法包括药物疗法如西药、中医康复辨证分型及治疗，非药物方法如运动疗法、针灸推拿疗法、饮食疗法等。

（4）2010年针对冠状动脉内支架植入术后的中西医结合康复问题，程师做了"中西医结合防治冠心病冠状动脉内支架植入术后再狭窄研究进展"专题讲座。认为冠状动脉内支架植入术后病人可分为"术后心绞痛"和"术后无心绞痛"两大类型进行辨证论治，并指出治疗及预防冠状动脉内支架植入术后再狭窄要不唯治心，因其病之根在肾与脾，同时与肝密切相关。多用补肾健脾之法防治冠状动脉内支架植入术后再狭窄，气行则血行，肝的疏泄功能在冠心病及冠状动脉内支架植入术后再狭窄的发病和转归中也起着重要作用，因此，程师同时注重对情志不舒者酌情应用疏肝理气之品。

程师十年的讲座专题，紧紧围绕和结合中西医结合保健＋治疗＋康复新

浙江中医临床名家·程志清

模式展开,为新医学模式的推动做出重大努力。

三、努力在其他专业委员会中推动中西医结合新模式

程师曾多年担任浙江省中西医结合学会常务理事、浙江省中西医结合保健与康复专业委员会主任委员、浙江省中西医结合学会心血管专业委员会副主任委员、中国中西医结合学会活血化瘀专业委员会委员、中国中西医结合学会循证医学专业委员等职务。2005～2015年,程师先后担任了两届、共计十年的浙江省中西医结合学会心血管病专业委员会副主任委员,并曾多次在浙江省中西医结合学会心血管病学会举办的"中西结合心血管病新进展学习班"继续教育班上做专题报告。专题内容有"中西结合治疗高血压肥胖症""中西结合防治冠心病支架术后再狭窄研究进展""高血压肥胖的康复""Ⅰ+Ⅱ疗法对高血压肥胖减肥降压作用""中医药治疗病毒性心肌炎的现状与展望"等。授课内容部分为省部级科研项目,紧扣临床实践,并获得省厅各级多项科研奖励,整体学术水平较高,并且毫无保留地分享了自己对常见心脑血管疾病如高血压、病毒性心肌炎、风湿性心脏病、冠心病、心律失常等疾病的中医临床辨证论治经验,对广大中医工作者具有很大的临床应用价值和指导意义,为推动浙江省中西医结合心血管医学事业的进步做出重大贡献。

第四节 传统中勇开拓——精油研究成就

一、妙手偶得之

程师的两名孙子出生、生活在美国,从小就患有哮喘,家中常备着家庭式呼吸机。在去美国探亲的时候,程师总是看见两个乖巧的孙子坐在书桌前一边学习,一边自己拿着氧气罩吸氧。

每每提及此事,程师总说对两个孙子心怀愧疚,因为虽从医数十年,但身处国外,中药资源有限,巧妇难为无米之炊,加上每次和孩子的相处时间不多,短短几天的时间里,自己的医术不能有效帮助孙子恢复健康。这种无力感,来自疾病自身的顽固性,来自专业的限制,也来自整个医疗环境。

当2015年程师再次赴美探亲时,突然发现这一次孙子们已经脱离了呼吸

机。每天早晨，儿媳都会在孙子的头颈部和手部涂抹一些东西。儿媳告诉程师，她给孩子们涂的是保卫复方精油，这些精油能够保护孩子们顺畅呼吸并提高免疫力，正是因为这些精油的作用，才使得孩子的哮喘病逐渐康复，已经很久没有再发作了，在经过医生的复查之后，认为如果长期继续使用下去，孩子们的哮喘可以痊愈了。

为了让程师体验一下精油的神奇，儿子就用提前准备好的熏香器和薰衣草精油为程师进行睡前熏香，在芳香的安抚之下，程师很快就进入梦乡，一夜好眠。这次经历，让程师第一次体验到精油的奇妙。

从此，程师对精油产生了浓厚的兴趣。她决定开始研究精油。在美国的那段时间里，她搜寻了大量的文献资料和书籍，经初步学习，她发现使用精油的这种芳香疗法其实跟中医的一些传统治疗方式，有着异曲同工之妙：精油和中药一样，都来源于植物。精油是从植物的种子、树皮、茎、根、叶、花朵、果实，或者全株植物之中所萃取的天然芳香化合物，因此精油更有"灵性"。精油称为"油"，但又不是油，因为它的高流动性而被称为"油"，其实它与人们使用的植物油和动物油在本质上有巨大区别，精油由萜烯类、醛类、酯类、醇类等化学分子组成，而植物油的主要成分是三酸甘油酯和脂肪酸，可以说从成分上有质的不同。进一步学习常用单方精油，程师还发现其实很多精油都是从常用中药材中萃取而成，比如乳香、没药、檀香、薄荷、藿香、芫荽等单方精油，但是大多中药取材于晒干的植物，而精油取材于新鲜的植物，很多植物在中国已经有了数千年的药用历史。比如乳香精油，CPTG级乳香精油是用产自阿曼的乳香树脂，以蒸馏方式精心萃取而成的，被称作"液体黄金"，它能瞬间穿透进细胞壁，包括已经受损细胞，从而活化细胞、杀死病毒；其中的倍半萜烯成分可以通过血脑屏障，到达绝大部分药物到达不了的大脑区域，去激活并修复大脑组织。乳香也因为带给人们情绪和生理上的多种益处，而成为现代健康专家、芳疗师手中珍藏的至宝。

在对精油的研究过程当中，每一个发现都让程师无比的兴奋，因为对于中药的药性药效四气五味归经，程师再熟悉不过，可是当它提炼成精油之后，又产生了一些不同的作用。在植物新鲜的时候就通过蒸馏或者冷压的方式进行科学萃取，所以它的效应扩大到了50～70倍。因为精油既具有中药饮片的绝大部分功效，又具备了部分中药不具备的作用，所以延伸出了更多的使用途径。比如豆蔻在中药应用上有开胃消食、温中止呕、化湿行气的功效，萃取成精油以后，可以作用于呼吸系统，外涂咽喉、前胸还有化痰的作用。

她还发现精油品质和萃取工艺还与产地都有直接关系，化学提取的精油虽提取率高，但对人体不仅没有益处，各种化学残留还会对机体产生毒副作用；而冷压、蒸馏等物理提取方式提取的精油更安全有效。精油的分子量很小，同时具有亲脂性和靶向性，加上它有极强的渗透性，流动性，所以它的使用方法很多样，可以熏吸，可以涂抹，还可以含服，这些都能让精油迅速地进入人体，可以直接到达患处，修复受损的身体组织。如精油外涂时直接作用于皮肤系统、运动系统，可以瞬间穿透进细胞壁，迅速被机体吸收；精油纯度高，浓度大，内服仅需几滴即可，舌下含服还能避免首过代谢，减轻肝肾负担，通过血液系统直达全身；熏香可以直接作用于呼吸系统，直达鼻窦、肺部病灶，还能通过嗅吸，刺激大脑边缘系统，引起记忆和情感反应，从而改善睡眠、调整情绪。使用方法的多样性极大地弥补了传统中药单一的用药途径的不足。

在程师看来，精油更像是中药的精细化应用，而芳香疗法虽然已经存在和应用了几千年，但它的发展史其实就是对芳香植物的应用史。程师敏锐地认识到：精油绝对可以作为一种新的治疗手段，对于某些疾病的治疗一定会产生巨大作用。

程师慧眼识精油！精油对于程师，真所谓文章本天成，妙手偶得之。

二、绝知此事要躬行

张锡纯在《医学衷中参西录》中云："尝思用药如用兵。善用兵者必深知将士之能力，而后可用之以制敌；善用药者亦必深知药性之能力，而后能用之以治病。"用油如用药，用药如用兵，想要发挥出精油在医疗保健中的疗效，必须要对精油有足够的认识。所以在回国之际，程师在美国采购了大量的精油，把所有精油品种收集齐全，带回国内进一步学习和研究。

由于当时的国内，社会中大多数人对精油的认识尚停留在推背、护肤的观念上。在芳疗界对精油的认识，也普遍从精油的科属和化学成分入手，但由于其专业性极强，这成了大多数人学习和了解精油的拦路虎。程师认为，若从中药的四气五味、性味归经，以及中医理论指导对精油的认识，那就一定能拉近与国人之间的距离，更能被国人接受！

"纸上学来终觉浅，绝知此事要躬行"。于是程师就在自己身上开始使用。她打开每一只精油，嗅吸它的气味特点，涂抹在身上，感受它的寒热温凉和作用，同时积极地发动身边的亲朋好友和学生们使用，共同反馈。可以说在进行系统应用于门诊之前，程师已经从实践当中取得了大量良好的反馈记录，也发现精油的多种不同效应。程师自己是过敏体质，劳累或者饮食都有可能导致过敏发生，严重时，还会导致面部水肿得厉害，甚至到医院住院治疗。为了不耽误给病人看病，程师晚上在病房静脉滴注，白天戴着口罩带病工作。据程师回忆，恰逢有一次，因为吃了朋友送来的醉湖蟹，导致过敏复发，继而引发湿疹，过敏反应剧烈，使用各种抗过敏药和激素效果都不甚明显，最终还是口服中药自救，控制住病情。但此后双手湿疹以及面部过敏仍然会反复发作，双手同时会出现严重的干燥、皲裂、疼痛，不能碰触冷水，给程师的工作生活带来很大的困扰。为不影响工作，她只能每次用十几个创可贴把双手全部贴满。接触精油以后，程师便决定试着使用精油调理自己的过敏体质。可喜的是，通过内外兼修，采取精油内服加外涂的方法，程师发现，手部皮肤开裂、渗出的症状慢慢减少，创可贴的用量逐渐减少，面部动辄过敏的次数也不断减少。虽然有时病情反复，但通过调整用油方案，如今她手部的皮肤不仅恢复如初，而且比同龄人更加细腻，过敏体质也有了非常大的改善。在目睹了精油和芳香疗法在程师身上起到的作用后，程师很多的朋友、学生，甚至是病人，都开始关注和使用精油。在程师悉心的指导之下病人们大多收效明显，效果良好。

程师对精油芳香疗法越来越有信心。随着 CPTG 级别的精油开始逐渐进入国内，这为精油能大规模推广应用带来了极大的便利。

2015 年，北京传来消息，全国第一届植物精油康复理疗师培训班将在京开课。程师得到消息之后第一时间报名。那时恰逢严冬，程师在东阳义诊，本想准备结束后速回杭州，当晚乘坐飞机赶往北京参加培训。但暴雪使航班全部取消，程师不得已只得请人冒雪把自己送到宁波机场，谁知宁波去北京的航班也被取消。程师又连夜乘车赶回杭州，第二天一早改乘高铁直达北京。好事多磨，让程师没有想到的是，北京的大雪天气造成道路湿滑，从高铁站出来的时候，程师站在寒风中半天打不到一辆出租车。幸运的是，她遇到一位培训班主办方的工作人员，驾车把程师带到了学习现场。作为培训班最年长的一名学生，求知若渴如小学生一般，积极跟老师和同学们去探讨和学习，不停地汲取着新知识。一周的高强度学习虽然辛苦，但程师却为自己能系统地学习精油芳香疗法知识而倍感充实。一同参加培训的学员对程师如此的精神感叹敬佩不已。回到杭州后，程师进一步加强了对精油的研究，同时将精

油的研究成果和心得不断实践及推广,效果显著。2016 年,全国植物精油高级康复理疗师班再次开班,程师再前往。而这次,她是以讲师的身份出现在讲台上。

三、吹尽狂沙始到金

经程师几年的摸索、研究,精油在临床实践中一次次地验证了它的神奇。

2017 年冬,程师在门诊坐诊。突然有病人求救,说诊室外有一个候诊的老太太可能心脏病发作,情况不好。程师立刻起身查看,果然,病人诉心悸胸闷不适,其脸色苍白,冷汗不止,脉微难察。程师当机立断,在病人的胸前区涂抹乳香和檀香精油,同时让她嗅吸野橘和檀香,配合点按膻中穴和内关穴。前后不到 1 分钟时间,病人胸闷和心悸不适的症状立减,面色回转,冷汗即止。待病人病情稳定之后,程师开出中药处方,并叮嘱她及时进行全面检查,必要时要住院观察。程师还把手中的野橘和檀香精油赠送给了病人,提醒她回家途中,如果再发作,立刻进行外涂并且嗅吸。当时在场的许多病人和学生都目睹了整个事件,看到精油有这样的效果,都惊叹不已!

一周之后,这位老太太又回到程师的门诊复诊。老人步态轻盈,面色红润,讲话时中气十足,与一周之前发病时的状态截然不同。程师的学生们都十分疑惑,询问病人为什么不去住院就诊,可是老太太回答说,回家中药服用之后症状明显好转连足部的肿胀也逐渐消退,胸闷心悸再也没有发作过。认为程师采用的治疗方法让自己药到病除,根本不需要住院了!事后程师向大家解说道,根据这名病人的发病症状,极有可能是慢性心衰的急性发作。在中医门诊的急救医疗条件不足的情况之下,采用精油外涂可以快速吸收,有活血化瘀止痛的功效;檀香精油和野橘精油的嗅吸,帮助病人平复心悸,解除痉挛;嗅吸可以通过嗅球直接影响大脑边缘系统,缓解病人心脏病发作时的恐惧和无助情绪,让病人的病情及时得到控制。

程师的好几个学生也是精油芳香疗法的直接受益者。有一学生常年被痛经困扰,每次不仅腹痛难忍,还伴随呕吐的症状,严重影响到工作和生活。过去曾用过很多中西医药材治疗,但一直无良效。程师建议她试试精油芳香疗法,为她开出精油处方:快乐鼠尾草、温柔呵护复方、乳香、肉桂、椰子油等。要求她每天将精油涂于小腹部和足底。学生每天坚持使用后,她发现每一次痛经的程度在逐渐减轻,经过长期坚持涂抹,从每次痛经三天逐渐变成了两天、一天，直到不再痛经。这位学生现在终于不被痛经所困扰。有过如此亲身经历，她对精油疗法有了更深的认识，在程师的帮助和鼓励之下，她报考了精油疗法初级康复理疗师培训班，并顺利毕业。她坚信，精油芳香疗法将会为更多病人带去福音。

程师此类的急救案例数不胜数。在最近的三年时间里，除门诊外，外出开会时、旅游途中、在餐厅里，甚至是在飞机上，经常遇到各类譬如心房颤动发作、急性胸闷不适、晕厥、心胸疼痛、醉酒的病人，程师都本着一颗医者仁心，用自己随身携带的精油，使得无数病人化险为夷。

在精油芳香疗法的研究中，程师并不仅仅停留于芳香疗法的传统方式，而是将中医的理念与芳香疗法进行融合。程师认为，从四气五味与归经角度去认识并使用精油，一定是未来中医药走进芳香疗法世界的一把钥匙。

在一名六岁儿童的治疗过程当中，正是因为程师以中医的辨证思想去指导用油，才为孩子的康复带来了帮助。当时程师接到了一位家长的咨询，她六岁的女儿出现了发热的症状，一天之内多次涂抹薄荷、茶树、保卫复方等精油进行退热，但无效。因此寻找程师帮助。程师通过详细追问病史之后，发现患儿除了发热还有饮食不节致腹泻的症状，因此发热只是表象，追本溯源，发热是因为食积内停所致。发热是热在肠胃，如果只用薄荷清热降温，就像是扬汤止沸，效果自然不会明显。程师叮嘱其加入乐活消化复方涂抹胃肠并进行脊柱推拿。因为乐活消化复方当中含有生姜、薄荷、茴香、龙艾等单方，都具有健胃理气和胃的功效，因此能消食导滞，清热降温。果然，不久后家长就来反馈说，只加了一个乐活精油温度就慢慢降了下来，效果果然不同凡响。

"千淘万漉虽辛苦，吹尽狂沙始到金"。程师之所以能够在精油使用和芳香疗法治疗过程当中取得如此良好的效果，跟程师多年的中医经验密不可分，丰富的临床经验使程师能够注重举一反三，且将传统中医中融入最新的精油治疗芳香疗法。这种"吐故"中的"纳新"，只有程师这样具有强烈创新求进精神的人，才能真正做得到。

四、为有源头活水来

2018年4月，世界中医药联合会植物精油疗法专业委员会在北京正式成立，在成立大会上，程师众望所归，受聘为副会长。植物精油疗法委员会的

成立是全世界植物精油疗法发展历史上的一个里程碑，对于进一步弘扬中医药文化、全面推动植物精油疗法事业发展具有广泛而深远的现实意义。同年8月，第一版《中医香疗学》作为十三五创新高校教材正式进入全国中医药高等教育体系，课本突出强调中医香疗学的传统理论，系统梳理中医香疗的基本理论、发展概况，着重介绍了常用芳香疗法药物、常用中医香疗法的应用及其作用途径等。此书的出版，填补了中医芳香疗法基础入门教材的空白，它的发行必将启蒙更多人认识并了解中医芳香疗法。

程师认为，对于大多数人而言，精油虽然有效但精油终究不是药，它是"药"的有力助手，既可未病先防，也可既病防变，又可已愈防复。使用精油与看病吃药并不冲突，可以相须为用。现代医学之父希波克拉底曾经说过，保健之道就是每日做一次芳香的沐浴及按摩。这不仅证明在古希腊时期，芳香疗法就已经运用到了人们的日常健康理疗之中，而且种疗法适用于每一个人。因此，每个中医人都应树立起历史责任感和使命感，努力不断地发掘和完善精油的保健应用。

基于这样的认识，程师认为，为有源头活水来，就必须大力培养芳香疗法的人才，只有这样，才能使芳香疗法不断得到推广，不断将精油等芳香疗法结合到现代医学模式之中。为此，近3年来，程师仅在杭州地区平均每年就承办两场初级芳疗师培训班，每次培训都有很多全国各地慕名而来的学生。培训班少则30人，多则达200人。培训期间，白天的课程安排得满满当当，晚上同样安排选修课和交流会。课程内容有现代精油保健观、芳香疗法行业前景展望、单方精油讲解、精油的实际应用、芳香疗法实操等。现在，经过培训的一批批芳疗师像一颗颗种子已被播散在全国各地，静静地发芽成长，慢慢地将芳香疗法传播开来。

除此以外，程师先后在香港、澳门、广州、上海、北京等地应邀前往讲座，在人社部高级康复理疗师培训班、浙江省保健与康复专业委员会、浙江省心血管专业委员会、浙江省中医药学会心血管分会等分别做现代精油疗法在中医临床应用的学术报告。精油在各种形式的推广下，越来越被更多的人认识、相信。程师坚信：不远的将来，精油芳香疗法将真正走进门诊、病房，走进千家万户。

第六章

桃李天下

程师自1971年大学毕业，分配到徽州地区卫生学校担任中医老师，至2007年从浙江中医药大学教学岗位上退休，从教36年，退休后仍然招带硕士生、博士生及学术继承人等，所教学生，可谓无数；桃李天下，实至名归。自1995年开始招收硕士研究生起，程师共培养硕士研究生30名，博士研究生13名，传统医学师承5名，第五批全国老中医药专家学术经验继承人2名，何任班中医跟师4名，金华市第二批名医师承程志清学术继承人2名。教学相长，育人成材；春华秋实，果实累累。

第一节　师生结缘，有教无类

作为一名教育工作者，程师有着自己坚守的教育原则和独到的教育观点。她认为：无论是基础教育还是高等教育，普通教育还是职业教育，理论教育还是实践教育，"有教无类""因材施教"的教育原则和理念都应当始终坚持。程师在担任学校研究生处处长期间，在多次会议或研讨活动中，她针对导师选择学生时存在的问题，阐述自己"有教无类"的观念。她说，孔子以前，"学在官府"，只有贵族子弟有权受教育，到了孔子的时代，社会的政治经济和文化教育都在下移，为私人办学提供了机会。孔子正是抓住这一机会，创办私学，并提出了"有教无类"的思想。"有教无类"的意思是无分贵族与平民，不分国界与华夷，只要有心向学，都可以入学受教。

程师认为："有教无类"在教育史上具有所谓划时代的意义，就在于这种思想的实施，扩大了教育的社会基础和人才来源。如今，教育成为全体公

民的需要和共享的权利，教育的全民性和普及性已十分突出，有教无类的美好愿望早已实现。然而，具体到研究生录用，或者师承的徒弟、学术继承人、跟师学生的选拔中，强调有教无类仍然有非常重要的意义。因为，在这类工作中，往往存在过分强调学生名校出身、学历背景、专业对口等现象。这种现象，很容易缩窄人才选择视野，阻塞人才选拔渠道，有违人才培养原则。

程师说，只要学生达到相应的学业基础，无论何种类型、性格、兴趣、业务基础和方向的学生，只要方法得当，都能将其培养成材。为师的就应当有这种自信！实践中，程师招收的研究生、继承人等各种学生中，既有科班出身成绩突出者，也有西医转行中医者，也有从教学岗位转入临床者。学生个性迥然、风格不同、学业基础各异，充分体现程师选拔学生不无端挑剔，包容兼纳的胸怀。

一、第一名就要比别人跑得快

刘强是程师招收的第一位硕士研究生，当年是以第一名的成绩录取的。

师生第一次见面，应当是 1995 年的春节刚过。刘强回忆说："初次见程师时，我还出了个丑，程志清这个名字我主观上认为应该是位男老师，刚好见面时办公室面对面坐着一男一女，我就径直走向男老师（后来知道男老师是肿瘤专业的王泽时老师）叫'程老师好！'，谁知程师从伏案中抬起头来，微笑着说'我是！'"

刘强都忘了当时那个尴尬的局面是怎么过去的，只记得程师语气十分和蔼，说话语速不快。寒暄几句后，程师即直入正题：一是让刘强认真准备复试，加强经典学习，尤其是《金匮要略》，金匮研究是学校的品牌；二是从陆芷青教授传承发展的一张验方，对治疗病毒性心肌炎很有效，有意想做实验研究，刘强可以考虑将此当作今后研究疾病的方向。师生见面时间不长，大约只有半小时，但程师看似轻轻巧巧的几句话，对刘强而言却是醍醐灌顶，这让他兴奋不已。最让刘强不能忘怀的，就是见面快结束时，程师说的一句话：第一名就是要比别人跑得快！

"第一名就是要比别人跑得快！"是一种鼓励，更是一种鞭策！刘强明白，考研分数考第一，只是下次起跑的更高标准和要求！刘强默默记住这句话，并成了他警醒自己的座右铭！

1995 年 9 月，刘强顺利被录取后到校报到。不久，就步入紧张的学习生活。他平时上课，周末则跟从程师在学校环城东路门诊部出诊。入学2个月后，程师让刘强考虑今后的毕业课题研究方向。当时程师有想法就清心生脉饮（后面改名清心饮）治疗病毒性心肌炎开展研究，但苦于一直没有相关研究资料借鉴就一直搁置了。刘强力荐程师启动这一项目，但程师考虑到病毒性心肌炎的实验研究不可避免地要和病毒打交道，有安全风险，所以相当犹豫。当时刘强表现出年轻人应有的果敢，认为虽然实验条件不是很好，但只要符合规范，更谨慎小心些，应该不会有问题的。"不是说要比别人跑得快吗？要跑得快就要有担当"刘强这时反过来鼓励程师了。程师最后被打动，决定从零开始着手心肌炎的项目。

项目启动后，在程师的指导下，刘强第一次学习写标书，先后完成了省中医局、省自然科学基金两项课题的申报工作。在这个过程中，刘强由衷地佩服程师的充沛精力，她有很繁重的行政管理事务，占据了她很大的时间安排，即便如此，她对待课题研究和文章写作等业务方面却从不马虎，程师常告诫学生的一句话是：好的全局设计的同时一定要措施落地，"细节决定成败"不是一句空话。程师如此细致严谨的治学态度对刘强后来的人生影响巨大。刘强现在还记得当年"省基金"的标书已经定稿上交，正准备轻轻松松过个周末，可当天晚上BB机收到了两次程师的呼叫。回电后老师电话里让他去图书馆查最新的一期《中国中西医结合杂志》，上面有刚刚发表的有关中药血清药理学的研究，应该借鉴。周六一早刘强守在图书馆门口第一时间复印了文章，查阅了相关的文献综述，然后赶往程师的家中。刚从北京回来的程师不顾劳累，认真投入到标书的讨论、补充、修改中去。几个小时悄悄地流过了，经修改后的课题申请标书更完美，更充实，更具竞争力，然而，程师的脸上却看不到一点倦意。

第一年的学业结束后，虽然当时的课题经费还不充裕，程师为了保证课题研究的质量，还是决定按原计划送刘强到上海市中山红十字医院进行细胞实验研究。其实之前程师为了刘强能胜任接下来的工作，在第二学期规定课业的同时，还单独加了分子生物学、病理学读片等课程，并且到当时学校的分子医学研究所进行细胞培养等实验技能的培训。到上海之后才知道之前的准备是多么必要，带教的郭棋老师只是让刘强观摩了一次培养心肌细胞感染CVB3病毒的过程后，第三天一早就拎了10只SD乳鼠交给刘强，简单交代几句就走了。正是老师充分的放手才让刘强很快上手，在之后短短的三个月就有了预期的研究成果，拿到了清心饮原药液和含药血清抗病毒、保护心肌

细胞的指标结果和在当时非常漂亮的细胞录像。在做实验的同时，刘强发现学科的发展很快，之前的实验设计已经有需要进一步改进的必要，刘强及时和程师汇报，想加入课题里原本没有的有关清心饮抑制病毒核酸复制内容（采用斑点杂交和 PCR 技术），但增加内容就意味着实验经费的大幅度提高。程师没有犹豫，同意刘强的设计，让刘强立即放手去做。刘强就这样顺利地完成了的毕业课题。之后的十余年，刘强毕业后一直继续病毒性心肌炎方面的研究，先后有省和国家自然科学基金面上项目的斩获，并也获得了省中医药科学技术奖一等奖等科研奖励。

1998 年的 3 月 8 日，浙江中医药大学和刘强签订聘用协议，刘强成为一名中医学院的老师、省中医院的医生和新杭州人。2012 年已经是省级名中医的程师决定申报全国老中医药专家学术经验继承工作指导老师，成功入选。刘强和汪春荣幸地成为程师的学术经验继承人。程师经典功底深厚，每遇疑难病例，善抓主症、独证，病证结合，立法遣方，思路清晰，三年的跟师，让刘强的学业再次获得突破性进展。

"第一名就是比别人要跑得快"，这句话一直鞭策着刘强。如今，刘强已是浙江中医药大学第一临床医学院教研室副主任，科室党支部书记，主任中医师，第四批全国优秀中医临床人才、省高校中青年学科带头人、省"151"人才、国家自然科学基金、省自然科学基金评审专家。

二、"学过南北派中医，我们应当互相学习"

汪春成为程师的博士生，那是刘强介绍的。

2001 年底，已是硕士毕业、在南京军区杭州疗养院（现为空军杭州特勤疗养中心）工作两年的汪春，申请到浙江省中医院心内科进修。在那里碰到了程志清老师的得意弟子刘强。在刘强的帮助下，汪春见到了门诊刚结束的程师。短暂的会面，程师对汪春有了初步的印象。听汪春介绍时说，她从小就对中医耳濡目染，本科毕业于北京中医药大学，硕士毕业于广州中医药大学。程师很高兴地说："中医很需要有你这样基础的人才，学习过南北两派风格的中医，今后我也得向你学习！"程师鼓励汪春继续报读博士。汪春不负期望，于 2002 年顺利被录取为程师的博士生。

汪春出生于浙江临安农村。外祖父是当地乡间名医，祖父是一方儒绅，然而由于当时的时局和形势所迫，两位至亲皆是英年早逝。母亲虽然文化程度不高，但心灵手巧，性情豁达，且从小跟着外公在田间地头，认识不少草药，熟知药性。奶奶和父亲也颇知晓一些医理药理。他们经常用一些"偏方"给家人或乡亲治疗各种毛病。小时候的一些浸染使汪春对中医药有了一些粗浅的认识和兴趣。高三以后，母亲因多年积劳成疾，常常无缘无故地晕倒，去医院又查不出个所以然；父亲则患严重的腰椎间盘突出症，腰腿疼痛长期不能缓解。那时汪春住校，父亲有时一瘸一拐地来送点东西，看着他颇为怪异的姿势勉强行走的背影让人心酸无奈。汪春由此渐渐萌生出"不为良相，便为良医"的想法：若成良医，上可悬壶济世，下可慰亲疗疾，也不失为安身立命之本。

1991年，汪春以第一志愿填报北京中医学院（后更名为北京中医药大学）中医系被录取。北京中医学院是国内首屈一指的中医药院校，被誉为中国中医药领域的首选院校和最高学府。学校学术人文气氛浓厚，名医名师荟萃，汪春在校能有幸亲耳聆听聂惠民、高学敏、田德禄、杨维益、刘燕池等名师的教诲。1996年汪春大学本科毕业，获得学士学位。同年为进一步深造，考取广州中医药大学硕士研究生，入广州中医药大学第一附属医院心内科陈宏珪教授门下，专业为中西医结合心血管内科，1999年毕业，获得硕士学位。陈宏珪教授是岭南名医，长年从事中医医教研工作，对中西医结合治疗心脑血管病深有研究。广州的三年时间，大部分是在跟陈教授门诊及病房里度过，极大地提升了汪春对临床常见疾病的诊断和处理水平。

1999年硕士研究生毕业以后，汪春被特招入伍，进入南京军区杭州疗养院（现为空军杭州特勤疗养中心）工作。先后在疗养科、理体疗科、康复科历练后被调任中医科主任至今。

2001年底，汪春申请到浙江省中医院心内科进修。在那里碰到了程志清老师的得意弟子刘强。闲谈中谈起他的导师程师，尽是溢美之词。让汪春不由心生向往。想想自己大学本科是在北京中医药大学学习，接触的可说是北派中医学术经验；硕士研究生是在广州中医药大学完成，导师是广东本土人士，岭南医学氛围浓厚。如今身在江浙，江浙自古以来钟灵毓秀、人文荟萃、名医辈出，如海派医学、江阴学派、新安医学等，在中医界也是拥有卓然的地位。现下既有名师，何不继续深造？2002年，汪春成功考上程师的博士研究生，正式入门。

跟着程师学习三年，可谓是师生情谊绵长，得益良多。2006年，汪春博士顺利毕业后，回到原来的单位。2008年经过层层选拔，代表南京军区赴京

参加"全军中医药大比武"。2011年完成"十一五"期间南京军区卫生人才培养"122工程"军区级学科带头人培养计划。2007年荣立三等功一次，工作以来多次获得院区嘉奖、巾帼能手、优秀党员、优秀科主任等荣誉称号。

三、你比别人多了一辆助动车

窦丽萍是程师门下少有的西医出身的学生。

她出生于黑龙江省齐齐哈尔市，一个清静秀美的铁路沿线小地方，几幢高大带着各自田园的苏式房子，一个尖顶教堂，一个绿草如茵的运动场，一个苏联红军烈士陵园，一个俱乐部旁边安放着一个小小的图书馆，这是个美丽的城市。

1992年，窦丽萍从齐齐哈尔医学院临床医学专业本科毕业，被分配到齐齐哈尔铁路中心医院三级甲等医院（目前更名为齐齐哈尔医学院附属第三医院）工作。临床工作后，窦丽萍发现西医的局限性，认为理想的模式应该是中西医结合医疗，于是窦丽萍于2001年考入陕西中医学院（现为陕西中医药大学）杨培君教授名下的中西医结合心血管专业研究生，2004年研究生毕业后来到杭州，在浙江省新华医院即浙江中医药大学第二临床医学院工作。既在医院上临床，又在学校上课。2006年，窦丽萍决定专心致志地再研修一下中医，确定考博！并毅然选择中医内科学心血管专业唯一的博导老师——程志清教授！

选择程师时窦丽萍还有一点担心，担心自己西医出身，程师会不会因此对她有所排斥。毕竟，自西医传入中国后，中西医之争一直未消停，虽然现在社会对两方都接受包容，但在医疗界不少专业人员内部，相互排斥的现象还是确实存在的。但窦丽萍后来发现，程师非但不排斥，反而表示欢迎，说："西医对中医的帮助是不容小看的，你有西医基础，相当于比别的同学多了一辆'助动车'。"

事实证明，程师虽然是一名纯粹的中医，但从不排斥西医，她熟悉琳琅满目的西药，了解起搏器、支架的植入及射频消融等西医技术，还能不逊于西医地解读各种检验、超声、影像报告。有些不肯接受西医治疗的病人，她能及时发现必须西医手段干预的问题，再动员病人去接受西医动刀动枪的干预。

来到程师门下，窦丽萍才发现，虽然忙，但跟着程师学习却是件快乐的事情。她为人宽厚、开朗大气，师生间很平等，大家能畅所欲言，每次聚会学习各自都有古今大量信息收获。程师喜欢学习、喜欢接受新事物，现代科技工具她都比年轻人接受得快，如手机、电脑、微博、微信、视频会议，所以师生间就能随时随地沟通学习。

程师做事认真，且雷厉风行。有一次，窦丽萍到她家一道讨论修改科研课题，改好后已时至深夜，没想到程师坚持当日事当日毕，要连夜把资料打印出来，俩人于是满大街去寻找同样勤奋没有关门的店铺，等资料全部打印好已是零点时分。程师做事情就是如此，言出必行，这种风格一直未变。

窦丽萍博士毕业后回到浙江中医药大学附属第二医院，现为该院副主任医师，心血管内科副主任，程志清全国名中医工作室负责人。

四、把思维的起点调个头

姚晓天是程师招收的从教学岗位最后转向临床的在职研究生。当初在投报导师时，姚晓天因自知长期在教学岗位上工作，在临床经验上相对欠缺，担心导师对此会心存芥蒂。后来程师对姚晓天说：长期在教学岗位，说明你的理论基础相当扎实，在学习接受能力方面肯定占有优势。但如果从事临床，则要努力改变思维习惯，即长期教学容易形成的思维逻辑是，从理论出发再到临床病症，而临床实践需要的思维路径刚好相反，即从临床病症再到理论根据。要把思维的起点调个头！程师一句话点醒梦中人，姚晓天此后的临床实践引证了这句话的精辟。

1990年，姚晓天从浙江中医学院本科毕业，在校时原本有毕业后继续深造的想法，不料毕业那年因为政策的关系，所有应届毕业生不能参加研究生入学考试，改为由学校推荐，而全年级一共只有两个名额，所以大多数同学只能遗憾地离开学校，踏上工作岗位。姚晓天被分配到衢州卫生学校，主要担任护理、助产、医士等专业中医学教学，在这些以西医为主的专业中，中医课程并不被重视，课时少内容多，加上中西医理论的巨大差异使很多同学无法真正接受中医，这让她内心感到非常失落，曾一度怀疑自己所做的工作是否有意义。

1999年从医院的同事那里得到消息，浙江中医学院招收在职研究生，并可以利用双休日的时间上课学习，这样对生活和工作的影响都不大，姚晓天觉得特别适合自己，就向单位提出申请，值得庆幸的是姚晓天的申请顺利通

过了！当年 9 月份，姚晓天进入了在职研究生的第一阶段课程的学习。当时程师任浙江中医学院研究生处处长，并担任科研设计的教学。课堂上程师讲课深入浅出，条理清晰，举例翔实，姚晓天深深地被她吸引。经过一年半的研究生课程学习，成绩合格，之后通过了同等学力人员全国英语水平考试，姚晓天顺利地进入课题研究阶段，面临寻找导师，姚晓天首先想到程师，但是有害怕程师门下学生众多，担心她会不会接受，就托同学代为引荐，没想到程师一口答应。

第一次拜见程师时，她毫无架子，开朗直爽的性格消除了姚晓天内心的紧张。当她了解到姚晓天在卫校工作时，她说她也曾经在卫校当老师，还和姚晓天聊起卫校的中医课程，一下子就拉近了相互间的距离。程师仔细地询问了具体的工作情况，考虑到姚晓天教学和临床兼顾，让她可以做高血压方面的流调研究，在程师的指导下姚晓天顺利地完成了课题的设计、实施、论文的撰写。后来在答辩的过程中，因为准备充分，得到浙江医院院长金宏义院长的好评。

2003 年因为姚晓天爱人工作调到杭州，为了生活的方便，课余的临床工作姚晓天申请到浙江中医药大学中医门诊部，离程师更近了，每周都抽半天时间跟师抄方，一直到现在，成了程师跟师时间最长的学生。在姚晓天心里，和程师的情谊甚至胜过母女。

2014 年在程师的极力推荐下，姚晓天应聘到了浙江中医药大学附属第三医院中医科，从此成为一名专职临床医生，现为该院副主任医师，副教授，2017 年医院申报了浙江省程志清名老中医专家传承工作室，姚晓天成为工作室负责人。

五、录取的都是好苗子

"录取的都是好苗子！"这是程师经常对学生们讲的一句话。这句话体现程师一贯以来的"有教无类"的原则和观念，也充分体现一位导师对学生的信任，更反映出导师严格要求自己教出好学生的自律性和责任感。实践证明，除上述已提到的刘强、汪春、窦丽萍、姚晓天外，凡程师所招带的硕士生、博士生及学术继承人等50多名学生看来，个个都得益于程师"有教无类"的原则和观念，被招入程师门下，受教一时，受益终身。

2006 年被程师招为博士研究生的殷子杰，自认为是个"缺乏自信"的人。

他说："我就是在程师鼓励中成长的。"

殷子杰在浙江中医药大学读硕士期间，"中医科研思路与方法"这门课就是程师讲授的。程师在课堂上严谨认真，不苟言笑的台风让殷子杰产生望而生畏的感觉。随后在一些同学的开题报告或毕业论文答辩会上，也经常能再见到程师作为开题或答辩老师出席，往往简单几句评价就能切中重点，指出参加答辩学生的论文或课题中存在的写作思路上、课题设计、研究方法等方面的问题，严肃而犀利。2006 年，殷子杰完成硕士研究生的学业决定报考博士时，由于自己学的是基础专业，没有经过太多临床实践，三年的硕士学习中，很多时间在做实验，但并没有接触到太多前沿的科研技术。在殷子杰看来，当时同班的程师的学生个个临床能力突出，科研素质很高，对比自己，觉得程师这个导师高不可攀，因此对考博一直没有自信。在同学的热心推荐和鼓励下，殷子杰还是硬着头皮，怀着忐忑的心情走到了程师的办公室进行自我推荐。程师和蔼地鼓励他：只要真心想学，就再刻苦努力一些，还要一定的信念，要对自己充满信心！程师一席话，让殷子杰温暖万分。后来他终于通过博士笔试、面试两关，被程师招收门下。

殷子杰在程师的鼓励下，顺利完成学业，获得博士学位，现于杭州市江干区人民医院工作，主治中医师，从事中医内科及内分泌科方面的工作。杭州市中青年"131"人才。承担市级课题 1 项，获得省级科技成果奖 3 项，在各级刊物上发表论文 20 余篇。

来自河南农村的张娟，系程师 2007 年招收的硕士研究生。张娟对程师的评价是——温暖得像妈妈一样的老师。

作为一名女性导师，程师对学生怀有慈母般关爱，是程师所带的任何一名学生都深深体会到的。可能是女生的缘故吧，只要有人提起程师这种母亲般对学生的呵护，细心的张娟都有说不完的话。入学第一年春节张娟没有回老家。程师知道后就早早通知张娟，让张娟到老师家里过年，吃年夜饭。考虑到张娟从河南第一次到杭州，虽然入学已经有一段时间，但学业紧，出去玩的时间毕竟有限，所以，程师专门在正月初一，陪着张娟去吴山广场、南宋御街游玩，临走还给她带上菜、糕点等。又有一次，张娟不小心摔坏了手臂，虽然没有骨折，但手动不了，贴着膏药，挂着绷带，只好请假休息。第二天中午，不想程师带了水果、云南白药专程来看望她。当时张娟就觉得特别感动，特别温暖幸福，情不自禁地想起自己的妈妈，眼泪夺眶而出。张娟还经常提到每年春运期间，程师都会早早地帮助她买车票。其中有一年她春节回家下

大雪，火车晚点十余个小时，好在程师的帮助，买到了卧铺车票，30多个小时的严冬里能躺在温暖的卧铺上回家，感觉特别幸福、特别幸运。

同样来自农村的金华浦江女生黄超岚，曾对慈母般的程师概括过一句话："跟着程妈妈，有吃有穿有盖有知识。"她时常提起程师请同门"兄弟姐妹"们去程师家里"蹭饭"。当年程师的母亲在世时，学生们都亲切地称"外婆"。那时程师的学生，没有人没有吃过外婆烧的菜，没有人没喝过外婆煲的汤。每次学生们去吃饭，外婆就会在门口热情地迎接，接着是一桌丰盛美味的饭菜。黄超岚说："我最爱外婆做的糖醋腌彩椒了，酸！甜！鲜！真是人间美味！"在黄超岚研究生二年级时，程师送她一件草绿色连帽羽绒服，还有一床宽大深绿色主调的花色毛巾被，柔软舒适，温暖贴心。

如今，张娟在杭州市余杭区中医院工作，2012年入选"余杭区中青年后备学科带头人"，2014年入选余杭区"139"中青年人才培养，先后发表论文多篇，2016年成为浙江省中医药学会心脏病分会青年委员，2018年成为程志清教授工作室成员之一。黄超岚2004年硕士毕业后至今在金华市人民医院从事中西医结合临床工作，2018年经择优招录，成为"金华市第二批名医师承班"再次成为程师的继承人。

程师说，能被录取的都是好苗子，作为导师，就应当尽自己的一切所能，去好好呵护这些苗子。无论学生的性格、风格、背景、出身如何，导师不仅在学业上应当毫无保留地传授他们，也有责任从生活上关注他们，从情感上体谅他们。良好的师生情感，何尝不是人生中一笔巨大财富呢？

第二节　因材施教，因病施教

一、因材施教，从一而终

程师认为，作为高等教育教学中对"因材施教"的理解上，应当有别于基础教育。导师所带的硕士生、博士生、学术继承人，都是在专业已具备相当基础的教育对象，"因材施教"原则在高等教育中，应当赋予其不同的内涵特征。为此，程师提出"放中学、学中管、管中调、调中进"的方法（已在第五章中详述），实现因材施教原则在高等教育中的落实。

程师的"四中法"，在学生刘强和窦丽萍身上得到很好反映。

刘强是程师第一个招收的研究生，他基础好，肯上进，好钻研，定力强，性格较坚毅。程师根据他这些特征，在教授其硕士、博士学业期间，即对刘强强调"找准研究方向后，即要心无旁骛，一猛子往下扎，肯定能出成绩"。刘强听从导师教诲，将一进师门就开始研究的病毒性心肌炎研究至今，形成其目前三个比较稳定的研究方向之一。刘强的三个研究方向如下。

病毒性心脏病：在程师的基础上，刘强一直继续在病毒性心脏病（包括病毒性心肌炎和病毒性扩张性心肌病）方向进行中西医结合诊治的基础和应用研究。病毒性心肌炎归属于中医学"心悸""怔忡"的范畴，其病机特点在急性期多认为是温毒入里，气阴受损；慢性期则为气阴两伤，瘀热内结；最终发展至阴阳俱虚，水饮瘀血互结，机体衰败。临床上分阶段、衷中参西，病证结合，标本兼顾，注重截断，综合疗效肯定。刘强毕业后先后主持了相关的省教育厅课题 1 项、省中医局课题 2 项、卫生厅课题 1 项、省和国家自然科学基金面上项目各 1 项，发表相关学术论文 20 余篇（SCI 论文 4 篇），获得省中医药科技一等奖等科研奖励 2 项。

心房颤动：多归属于"心悸""怔忡"范畴，较为公认的病机认识为本虚标实，本虚主要是心之气血不足，或阴阳偏虚；标实主要是瘀血、痰饮、湿浊、火热扰心。在程师指导下，刘强宗仲景"心动悸，脉结代，炙甘草汤主之"，认为本病多虚，心悸阴阳气血不足常见，多有侧重，炙甘草汤平补气血阴阳，切中病机；同时进一步强调心房颤动属风象，多为虚风内动，舍心滞络，心神不宁，发为心房颤动，为其特异性；故临证补虚泻实同时，加强潜镇之法的应用，取得良好疗效。若干年中，刘强秉承程师的教诲，就心房颤动发生的炎症机制及中医证型的规范化先后成功申报 4 项省中医药科研项目，发表相关学术论文 10 余篇，并获得省中医药科学技术奖三等奖 2 项。

冠心病：在程师指导下，刘强宗仲景"阳微阴弦"的病机认识，进一步认识"大气一转，其气乃散"的论述，认为胸阳、宗气不足为其病本，治疗强调举阳气，振心阳，尤其在支架术后病人的调治中，临床多采用张锡纯的举陷汤为主化裁，疗效明显；此外，对于本病标实目前较为公认的认识多为"痰瘀互阻"，考虑到本病病理关键在于冠状动脉粥样硬化斑块的形成，而进一步理解《丹溪心法》所述之"痰挟瘀血，遂成窠囊"。冠状动脉窠囊内生，痰瘀互阻而成有形，故临床治疗在豁痰逐瘀通脉止痛的同时，强调软坚散结法的使用，采用自拟"消窠散"化裁治疗，取得良好疗效，目前据此申报省中医药科研项目 2 项，在观察其抗动脉粥样硬化客观疗效的同时，探讨其针对抑制粥样斑块内新生血管形成的机制，目前已有阶段性的成果，并发表相

关学术论文 4 篇。

刘强常说，正是程师一直来要求"不忘初心，从一而终"的提醒和鞭策，使自己牢牢坚守自己的研究方向，二十多年来一直咬定青山不放松，同时在学术研究和事业发展中，因程师不断的指导、把控、调整，才使自己今天能取得如此的成绩。这些成果中，无处不体现程师的"四中法"理念，无处不包含程师的心血和汗水。

窦丽萍也体会到，程师"放中学、学中管、管中调、调中进"的"因材施教"原则，对其发挥的重大作用。

当初窦丽萍在读程师博士时，程师就为她量身定制了一套适合的教学方案，方案主要包括窦丽萍今后的研究内容、方向和研究方法。

程师当年分析道，古中医没有单独系统的心血管病论述，所以中医心病的继承研究困难重重，而现代心血管病的研究进展迅速。程师长期关注西医疾病的诊治进展，努力融进中医传统理论，深挖病因病机，发挥中医辨证论治及整体治疗的优势，先后对常见的几个心血管病种做了系统研究：从基础到临床，如病毒性心肌炎、高血压、冠心病、心力衰竭。其中高血压合并失眠症的流行情况、基础及临床深入研究较少，但已引起国内外有关学者的关注。程师当时就要求并指导窦丽萍，沿着这条线，坚持不懈研究下去。所以程师为窦丽萍选择了高血压失眠方向，并接受程师的全程指导和全局管控。

窦丽萍申请课题。课题分为两部分，一部分让程师的另一名学生姚晓天负责到社区去做高血压失眠的中医证型流行病学调查；一部分选择一个常见的证型让窦丽萍做基础研究，用程师化裁的陆老经验方来做研究。

根据程师早年对于高血压合并失眠症的初步调查和长期临床经验，程师认为高血压失眠阴虚火旺证型多见，从中医病机分析多为母病及子所致，水生木，木生火，水不涵木则肝阳上亢是为母病及子；木火上炽引动心火上炎是为母病及子，心肝火旺于上，肝肾阴亏于下，以致心肾即济失调，心肾不交，则使心烦失眠加重。病性以虚者居多，肝肾阴虚、心火独亢是病机的关键，治疗当以滋养肝肾，平肝潜阳、养心安神为法，从而达到滋阴降火、交通心肾的目的。高血压合并失眠证型属于心肾不交，然而其与中焦脾胃及肝胆关系密切，其病机为肝阳上亢、肾水不足、水不涵木、痰浊壅阻，故通过平肝潜阳、交通心肾、运脾化痰等方法可以在改善睡眠的情况下降低血压。

程师定方名为"加味交泰汤"。从交通心肾着手，同时针对高血压病人肝阳上亢兼痰瘀阻滞等特点，在配伍时考虑到清心平肝滋肾、运脾化痰、活血化瘀等使心肾上下交通来达到治疗高血压失眠目的，这有别于一般阴虚火旺的失眠症。

加味交泰汤组成：黄连、龟板、生地、百合、牡蛎、珍珠母、丹参、夜交藤、炒枣仁、郁金、茯神、肉桂等。

本方从两种途径达到交通心肾目的：一是直接交通心肾，药用黄连苦、寒，清心泻火为君，少佐肉桂以引火归元，与黄连同用以交通心肾。臣以龟甲、生地滋肾阴以降心火。百合，甘寒质润，善养阴润燥。入心经，养心阴，益心气，清心热而安心神。与生地同用，可治虚烦心悸，失眠多梦。佐以夜交藤、枣仁养心安神；使以丹参入心经，清心除烦安神，以助黄连清心火、安神定悸之力。二是间接交通心肾，本方臣以珍珠母、牡蛎平肝潜阳，镇惊安神；佐以茯神健脾化痰，宁心安神。郁金有行气化瘀，清心解郁，与茯神合用，起到疏肝健脾作用，四药合用间接促使心肾上下交通。正如张锡纯所说"肝气能上达，故能助心气之宣通；为肝气能下达，故能助肾气之疏泄"，清代李用粹在《证治汇补》提到"五脏之精华，悉运于脾，脾旺则心肾相交"。本方药味虽多，但君臣佐使各司其职，繁而不乱，全方配伍合用，可使心肾共济，肝阳平息。现代药理证明，黄连对神经系统均有镇静、抑制的作用，黄连泻心火的部分药理作用与降低儿茶酚胺有关，肉桂对中枢神经系统有镇静、镇痛、抗惊厥作用，桂皮醛有中枢抑制和兴奋作用。酸枣仁养肝宁心安神，有明显的镇静催眠作用，夜交藤、酸枣仁通过中枢镇静及扩张外周血管，既有降压又有镇静作用，丹参能扩血管改善微循环，又有镇静作用。故其综合作用是一般镇静药所不能替代的，全方可能从镇静、降压、改善微循环，调整中枢神经系统和心血管功能等多途径达到交通心肾的目的。

窦丽萍博士毕业后，回到医院，医院特地新增高血压专科门诊。加味交泰汤的应用验证了中老年高血压病人失眠疗效。在医院门诊，窦丽萍根据程师的方法，为高血压病人制定了个性化中西医结合治疗方案，对高血压病人进行了系统综合诊治与管理，明显提高接诊病人高血压的控制率及依从率。

如今，窦丽萍继续沿着程师当年指定的方向，在高血压病研究方面已取得显著成绩的基础上，还在不断努力和提升。

二、因病施教，病中寻踪

在以学生为教育对象进行因材施教时，程师还针对学生的学习对象——

各种疾病的认识和治疗，提出"因病施教"的教育教学方法。程师认为，在教学和临床实践中，对每一种疾病的认识和治疗，采取有针对性地指导学生掌握具体的学习方法和临床处理规则，此即程师所谓的"因病施教"。同时，并不是将一种病孤立出来，而是将这种病作为一个切入口，并寻找内在规律，同时将揭示出的规律性认识与中医基本原理相联系，再寻找出中医解决这种疾病的最佳途径和方法。此谓"病中寻踪"。

学生汪春对程师的"因病施教，病中寻踪"的教育教学理念和方法，深有体会。体会最深的是程师在传授中医中药防治高血压中该理念和方法的使用和实施。

临床上对高血压，一般都首选西药降压。西药服用简便，机制研究透彻，疗效稳定，对一般病人确是可以起到立竿见影的效果，也利于提高依从性，长期维持用药。但西药的副作用也不可忽视，如干咳、踝部水肿、减慢心率、代谢异常等。有些病人，对西药治疗有所顾虑，而求助于中医中药；还有些病人是服用西药后血压控制不理想，也希望借助中医药来起到辅助治疗作用。

汪春记忆中最深刻的是，程师传授的高血压中医治疗的四要领。程师认为，中医中药在治疗高血压方面有自己的独到之处。然，基于中西医治疗原则、方法、手段等的差异，一定要寻找中医本身的治疗规则和方法。程师根据自己多年经验积累，向学生传授治疗高血压的四个要领，即"抓时点，明辨证，找渊源，巧施治"。

"抓时点"，即必须严格掌握介入时点。中药的介入时点，要抓住"一前""一后"。"一前"是指早期，对于新诊断的高血压病人，血压水平在1级，可试用中医治疗，通过生活方式改善（减肥、适当运动、戒烟、降低精神压力等）配合中药辨证施治，使血压降至正常，以后定期检查，如血压能维持在正常范围，就可延缓西药介入时间。"一后"是指2级、3级的高血压病人，西药早已介入，但降压效果不佳，或副作用明显，或头晕、乏力等症状不能缓解，或出现并发症甚或靶器官病变如高血压性心脏病、高血压性肾病等，西医无计可施，中医中药正可施展。中医治疗高血压降压是一个目的，更重要的是如何改善与治疗不同时期所表现的不同症状，即对高血压病前期的防治，以及如何阻断与防治因高血压而出现的心、脑、肾等严重伴发症的发生。

"明辨证"：中医药临床疗效的提高，最关键的环节还是如何辨证、怎样去寻找有效的降压方药。应重视对高血压中医相关病证的理解与研究，高血压的病名在中医古文献中并没有记载，根据其临床表现主要归属于中医内科学中的"头痛""眩晕""肝风"等病证的范畴，随病程发展又可归属于"心悸""怔忡""胸痹""饮证""水肿"及"脑卒中"的范畴。对这些病证的正确理解与灵活辨治，确立合理的治法，建立高血压中医药防治知识库，为临床提供高血压辨治规范，这是发挥中医药优势的关键。

"找渊源"：中医文献数量庞大，资源丰富。尤其方药文献是中医文献中涉及范围最广、内容最多的两部分。方剂文献中的每首方剂所包含的信息几乎涉及中医理、法、方、药的各个方面，蕴涵着前人审证用药的宝贵经验，利用方剂文献，我们可以总结前人诊治经验，揭示其用药规律及有效治疗方法，将方剂归类研究，在大量的方剂文献中能寻找出有效的降压方剂。

"巧施治"：中医认为高血压的发生、进展、转归都是因各种因素使体内阴阳失调，气机逆乱，或使人体气滞、血瘀、寒凝、湿阻、痰饮等，或气血阴阳的不足而阴虚阳亢、气虚痰阻、阳虚寒凝等。故传统中医治疗高血压的基本方法一直以辨证论治为主流，着重于祛除致病因素，即通过理气、活血、祛瘀、通络、化痰、降火、滋阴、潜阳、补气等辨证论治的方法来改善症状而达到降压之根本目的。另外针灸、推拿、穴位埋线等手法也可酌情应用。

在具体论治高血压上，程师传授的宝贵经验是"以肾为本，以肝为枢"。

程师认为：高血压是现代医学用名。根据绝大多数高血压病人以眩晕、头痛为主症，以及合并心悸、水肿、肢体麻木等症，将之归于中医学中"眩晕""头痛"的范畴。眩晕的病因，主要有情志失调、饮食失节、先天禀赋不足、年老体衰等方面。但在临床治疗时，更应该注重肝肾在眩晕发病中的作用和地位，"以肾为本，以肝为枢"对本病进行系统的治疗。

高血压的治疗为何要"以肾为本"？中医古籍中反复强调肾在眩晕发病中的重要地位。肾为先天之本，寓元阴元阳，主藏精生髓。肾阳为一身阳气之本，温煦全身脏腑形体官窍，推动各脏腑的生理活动。肾阳充盛，则机体代谢旺盛，功能活动正常发挥；若肾阳虚衰，温煦、推动功能减退，则脏腑功能减退，直接影响着心、肝、脾、肺的盛衰。肾为五脏阴气之源，"五脏之阴气，非此不能滋"，能凉润滋养各脏腑形体官窍，同时又调控其生理代谢而不过于亢奋，精神宁静内守。若肾阴不足，滋养凉润作用减弱，则髓海不足而发眩晕，或虚阳上越或水不涵木，肝阳上亢，引发血压升高及其他病理变化。肾精不足日久，可累及肾阳，出现阴阳两虚。肾中精气随着年龄增长，出现一个由盛到衰的过程。高血压的发病率也随着年龄增长而增高，肾虚是

高血压发病的基本病理之一。若先天肾气、肾精不足，所致脏腑气血阴阳的偏盛偏衰均可直接或间接引发本病。另外双亲患有高血压者，其子女禀受先天之精，也具有此种患病倾向，这点与现代遗传学的研究也不谋而合，因原发性高血压已明确是基于多基因的遗传疾病。

《素问·至真要大论》有云："诸风掉眩，皆属于肝"，"头为诸阳之会，与厥阴肝脉会于巅……不能上逆……厥肝风火乃能逆上作痛"，明确地指出肝与高血压发病的关系。肝属刚脏，体阴而用阳。"体阴"是指肝藏血的功能，即生成、贮藏血液和调节血量、防止出血。"用阳"是指肝主疏泄，并主升主动，故其功用属阳。体阴而用阳体现了肝藏血和主疏泄的关系，一血一气，一阴一阳，二者之间正如阴阳那样对立互根，此消彼长。这两个功能在高血压的发生、发展中都起着十分重要的作用。首先，肝主疏泄，具有调节精神情志，促进消化吸收及维持气血、津液的运行三个方面的作用，肝的疏泄功能直接影响着气机的调畅和血流的正常。而高血压正是气的升降失常所产生的病变。其次，肝有贮藏血液和调节血量的功能，时刻调控着血量的分布，使血脉中的循环血量始终保持在适度的水平，从而保持了人体的正常血压。正常情况下，"体"和"用"之间保持着动态平衡，在某些病理因素作用下，这种平衡关系被打破，就会引起疾病的发生，并导致其他病理因素的产生。

肝肾同属下焦，关系极其密切。高血压不同程度地涉及肝肾两脏，包括肾阴、肾阳、肝气、肝火、肝风、肝阴、肝阳、肝血等各个方面，两脏的病理变化对气血的影响使这一病理过程不可避免地涉及血瘀、血热、血虚、气郁、气滞等气血的病理变化，同时对其他脏腑如心、脾、肺也有影响，使这一病理过程可能涉及脾湿、心火、心脉瘀阻、脾虚等脏腑虚实的病理变化。病变早期以阴损为主，临床多见阴虚阳亢，尤其多见肝火、肝阳、肝风之证，后期阴损及阳，多见阴阳两虚（包括气阴两虚）、瘀血内阻、痰湿水停等，症状错综复杂。

"以肾为本，以肝为枢"即根据肝肾与高血压发病的密切关系，从肝肾入手进行辨证论治。经程师提炼，提出具体辨证治疗"七法"。

第一法：补肾填精法。此法适用于肾精亏虚型。此型病人多病情迁延，血压波动较大，且常因情志不畅、饮食不节、感受外邪而引动肝阳、肝风，变生他证。治宜补肾填精。可选用六味地黄丸或左归丸加减，常用的药物有生地黄、山药、山芋肉、麦冬、白芍、旱莲草、女贞子、杜仲、牛膝等。又有阴虚日久，阳无依附，阴损及阳，又可见阴阳两虚，此证型临床以患病较久的中老年为主，可选用金匮肾气丸或右归丸化裁，在补阴药的基础上加用肉桂、附子温补肝肾，阴中求阳，温阳而不伤阴液。肾为先天之本，肾中阴阳为一身阴阳之本，补肾法能从"治本"着手，滋养肝肾、平衡阴阳，提高生活质量，降低并发症。

第二法：养阴柔肝法。此法适用于阴虚阳亢型，叶天士提出"肝为刚脏，非柔润不能调和"。是以滋阴养肝柔肝始为治本之法，临床上可采用滋水清肝饮加减，常用药物如熟地黄、当归、白芍、酸枣仁、山茱萸、茯苓、山药、柴胡、栀子、牡丹皮、泽泻等。对引动内风之证，证见眩晕欲仆、头摇肢颤、肢体麻木、筋惕肉瞤，视物模糊者，取养肝息风的大定风珠。血肉有情之品如当归、熟地黄、阿胶、龟甲、鳖甲等可增强养肝息风之功。

第三法：平肝潜阳法。此法适用于肝阳化风型。因阴虚与阳亢轻重不同，故选方用药亦有所不同。若阳亢偏重，以天麻钩藤饮加减；若阴虚、阳亢俱重，选镇肝熄风汤化裁。并择取石决明、生牡蛎、生龙骨、灵磁石、代赭石等介石类药物加强重镇潜阳之功。

第四法：清肝泄热法。此法适用于肝火上炎型。火为阳邪，其性炎上，循肝经攻冲头目，使血压突然升高。治以清肝泄热，佐以潜阳息风。选方为龙胆泻肝汤，可酌情选用桑叶、夏枯草、菊花、钩藤、黄芩、牡丹皮、栀子、黄连、羚羊角粉、天麻、钩藤、怀牛膝、石决明等药。此法需注意中病即止，经用苦寒泻火之品取效后，当续用滋阴柔肝之法，否则徒伤正气，而易于反复。

第五法：疏肝解郁法。此法适用于肝郁气滞型。若七情郁结，肝失条达，可致气机郁阻，气郁血逆则血压上升。治疗当循《黄帝内经》"木郁达之"之法，宜疏肝解郁，常选用柴胡疏肝散或逍遥散加减。

第六法：健脾平肝法。此法适用于肝旺脾虚型。病理上，若脾胃虚弱，脾运不健，则可致肝阴血不足；脾虚水湿内停，化湿生痰，痰湿中阻，或不犯清窍，可致眩晕；或肝气久郁，横逆犯脾，影响脾之健运，生痰助湿，或气郁化火，炼津成痰，加之肝气上冲，痰气交阻，气血逆乱致血压升高。故治以健脾平肝，方选二陈汤合半夏白术天麻汤加减，标本兼治，使痰祛肝平，血压自降。

第七法：活血化瘀法。此法适用于痰瘀互结型，为高血压常见的证型。瘀血是高血压发展过程中的一个重要病理产物，瘀血贯穿于高血压的全过程。而瘀血既成，常与痰浊相互搏结，可阻于心、脑、肾、四肢等各处脏腑、经脉而为患，进一步加重病情，并导致胸痹、心悸、中风等"变病"的发生。

因此程师在临床治疗上重视加用活血化瘀法，常用冠心Ⅱ号或血府逐瘀汤加减化裁。

总之，程师认为：肝肾在高血压的发病中扮演了极其重要的角色，肝肾的功能又与其他脏腑及病理因素密切相关，临床治疗高血压眩晕应紧紧抓住肝肾这两个主要矛盾，灵活运用上述各类治疗。肾虚不足是高血压发病的根本，而肝之体用是发病的关键，正如叶天士《临证指南医案》指出"东方生风，风生木，木生酸，酸生肝，故肝为风木之脏，因有相火内寄，体阴用阳，其性刚，主动主升，全赖肾水以涵之，血液以濡之，肺金清肃下降之令以平之，中宫敦阜之土气以培之，则刚劲之质，得为柔和之体，遂其条达畅茂之性，何病之有"。高血压并不是一种孤立的疾病，应在对其本质认识的基础上，依据现代病因、病理学理念充分运用中医整体恒动观、辨证论治、因人制宜对高血压的形成、发展、治疗给予系统考虑，整体把握。

三、知其要者，一言而终

《素问·六元正纪大论》言："凡此定期之纪，胜复正化，皆有常数，不可不察，故知其要者，一言而终，不知其要，流散无穷，此之谓也。"《灵枢·九针十二原》曰："节之交，三百六十五会，知其要者，一言而终，不知其要，流散无穷。所言节者，神气之所游行出入也。非皮肉筋骨也。"意思是人体关节等部位的相交，共有三百六十五个会合处，都是络脉之气聚结的地方，即气穴。知道这些要妙所在，一句话就可说明白，否则就无法说了。

程师认为："知其要者，一言而终"是中医学的核心思维，是中医临床的指导性原则。这是程师毕生从医从教的最深体悟，她一直以此为准则践行于实践，并有自己的理解和发挥。因此，在对学生的教育教学中，程师经常用这句话与学生们"共勉"。程师认为"知其要"，就是要掌握透过现象把握本质的能力，只有具备这个能力，临床上才能做到游刃有余，甚至可以达到"一见知病，出手即效"的程度。这一思想在程师的临证过程中处处体现出来。首先，善于抓住主要矛盾，大多心血管病人共同的特点是年龄偏大，合并症、兼夹症多，涉及多系统、多脏器的病变，临床表现复杂，病人焦虑烦躁，主诉繁多，诉求多。这个时候，程师往往会反过来询问病人："你最需要解决的问题是什么？"程师认为，治疗疾病必须抓住主要矛盾，如果眉毛胡子一把抓，往往什么都治不好，必须要抓住疾病治疗的切入点，解决主要矛盾，使临床初见成效，病人才会树立起信心，配合医生的治疗，然后再一步一步解决次要问题。其次，就是要善抓主症，疾病的临床表现是非常复杂的，常常会证候相兼，一个病人相兼出现的证候有主有次，主证候是从主症而来，因此辨证时从主症入手，详审细辨，断定这个疾病的主要证候，执简驭繁，往往能直中病机，见效迅速。

学生姚晓天牢记程师的这个原则，并在临证实践中多有尝试，收效奇佳。其中一例：

郑某，男，82岁，初诊：2018年7月5日。主诉：反复头晕1年余。刻诊：近1年时有头晕，偶有胸闷心悸，盗汗、自汗，夜寐梦多，舌淡红苔薄，脉弦细有歇止。既往有高血压病史15年。体格检查：心率62次/分，律不齐，血压120/70mmHg。辅助检查：动态心电图示①阵发性心房颤动伴长R-R间期：心房颤动共14阵，持续时间为13分55秒，R-R间期最长：3.27秒，大于2秒有62次。②室性期前收缩有4009个，占总心搏3.9%，最多室性期前收缩发生于17时为608个，有2阵成对室性期前收缩，有16阵室性二联律，有6阵发性三联律。③房性期前收缩有169个，占总心搏小于1%，最多房性期前收缩发生于3时为25个，有3阵房性心动过速，有3阵成对房性期前收缩，有1阵房性二联律，有2阵房性三联律。证属气阴不足，治拟益气复脉，养阴生津，固表敛汗。

处方：太子参15g，麦冬12g，五味子5g，生地15g，赤芍12g，桂枝7g，炙甘草7g，茯苓15g，煅龙骨15g，煅牡蛎30g，黄芪15g，黄连5g，浮小麦30g，炒白术15g，丹参15g，降香9g。7剂。

二诊：2018年7月12日。头晕显减，胸闷心悸未现，出汗减少，舌淡红苔薄，脉弦未见歇止，血压130/70mmHg，治拟原法，2018年7月5日方加葛根15g，炒防风6g，糯稻根30g。7剂。

三诊：2018年7月19日。头晕心悸未现，盗汗已瘥，日间汗出，夜尿一次，夜寐梦多，舌淡红苔薄，脉弦未见歇止，治拟原法。2018年7月12日方去防风，加红景天12g，炙远志9g。此后在此基础上加减治疗2个月。

八诊：2018年9月13日。诸症好转，动则易汗，夜寐易醒，大便溏薄，舌淡红苔薄，脉弦。2018年9月7日，24小时动态心电图示室性期前收缩：单发26次，房性期前收缩47次，长R-R间歇1次，2.0秒。心律失常显著好转，以原法继续巩固治疗。

处方：生地15g，赤芍12g，太子参15g，麦冬12g，五味子5g，桂

浙江中医临床名家·程志清

枝 7g，炙甘草 7g，茯苓 15g，煅龙骨 15g，煅牡蛎 30g，黄芪 15g，浮小麦 30g，炒白术 15g，糯稻根 30g，红景天 12g，炙远志 9g，甘松 12g，炒防风 6g，木香 9g。7 剂。

此后三个月随症加减治疗。

十三诊：2018 年 11 月 23 日。气候入冬后，晨起受凉后喷嚏流清涕，头晕心悸未现，舌淡红苔薄脉弦。

处方：生地 15g，赤芍 12g，太子参 15g，麦冬 12g，五味子 5g，桂枝 7g，炙甘草 7g，茯苓 15g，煅龙骨 15g，煅牡蛎 30g，黄芪 15g，浮小麦 30g，炒白术 15g，红景天 12g，炙远志 9g，甘松 12g，炒防风 6g，木香 9g，当归 12g，蝉衣 6g，陈皮 9g。14 剂。

十四诊：2018 年 12 月 6 日。喷嚏流涕未已，偶有头晕，舌淡红苔薄，脉细弦。2018 年 11 月 23 日方去炙远志、当归、浮小麦。加干姜 9g，细辛 3g，山药 30g。嘱复查动态心电图。

十五诊：2018 年 12 月 13 日。喷嚏流涕好转，头晕未现，舌淡红苔薄，脉细弦。2018 年 12 月 12 日：24 小时动态心电图示室性期前收缩：单发 3 次，房性期前收缩 51 次，无长间歇。

按：该病例即为姚晓天严格依照程师提出的"知其要者，一言而终"的核心思维，重"抓主症"，最后取得良好效果的成功病例。事后姚晓天对该病例进行分析总结，体会到：该病人是心律失常，阵发性心房颤动伴长 R-R 间歇，频发室性期前收缩，房性期前收缩。西医就诊建议其安装起搏器，病人心有顾虑，求助于中医治疗。接诊时，该病人心悸胸闷不明显，主要表现为头晕、自汗、盗汗、脉有歇止。想到程师抓主症的临床辨证思路，主症反映的是主证候，抓住主症即抓住疾病的病机。汗为心之液，病人长期盗汗、自汗，心血、心阴受损，气随津泄，故证属气阴两虚，心血不足。治当益气养阴，气血双补，同时固表止汗，以防再伤阴血。用生脉饮合炙甘草汤化裁治疗。《温病条辨》曰："汗多而脉散大，其为阳气发泄太甚，内虚不可留恋可知。生脉散酸甘化阴，守阴所以留阳，阳留，汗自止也。以人参为君，所以补肺中元气也。"生脉饮具有益气复脉、养阴生津功效。炙甘草汤，出自伤寒论·辨太阳病脉证并治下》"伤寒脉结代，心动悸，炙甘草汤之"。用于过用汗、吐、下，亡津液、亡血液，以致血不足以养心，则心动悸；血不荣脉，则脉结代。《金匮要略·血痹虚劳病脉证并治》曰："《千金翼》炙甘草汤：治虚劳不足，汗出而闷，脉结悸，行动如常，不出百日，危急者，十一日死。"以上两方均切中病机，两方合用，气血双补，燮理阴阳，加减治疗半年而告痊愈。

四、因人施治，由心治本

程师认为：医治疾病，目标在人，人仍根本。病实为标，本仍在人。因此，治病时眼里不能只见病，而应见"人"；应从"人"的情志、行为出发，结合病症，深入探寻病机原因。因此，程师提出"因人施治，由心治本"的理念。

学生殷子杰在师从程师时，深得程师"因人施治，由心治本"理念的教诲，师而从之，获益匪浅。

如程师在冠心病的治疗、高血压合并失眠治疗中，殷子杰即发现，程师十分重视情志因素如焦虑、抑郁在发病与治疗中的作用。

程师认为：现代研究发现，长期焦虑或抑郁是冠心病发生或加重的重要病因。如2004年在北京、上海、广州和成都7家综合医院心内科进行的一项流行病学调查结果显示，冠心病病人的抑郁症状、焦虑症状、抑郁合并焦虑症状及合计的抑郁或焦虑症状患病率分别为19.8%、16.7%、13.6%和22.8%。多项研究已经证实，焦虑症状或焦虑症显著增加冠心病发生的风险。另有一项研究结论认为，D型人格是消极情感与社会压抑的整合，作为冠心病的新危险因素，不仅增加冠心病病人心血管事件的风险，还可以作为冠心病预后的独立预测因素。在临证中，同样发现许多胸痹病人伴有不同程度的担忧、恐惧及焦虑的精神状况，尤其进行冠状动脉介入支架术后的人群，久之则会影响肝之疏泄，气滞血瘀痰浊油然而生，进而促进冠状动脉病变和支架后再狭窄的发生发展。现代研究亦证实，焦虑抑郁情绪可能加重冠心病病人体内的炎症反应及血管内皮功能损害，这可能是冠状动脉支架后再狭窄的重要因素。

程师由此深入，依医理而论道，强调"心病病虽在心，但与肝相关"，认为肝脏功能失调是导致"胸痹心痛"的重要病因之一。肝主疏泄，调畅情志。情志调达则利于"心主血脉"和"心主神志"，反之则如《临证指南医案·郁证》所云"情怀失畅，肝脾气血多郁"。程师认为，肝为心之母，二脏以经脉相连，故肝病可及心。如果肝气长期郁而不疏，则会导致多种病理产物，如湿浊、痰饮、瘀血等，后者进而痹阻心脉，导致胸痹心痛之病。

程师在临证时非常重视疏肝解郁之法，认为胸痹病虽在心，然母子相连，肝气往往不得疏泄，肝郁气滞则会进一步阻碍"心主血脉"，最终形成恶性

循环。在接诊病人时，程师多先并不急于开药，首先耐心沟通，了解病人的心理症结，知晓其顾虑或忧思之由，并针对了解的情况进行心理疏导，然后才遣方用药。且处方用药之时，多加用疏肝理气之品，如柴胡、赤芍、炒枳壳，取"四逆散"之意，并将枳实换作枳壳，因枳壳性缓而治高，高者主气，治在胸膈，而枳实性速而治下，下者主血，治在心腹。若肝阳上亢者，则加用天麻、钩藤、石决明及珍珠母之类镇潜肝阳；若肝阳化火者，则多配以黄芩、夏枯草清泻肝火，川牛膝、茺蔚子引火下行。这样心理和药物双管齐下，疗效更著。

在高血压合并失眠的病人中，与情志关系密切。程师认为肝为风木之脏，内寄相火，体阴而用阳，主升主动，赖肾精以养。平素性情急躁之人，多阳盛之体，肝阳偏亢，亢极化火生风。风升火动，上扰清窍，则致眩晕、头痛。情志不遂，肝气郁结，郁久化火，使肝阴暗耗而阴虚阳亢则亦发眩晕，头痛；肝火扰动心神，神不得安而致失眠。《血证论·卧寐》云："肝病不寐者，肝藏魂，人寤则魂游于目，寐则魂返于肝。若阳浮于外，魂不入肝，则不寐，其证并不烦躁，清醒而不得寐，宜敛其阳魂，使入于肝。"程师认为肝为风木之脏，内寄相火。肝阳亢盛，风阳上扰清窍，以致头痛、眩晕；肝阳偏亢，热扰心神，故少寐多梦。治拟平肝息风，清热安神。方用天麻钩藤饮加减。

很多疾病的发生都与病人生活习惯、脾气性格、工作环境等密切相关。如高血压、冠心病、糖尿病、高脂血症等常见的慢性疾病，药物治疗有些取效会较快，但效果未必能保持较长的时间。现代的治疗方法已经将一些不良的生活习惯作为危险因素写在了指南里，但并没有说明如何解决。通过跟程师学习，发现要懂得跟病人沟通交流，从而发现引起疾病的更深一步的原因，并通过一步步的交流，引导病人努力将这些不良习惯改正，让病人懂得如何管理自己的疾病和身体，让病人知道如何健身防病，从而能改善病人症状，防止疾病复发。

以下病案，即为程师实践中的典型。

温某，女，61岁。2018年11月13日初诊。刻诊：焦虑症，胸脘嘈灼，纳呆，目糊，胃脘不适，耳鸣，头痛，头脑昏蒙，眼压高。舌红苔薄腻，脉细涩。有先天性心脏病，房间隔缺损修补术后病史。辨证：肝郁气滞化火，痰凝血瘀。治法：疏肝清热，涤痰活血。

处方：川连3g，炒黄芩15g，柴胡10g，炒赤芍12g，瓜蒌皮12g，法半夏 9g，郁金 12g，丹参 20g，炒枳壳 12g，红景天 12g，天麻 9g，炒白术 15g，茯苓 15g，化橘红 9g，石菖蒲 12g，怀牛膝 15g，炒二芽（各）12g，生姜 5g，红枣 15g。共 7 剂。

二诊：2018 年 11 月 22 日。性情焦虑，心悸心慌，耳鸣耳聋，目糊，鼻塞，咽喉不适。舌红苔薄腻，脉细涩，治拟疏肝清热，宁心定悸。

处方：川连 3g，夏枯草 15g，柴胡 10g，炒赤芍 12g，瓜蒌皮 12g，法半夏 9g，郁金 12g，丹参 24g，生牡蛎（先煎）30g，红景天 12g，天麻 9g，炒白术 15g，茯苓 15g，化橘红 9g，炒枳壳 12g，淮小麦 30g，炙甘草 5g，红枣 15g，广地龙 12g，苍耳子 9g，鱼腥草 30g。共 7 剂。

三诊：2018 年 11 月 29 日。心悸心慌目痛，眼冒金星，性情焦虑，左耳封堵术后。脉细有歇止，舌暗红苔薄黄腻，治拟疏肝清热，宁心舒痹。

处方：柴胡 10g，炒赤芍 12g，炒枳壳 12g，郁金 12g，丹参 20g，红景天 12g，川芎 10g，生牡蛎（先煎）30g，炙桂枝 3g，瓜蒌皮 12g，薤白 9g，法半夏 9g，茯苓 15g，化橘红 9g，天麻 9g，炒白术 15g，夜交藤 30g，炒枣仁 15g，生山楂 15g，炒枳壳 12g。共 7 剂。

四诊：2018 年 12 月 6 日。心情焦虑，心率偏快，伴期前收缩，入夜尚安，舌暗红苔薄白腻，脉细有歇止，治拟原法。

处方：瓜蒌皮 12g，薤白 9g，法半夏 9g，郁金 12g，石菖蒲 12g，丹参 15g，降香 9g，生牡蛎（先煎）30g，炙桂枝 5g，茯苓 15g，浮小麦 30g，生黄芪 20g，汉防己 12g，红景天 12g，赤芍 12g，川芎 10g，夜交藤 30g，炒枣仁 15g，柴胡 10g，炒枳壳 12g。共 7 剂。

五诊：2018 年 12 月 13 日。先心房间隔缺损修补术后，性情焦虑，心悸胸闷，给予心理疏导业已好转，出汗减少，舌暗红苔薄，脉细未及歇止，治拟疏肝解郁，理气宽胸，活血舒痹。

处方：柴胡 10g，炒赤芍 12g，炒枳壳 12g，郁金 12g，丹参 15g，降香 9g，生牡蛎 30g，炙桂枝 5g，茯苓 15g，浮小麦 30g，生黄芪 20g，汉防己 12g，红景天 12g，川芎 10g，瓜蒌皮 12g，薤白 9g，法半夏 9g，夜交藤 30g，炒枣仁 15g，石菖蒲 12g，制香附 12g。共 7 剂。

按：本案病人患先天性心脏病，房间隔缺损修补术后，自身性格焦虑，双心相互影响，终致胸脘嘈灼，纳呆，目糊，胃脘不适，耳鸣，头痛，头脑昏蒙等不适，舌红苔薄腻，脉细涩。证属火、痰、瘀互结，然其平素焦虑，气滞为先，故清火、化痰、逐瘀之际必畅其气。故此治疗时双心齐下，一方

面药物疏肝清热，涤痰活血；另一方面心理疏导，畅其心志，坚持数次诊疗，疗效颇佳。

第三节　术业延绵，硕果累累

程师从医从教近五十年，学生无数，桃李天下；术业延绵，硕果累累。现择录其部分学生之学业成果，仅为冰山一角，以展程师功绩。

一、刘强

程师之硕士生、博士生。现为浙江中医药大学第一临床医学院教研室副主任，科室党支部书记，主任中医师，第四批全国优秀中医临床人才，省高校中青年学科带头人，省"151"人才，国家自然科学基金、省自然科学基金评审专家。

（一）研究方向

（1）心房颤动（房颤）：已就房颤发生的炎症机制及中医证型的规范化先后成功申报4项省中医药科研项目，发表相关学术论文10余篇，并获得省中医药科学技术奖三等奖2项。

（2）病毒性心脏病：对病毒性心脏病（包括病毒性心肌炎和病毒性扩张性心肌病）进行中西医结合诊治的基础和应用研究。先后主持了相关的省教育厅课题1项、省中医局课题2项、卫生厅课题1项、省和国家自然科学基金面上项目各1项，发表相关学术论文20余篇（SCI论文4篇），获得省中医药科学技术奖一等奖等科研奖励2项。

（3）冠心病：采用"消窠散"化裁治疗，据此申报省中医药科研项目2项；探讨针对抑制粥样斑块内新生血管形成的机制，目前已发表相关学术论文4篇。

（二）课题

（1）国家自然科学基金面上项目：基于CXCL12甲基化介导CXCL12/CXCR4生物学轴调控PI3K-AKT信号通路研究清心饮抑制病毒性心肌炎心肌纤维化的分子机制。

（2）浙江省中医药科研基金一般项目，2018ZB045，基于"窠囊内生"理论研究活血消窠散抑制冠心病患者斑块内血管新生的机制。

（3）浙江省卫生科研基金一般项目，2016KYA150，从 PyK2-PI3K-AKT 信号通路调控 EndMT 途径研究人参皂苷 Rb3 抑制病毒性心肌炎心肌纤维化的分子机制。

（4）浙江省中医药科研基金一般项目，2016ZA070，血小板衍生生长因子家族的表达与非瓣膜性房颤发作和维持及其中医证型的相关性研究。

（5）浙江省自然基金面上项目，LY13H20070013，清心饮通过 PyK2-PI3K 信号通路抑制病毒性心肌炎心肌纤维化过程中内皮细胞向间充质细胞转分化的机制研究。

（6）浙江省中医药科研基金一般项目，2013ZA052，超声二维斑点追踪技术结合血常规参数变化对非瓣膜性房颤中医证型血栓栓塞风险的评价研究。

（7）浙江省中西医结合学会临床药学项目，2013，活血化瘀中药联合强化血小 NSFC2015 板治疗冠心病 PCI 患者的疗效及安全性评价。

（8）浙江省中医药科研基金一般项目，2012ZB052，黏附分子家族的表达与非瓣膜性房颤发作和维持及其中医证型的相关性研究。

（9）浙江省中医药科研基金一般项目，2007CB144，病毒持续感染与扩张型心肌病患者心功能及中医证型的相关性研究。

（10）浙江省自然科学基金面上项目，Y207808，病毒性心肌炎慢性期心肌纤维化形成机制及清心饮干预作用研究。

（11）浙江省中医药科研基金一般项目，2003，清心饮对 VMC 不同分期 TH 细胞分化与凋亡调控的影响。

（12）浙江省自然科学基金面上项目，M303693，病毒性心肌炎不同分期 Th 细胞分化与凋亡调控及清心饮干预作用研究。

（13）浙江省中医药科研基金重点项目，2002，清心饮治疗病毒性心肌炎的新药开发研究。

（14）教育部科研基金项目，2001，病毒性心肌炎小鼠心肌穿孔素与颗粒酶的表达的实验研究。

（15）浙江省自然科学基金面上项目，M300425，病毒性心肌炎小鼠心肌穿孔素与颗粒酶的表达及中药干预研究。

（16）浙江省教育厅科研基金一般项目，2000，病毒性心肌炎免疫细胞

凋亡的调控及清心饮干预研究。

（三）论文

（1）Liu Qi，Su X J，Yu Y，et al. 2014. Correlations among persistent viral lnfection，heart function and Chinese medicine syndromes in dilated cardiomyopathy patients. Chinese Journal of Integrative Medicine，20（12）：928-933

（2）刘强 . 2014. 程志清教授诊治冠心病心绞痛临证经验述要 . 浙江中医药大学学报 . 38（12）：1407-1409+1413

（3）刘强，沈金龙，蒋超鹏，等 . 2014. 非瓣膜性房颤中医辨证分型与黏附分子表达关系的初步研究，中华中医药杂志，29（3）：947-949

（4）刘强，苏小佳，刘永林 . 2013. 柯萨奇 - 腺病毒受体在扩张型心肌病患者外周血白细胞表面的表达及意义 . 浙江医学，35（15）：1396-1398

（5）Liu Q，Su Xi J，Yu Y，et al. 2013. Correlation between virus persistent infection and cardic function in patients with dilated cardiomyopathy. journl of Zhejiang Universitg. Science B，BiomecLicne&，2013，14（8）：749-7532013. 8. 3

（6）刘强，徐智，毛威 . 2012. 房颤中医证型与患者心功能及炎症因子的相关性研究 . 中华中医药学刊，30（2）：360-362

（7）刘强，徐智，毛威 . 2011. 益心舒胶囊治疗心房颤动合并舒张性心力衰竭患者的疗效 . 中国新药与临床杂志，30（10）：766-770

（8）刘强，徐智，毛威 . 2011. 中西医结合治疗非瓣膜性房颤疗效观察 . 北京中医药，30（9）：649-652

（9）刘强，倪飞珍，毛威 . 2010. 房颤中医辨证分型与凝血类指标的相关性研究 . 中国中医药科技，17（4）：281-282+279

（10）刘强，杨兵生，胡敏勇，等 . 2009. 益心舒胶囊联用比索洛尔治疗冠心病伴室性心律失常的临床观察 . 中西医结合心脑血管病杂志，07（7）：764-765

（11）Yang L，Liu Qi，Yu Y，et al. 2017. Ginsenoside-Rb3 inhibits endothelial-mesenchymal transition of cardiac microvascular endothelial cells. Herz，44（28）：1-9

（12）付明朝，刘强 . 2016. 窠囊内结与冠状动脉粥样硬化斑块 . 中华中医药杂志，31（12）：5114-5116

（13）吴玲云，刘强．2018．刘强教授从窠囊论治胸痹经验浅析．浙江中西医结合杂志，（4）：259-261

（14）蒋庆雨，刘强．2018．基于大气下陷理论治疗冠心病 PCI 术后的临证述要．浙江中医药大学学报

（15）王刚，刘强．2017．痰湿同治法在心系病证治中的运用探讨．浙江中医杂志，52（2）：118

（四）学术成果

（1）刘强，基于黏附因子表达和血栓栓塞风险研究不同中医证型非瓣膜性房颤患者的变化及临床干预，浙江省卫计委，浙江省中医药科技三等奖。

（2）刘强，人参皂苷 Rb3 在 CVB3 感染心脏内皮细胞中的机制研究，浙江省中医药学会 2014 年心脏病分会学术年会暨 ASCVD 中西医诊治进展研讨会，二等奖。

（3）刘强，病毒持续感染与 CVMC 和 DCM 患者心功能及中医证型的相关性研究，浙江省卫计委，浙江省中医药科学技术奖一等奖。

（4）刘强，病毒性心肌炎心肌纤维化和细胞免疫紊乱的机制及清心饮干预作用，浙江省人民政府，浙江省科学技术奖三等奖。

（5）刘强，病毒性心肌炎心肌纤维化和细胞免疫紊乱的机制及清心饮干预作用，浙江省卫计委，浙江省中医药科学技术奖二等奖。

（6）刘强，房颤的中西医结合诊疗规范化研究，浙江省卫计委，浙江省中医药科学技术奖三等奖。

（7）刘强，清心胶囊对 VMC 不同分期 Th 细胞分化的影响，浙江省自然科学学术评审委，浙江省自然科学学术三等奖。

（五）其他成果

（1）第四批全国优秀中医临床研修人才，2017，中医学。
（2）浙江省高校中青年学科带头人，2017，医学。
（3）浙江省"151"第三层次人才，2007，医学。

二、汪春

程师之博士生，现为南京军区杭州疗养院中医科主任、党支部书记，主

任中医师。

（一）研究方向

（1）硕士和博士研究生期间攻读专业和研究方向均为中西医结合防治心脑血管病。博士期间进行了以针灸、中药结合生活方式改变对高血压肥胖的减肥降压作用研究。结果显示，平肝益肾涤痰饮可有效改善肥胖高血压病人血压和肥胖相关指标，对血糖、血脂也有调整作用，并可以显著改善病人的生活质量；"Ⅰ+Ⅱ"疗法有很好的减肥降压疗效，其机制可能和增加下丘脑 ob-R 表达有关。临床上治疗高血压肥胖病人时，在适度运动、合理膳食及口服降压药的基础上加用中药疗法，可以更有效地改善血压、体重和 BMI 等，对代谢参数也有调整作用，其机制可能与增加胰岛素敏感性和降低瘦素有关。

（2）博士毕业后在康复中心工作 10 余年，擅长以中医中药手段结合现代康复治疗技术进行脑血管疾病、神经损伤、骨关节病、冠心病、呼吸系统疾病、代谢性疾病的康复治疗，并进行相关临床研究。结果显示，八段锦作为一种温和的体育锻炼方法，对肩周炎可起到良好的治疗效果，值得推广应用；三参健肺汤可有效改善稳定期慢性阻塞性肺疾病病人的临床症状和体征，对血液流变学异常有明显的调整作用，并可以显著改善病人的生活质量。脑卒中恢复期病人辅以血栓通穴位注射可显著改善病人的临床症状，提高生活质量。中药和常规康复方法结合，对脑外伤后的认知功能障碍具有良好的临床治疗效果；在老年冠心病病人中有较高的糖代谢异常发生率，糖代谢异常病人的胰岛素抵抗也较糖代谢正常的病人明显，HOMA-β 下降．部分病人的高血糖状态已持续较长时间，有些病人已有早期肾功能的改变。对老年冠心病合并糖代谢异常的病人进行科学系统的运动疗法，可明显改善糖代谢状况和胰岛素抵抗，全面提高病人的生活质量，值得推广应用。

（3）2015 年任中医治未病中心主任，致力于亚健康状态干预、慢性病防治、更年期综合征、内科杂病方面的研究。

（二）课题

南京军区面上课题，项目编号：15MS153，海水深水爆炸致兔骨关节损伤及康复治疗的实验研究。

（三）论文

（1）汪春，欧阳宏．2004.高血压肥胖的国外治疗进展．中医药学刊，22：29

（2）汪春，程志清．2005.天麻钩藤饮的临床应用进展．中医杂志46：236-238

（3）汪春，杨雨民，程志清．2006.中药平肝益肾涤痰饮改善肥胖性高血压患者血压、体质量和相关生活质量的调查．中国临床康复，10（43）：24-26

（4）汪春，程志清．2006.肥胖SHR大鼠ob-R表达及"Ⅰ+Ⅱ"疗法的影响．中医药学刊，24（8）：1454-1456

（5）汪春，程志清．2007.平肝益肾涤痰饮治疗高血压肥胖31例临床观察．中医杂志，48（2）：135-137

（6）汪春，程志清．2006.针灸对高血压肥胖患者的临床疗效评价及机理分析．辽宁中医杂志，33（10）：1327-1328

（7）汪春，郭知学，陈志刚．2009.八段锦锻炼法与电针治疗肩周炎的疗效观察．实用疼痛学杂志，5（5）：363-365

（8）汪春，郭知学，陈志刚．2009.八段锦加电针治疗肩周炎疗效观察．中国疗养医学，18（12）：1074-1076

（9）汪春．2009.三参健肺汤对慢阻肺患者血流变和生活质量的影响．辽宁中医杂志，36（8）：1257-1259

（10）汪春，郭知学，李鸥．2009.血栓通穴位注射对脑卒中恢复期患者临床疗效及生活质量的影响．中国康复，24（3）：177-179

（11）汪春，郭知学，李鸥，等．2012.中药早期介入对脑外伤偏瘫患者运动功能的影响．中国康复理论与实践，18（2）：123-125

（12）汪春，郭知学，李鸥，等．2011.中药早期介入对脑外伤后患者认知功能的影响．中国康复理论与实践，17（7）：673-675

（13）汪春，李鸥，钱钧，等．2011.老年冠心病患者糖代谢异常及胰岛素抵抗调查．中国疗养医学，20（4）：369-371

（14）汪春，李鸥，钱钧，等．2010.运动疗法对老年冠心病糖代谢异常者的作用．实用老年医学，24（6）：501-504

（15）汪春，郭知学，陈志刚．2010.4周八段锦治疗肩周炎疗效观察．中国运动医学杂志，29（3）：285-287

（四）学术成果

汪春，浙江省科技厅科学技术进步奖二等奖一项，"Ⅰ+Ⅱ疗法治疗高血压肥胖的减肥降压作用研究"。

（五）其他成果

（1）南京军区卫生人才培养"122工程"军区级学科带头人。
（2）第五批全国名老中医学术经验继承人。
（3）2007年荣立三等功一次。

三、窦丽萍

程师之博士生。现为浙江中医药大学附属第二医院心血管内科副主任，副主任医师，程志清全国名中医工作室负责人。

（一）研究方向

1. 高血压临床研究

（1）高血压病人缺血性心脑血管病风险评估研究。2008年选择门诊40岁以上的108例高血压病人进行了10年缺血性心脑血管病风险评估，结果显示，男性体重指数超标及吸烟者明显较多，而女性总胆固醇增高者明显较多（$P < 0.001$），绝对风险 > 20% 的病人中男性发病比例明显高于女性（$P < 0.05$）。进一步，针对高血压人群中伴超重/肥胖病人进行了降压药物观察。结果显示，替米沙坦能更有效控制超重/肥胖高血压病人的血压，可能通过激活过氧化物酶体增殖物激活受体（PPAR替米沙坦）能更有效控制超重/肥胖高血压病人的血压，可能通过激活过氧化物酶体增殖物激活受体γ（PPARγ）等多途径实现了降压效果。

（2）高血压合并失眠的研究。在程师的指导下申报了课题：高血压合并失眠的证型分布规律及中医药对相关证型作用研究，主要负责用动物实验研究评价了交通心肾方药对高血压合并失眠模型的心血管保护作用，论证了应用交通心肾法治疗的合理性。结果显示，应用自发性高血压大鼠腹腔注射对氯苯丙氨酸方法，可成功建立高血压合并失眠的动物模型。交通心肾法治疗高血压并失眠是符合其病机的较有效方法，体现该疗法的方剂加味交泰汤可以改善模型整体状况，具有安眠、辅助降压作用，同时具有一定的血管内皮保护和抗心肌纤维化作用。交通心肾法治疗高血压合并失眠有利于改善临床症状并可能发挥较好的心血管保护作用。

2. 冠心病临床研究

基于早年对冠心病与内分泌代谢密切相关的初步研究，临床进一步关注了性别差异。结合程师经验，进行女性冠心病证治特点研究，结果显示，女性冠心病的治疗，应针对其病理生理特点采取相应的治本措施，以养阴益气、益肾调肝为基础，加以化瘀涤痰、舒痹通脉为法。冠心病的核心治疗离不开活血化瘀，针对活血化瘀针剂的安全性和有效性做了横向观察研究，评估了丹红注射液，证实了在改善稳定型心绞痛（血瘀症）病人的中医症状、心绞痛发作情况，提高病人的生活质量等方面，均具有良好的临床疗效及安全性。在冠心病介入治疗围手术期并发症的防治方面，充分利用了中医中药的优势，自创了麝香保心丸脐部贴敷疗法于中医药学术会议中做了广泛交流与推广。

3. 心律失常的研究

该研究侧重于起搏器植入术后的长期综合管理，例如，在体内除颤器方面，随着心源性猝死一级、二级预防在临床逐渐推广，植入型心律转复除颤器植入量明显增加，误放电现象亦渐为临床常见。通过《植入型心律转复除颤器误放电1例》分析总结，对植入型心律转复除颤器病人定期随访，及时发现临床变化，发现误放电现象，及时调整临床治疗并再程控植入型心律转复除颤器参数，调整识别频率、打开增强识别功能，对防止误放电的再发生十分重要。同时指出，β受体阻滞剂或合适的抗心律失常药物始终是不可忽视的治疗环节。

4. 心衰临床研究

随着人口老龄化的转变，心衰临床及社会问题突出，虽然我国中医药治疗心衰已积累了丰富的经验，但临床心衰治疗普遍中医药应用不足，且缺乏统一指导性的中西医结合治疗方案，反复总结修改了《心衰病中西医结合治疗方案》，于2018年浙江省中医药心脏病分会学术会议及地、市级继续教育学习班中进行了演讲交流，申请了课题——芪苈强心胶囊干预心力衰竭易损期的临床转归研究"（2018ZA052），以此来观察研究在优化指南指导的西药治疗基础上，中医药的优势，即对心衰病人转归的影响，即生活质量、出院后早期死亡和再入院等方面的影响结果，为改善预后及减轻家庭和社会负担提供直接帮助。

5. 临床教学研究

临床兼医学教育15年，探索着如何培养提高学生的综合素质、临床思维、实践创新能力，如何点燃学生对医学及病人的热爱与热情，总结了一些改革方法：改革课堂教学方法，互动及角色转换，"启发式"的开放性教学；实验教学加强互动；设疑研讨培养能力；早期接触临床实践，提高综合临床素质，变被动学习为主动学习；教师技能与时俱进等。

（二）课题

（1）浙江省中医药科技计划科研基金一般项目，2005C037，安心合剂对中老年冠心病患者性腺轴影响的研究（2005CA37）。

（2）浙江省中医药科技计划科研基金一般项目，2008CA027，高血压合并失眠的证型分布规律及中医药对相关证型作用研究。

（3）浙江省中医药科技计划科研基金一般项目，2018ZA052，芪苈强心胶囊干预心力衰竭易损期的临床转归研究。

（4）浙江省中医药大学在研教改课题，2007079，诊断学教学方法的改革与实践。

（5）浙江省中医药（中西医结合）重点学科建设项目，2012-XK-A16。

（6）浙江省中医药科技计划科研基金一般项目，2009CA038，丹参酮对兔急性心梗血运重建无复流的影响。

（7）浙江省医学会临床科研基金项目，2009ZYC017，急性心肌梗死介入治疗前负荷量阿托伐他汀的运用价值。

（三）论文

（1）窦丽萍，刘强. 2004. 中老年冠心病从肾论治的机制探讨. 中西医结合心脑血管病杂志，2（6）：346-347

（2）窦丽萍，殷子杰，姚晓天，等. 2011. 加味交泰汤对高血压失眠大鼠动脉内皮的影响. 中华中医药学刊，（3）：571-573

（3）窦丽萍，奚中堪，黄抒伟，等. 2009. 高血压病10年心脑血管病风险评估及预防. 浙江医学，31（6）：821-822

（4）窦丽萍. 2008. 高血压合并失眠症的研究现状. 内蒙古中医药（6）：65-66

（5）窦丽萍，黄续，刘昕. 2008. 互动式教学法在诊断学教学中的应用.

浙江中医药大学学报，32（4）：536-537

（6）窦丽萍，江劲，黄抒伟．2008.替米沙坦治疗超重/肥胖高血压患者的效果．心脑血管病防治，8（6）：402-404

（7）窦丽萍，程志清．2008.老年女性冠心病论治探析．陕西中医学院学报，31（4）：12-15

（8）窦丽萍，王保奇，程志清．2009.女性冠心病证治特点研究．中华中医药学刊，27（4）：779-781

（9）陈超，窦丽萍，陆明，等．2017.丹红注射液治疗稳定型心绞痛（血瘀症）的临床研究．心脑血管病防治，17（2）：50-51+73

（10）窦丽萍，黄抒伟，车庆，等．2011.植入型心律转复除颤器误放电1例．心电学杂志，30（4）：327-328

（11）王琳莉，黄抒伟，窦丽萍，等．2012.丹参酮ⅡA磺酸钠对兔急性心梗再灌注后无复流的影响及与氧化应激的关系．中华中医药学刊，30（11）：2513-2516

（12）林冬铭，黄抒伟，窦丽萍．2014.急性ST段抬高型心肌梗死患者围术期阿托伐他汀的应用观察．中华危重症医学杂志（电子版）．7（6）：50-52

（13）王保奇，刘旺，窦丽萍．2008.清心Ⅱ号抗病毒性心肌炎心肌凋亡和纤维化的效应及机制．复旦学报（医学版），35（5）：729-733

四、姚晓天

程师之硕士生，现为浙江中医药大学附属第三医院（中山医院）中医科副主任医师，程志清浙江省名中医工作室负责人。

（一）研究方向

1. 高血压体质类型的流行病学研究

体质的形成和发展既取决于先天遗传因素，又受外界环境因素的制约。先天禀赋决定着体质的相对稳定性，而后天的各种因素又使体质具有可变性。体质的特异性决定着个体对某些致病因子和疾病的易感性易罹性。本次调查的高血压病人的体质特点符合高血压阴阳失调、痰瘀互结的病机规律。说明阳盛质、痰湿质、阴阳两虚质者在高血压方面存在倾向性和易患性。同时也

说明与高血压家族史相关的阳盛质、痰湿质是发生高血压的内在因素。调查结果显示，易引发高血压影响因素中，与高血压证型相关的性别、年龄、体重指数、饮酒、吸烟等因素与体质类型之间也存在显著相关性。高血压是一个由多因素综合作用下形成的慢性病。高血压影响因素与证型及体质类型之间存在一致的相关性，从某种意义可以说明，这些危险因素通过长期地作用于人体，而改变人体体质，从而影响证候类型的形成。体质的改变在先，证候的形成在后；体质的改变是量变，证候的形成是量变基础上的质变。这种关系提示我们在预防和治疗高血压时应注意病人的体质特点，采用因人而异的个体化防治措施。

2. 高血压合并失眠的研究

2008 年在程师的指导下和窦丽萍合作申报了课题"高血压合并失眠的证型分布规律及中医药对相关证型作用研究"。其主要负责流行病学调查。该课题主要通过临床流行病学调查了解杭州市中老年原发性高血压合并失眠人群的患病情况；分析高血压合并失眠中医证型的分布状况；以及高血压失合并眠影响因素与中医证型的相关性，为中医药防治高血压合并失眠提供临床辨证依据。这对提高高血压病人的生活质量，延长人群寿命，减轻社会和家庭负担具有积极意义。研究结果显示：①高血压合并失眠症患病情况，本次调查结果示 1056 例原发性高血压者中高血压合并失眠者 546 例，占 51.71%；②高血压合并失眠症中医证型以阴虚火旺者居多；③年龄、性别、BMI、饮食习惯、合并症等影响因素与高血压合并失眠中医证型相关。

3. 女性更年期高血压

2012 年在总结程师临床经验的基础上申报了衢州市科技计划项目"更年期高血压合并失眠中医药干预及效果评价研究"。研究认为更年期高血压是指由于女性更年期内分泌发生变化、雌激素水平下降，加上身体机能衰退、血管硬化等综合因素而导致的血压升高，因其和更年期的内分泌变化密切相关。女性更年期高血压临床表现复杂，但失眠往往是其主要症状。程师认为，更年期高血压合并失眠的病机多与肝关系密切，并兼及心、脾、肾等脏。更年期女性天癸渐竭，冲任不足，肾阴亏虚，肾阴为人身阴液之根本，具有滋养、濡润各脏腑组织，并制约阳热之功。肾阴亏虚，失于滋润濡养，阴不制阳，肝阳易亢，血压升高，虚火亢旺，心神被扰而致失眠。治疗应从整体出发分型论治，以调理肝脏为主，并分析五脏之间的生克乘侮关系，从而采用多脏同治的方法。龟地百合汤为程师整理的传承经验方，具有益肾平肝、宁心安神之功，在临床治疗女性更年期高血压合并失眠方面取得了较好的临床效果，本研究进行了临床疗效的评价，在传统治疗的基础上加用龟地百合汤，可迅速控制病人的血压，减轻失眠的程度，可有效提高临床治疗的效果，具有较好的临床意义。

4. 程志清教授辨治高血压病学术思想及临床经验的继承研究

高血压作为一种以动脉血压持续升高为特征的进行性"心血管综合征"，多属于"眩晕""头痛"的范畴。常伴有其他危险因素、靶器官损害或临床疾病。随着病人年龄、体质、病程及合并症的不同，所累及脏腑也有不同，病机特点、证候分型各有差异。所以在治疗高血压时，需要对疾病有系统的认识，树立随着病程的不同病机不断演化的思想，形成分期分型辨证论治方案，把握中医治疗高血压的切入点，更好地发挥中药降压治疗的优势。通过整理、挖掘、总结程志清教授对不同级别与危险人群高血压的辨证思路与临床经验，探讨中医药在平稳降压、减少并发症、提高生活质量方面所起的作用。明确中医药干预的切入点，形成中医治疗高血压的系统性治疗方案，为防治高血压提供新的治疗思路与方法。以期完成成果的推广及应用。

5. 浙江省程志清名老中医专家传承工作室建设

浙江省程志清名老中医专家传承工作室成立于2017年，其担任负责人，肩负着整理、传承、挖掘程志清教授临床经验的重任，通过全面系统传承程师的学术经验，提炼升华形成相应的临床诊疗方案，并在临床实践中进一步验证，客观评价其临床疗效。逐步形成基础扎实、医术精湛、学科特色鲜明的工作室团队，培养造就一批优秀的学术后继人才。

（二）课题

（1）浙江省中医药科研基金一般项目，局项目编号：2015ZB074，程志清教授辨治高血压病学术思想及临床经验的挖掘研究。

（2）衢州市科技局资助课题，项目编号：20121098，更年期高血压合并失眠中医药干预及效果评价研究。

（3）浙江省中医药科研基金一般项目，局项目编号2014ZA061，柴胡加桂枝龙骨牡蛎汤配合睡眠卫生指导治疗亚健康失眠的临床研究。

（4）浙江省中医药科研基金一般项目，项目编号：2008CA027，高血压合并失眠的证型分布规律及中医药对相关证型作用研究。

（5）浙江省中医药科研基金一般项目，项目编号：2003C010，浙江省高

血压影响因素与中医证型相关性流行病学调查研究。

（三）论文

（1）姚晓天，程志清 . 2004. 社区中老年原发性高血压患者中医体质特点分析 . 浙江中医杂志，39（8）：352-353

（2）姚晓天，胡炜，程志清 . 2004. 高血压病影响因素与中医体质类型相关性研究 . 中医药学刊，22（12）：2314-2316

（3）姚晓天，程志清 . 2003. 中医体质学说的流行病学研究进展 . 浙江中西医结合杂志，14（6）：395

（4）姚晓天，窦丽萍，高东升，等 . 2012. 高血压合并失眠的中医证型研究 . 浙江中西医结合杂志，22（6）：494-495

（5）姚晓天，胡炜，钱一分 . 2014. 龟地百合汤联合科素亚治疗更年期高血压合并失眠 45 例临床分析 . 新中医，46（12）57-58

（6）姚晓天，程志清 . 2015. 程志清治疗更年期高血压合并失眠的临床经验撷菁 . 浙江中医药大学学报，39（6）：448-450

（四）学术成果

（1）姚晓天，高血压合并失眠的证型分布规律及中医药对相关证型作用研究。2005 年浙江省政府科学技术进步奖二等奖。

（2）姚晓天，该项研究获得浙江省中医药科学技术创新奖一等奖。2012年浙江省中医药科学技术奖三等奖。

五、殷子杰

程师之博士生。现为杭州市江干区人民医院主治中医师。

（一）研究方向

1. 心肌炎实验研究

其在校博士学习期间，在程师指导下对慢性病毒性心肌炎心肌纤维化从 TGF-β-Smad 和 MAPK/ERK 传导通路慢性心肌炎心肌纤维化形成机制及三参饮对心肌纤维化的治疗作用进行了研究。结果显示，阻断 TGF-β-Smad 通路可能是卡托普利抑制慢性病毒性心肌炎心肌纤维化的机制之一。

2. 高血压临床研究

其参加工作后首先重点研究了血黏度在高血压发病中的作用机制，对降黏降压的理论进行理论探析，并对经验方痰瘀清方在高血压发病中的治疗作用进行了临床研究。

3. 糖尿病管理的研究

其参与了国家级项目"杭州市江干区糖尿病分级诊疗"的部分工作，申报了杭州市科技计划项目"治未病管理模式在江干区糖尿病分级诊疗中的作用研究"。临床工作中擅长以中焦为中心思考和治疗冠心病、心律失常、糖尿病及其并发症疾病等，特别对于难治性高血压、糖尿病胰岛素抵抗有自己的见解。

（二）课题

（1）治未病管理模式在江干区糖尿病分级诊疗中的作用研究，杭州市卫生科技计划项目编号：2017B05，第一负责人。

（2）TGFβ-SMAD 通路在高血压所致心肌纤维化中的作用机制及痰瘀清方干预作用研究博士基金，第一负责人。

（3）血液高黏状态在高血压发病机制中的作用及痰瘀清方干预研究，河南省教育厅项目编号：13B360104，第三负责人。

（4）痰瘀清方对痰瘀互结型高血压病患者血压变异性的干预研究，郑州市科技局，项目编号：121PPTGG509，第三负责人。

（三）论文

（1）殷子杰，王保奇，侯雪琴，等 . 2011. TGF-β-Smad 通路在病毒性心肌炎慢性期病毒感染中的作用及卡托普利干预研究 . 中国现代医学杂志，21（32）：3998-4003

（2）殷子杰，窦丽萍，崔小强 . 2009. 中医药抗心肌纤维化研究趋势的分析与探讨 . 心脑血管病防治，9（2）：141-142

（3）殷子杰，程志清，崔小强 . 2009. 调和阴阳与亚健康防治浅议 . 浙江中医杂志，44（4）：241-242.

（4）殷子杰，程志清，崔小强 . 2009. 高血压合并失眠理论浅析及治疗进展 . 中西医结合心脑血管病杂志，7（3）：335-336

浙江中医临床名家·程志清

（5）杨科朋，殷子杰，张芹，等．2012.定痛汤结合中医体质学说治疗痛风性关节炎的临床研究．中国医药科学，2（23）：13-14

（6）王保奇，殷子杰，程志清．2011.三参饮对病毒性心肌炎慢性期TGFβ-Smad通路的干预研究．中药新药与临床药理，22（2）：144-148

（7）王保奇，殷子杰，程志清．2014.三参饮对病毒性心肌炎慢性期Rho/Rock信号通路的作用．中国实验方剂学杂志，20（6）：140-144

（四）学术成果

殷子杰，定痛汤结合中医体质学说治疗痛风性关节炎的临床研究，河南省中医管理局。

（五）其他成果

杭州市中青年"131"人才。

六、张娟

程师之硕士生。现为杭州市余杭区中医院副主任中医师。

（一）研究方向

（1）心肌炎实验研究，其在程师的指导下，在硕士研究生阶段病毒性心肌炎实验研究的基础上，进行清心Ⅱ号对病毒性心肌炎小鼠不同分期Th细胞凋亡的部分调控机制的研究，结果显示，病毒性心肌炎急性期、恢复期，Th细胞凋亡率增加，caspase-3、caspase-9、NF-κB的表达上升，提示病毒性心肌炎急性期、恢复期存在脾脏Th细胞过度凋亡的现象。清心Ⅱ号通过减少Th细胞过度凋亡，发挥对病毒性心肌炎的积极干预作用。

（2）程志清治疗冠心病临床经验总结，从病因病机、临床表现、辨证施治方面论述程志清教授诊疗冠心痛的学术观点和临床经验，对其遣方用药和康复调理方面的特色予以总结。程师认为冠心病的发病病机是本虚标实，"本虚"以气阴两虚、阳虚多见，"标实"以血瘀、痰阻、水停多见，根据以上病因病机，形成了益气养阴、涤痰化瘀及温阳利尿、宽胸舒痹为主的治则。临床上行之有效，深得病人信任和好评，具有推广应用价值。

（3）中医辨证论治慢性阻塞性肺疾病合并呼吸衰竭病人的临床疗效对 Th1/Th2 的部分调控机制的研究，2012 主持余杭区科技局项目一项"中医辨证论治慢阻肺合并呼吸衰竭患者的临床疗效及其对 Th1/Th2 的部分调控机制"，该项目于 2015 年底顺利结题。研究发现：①两组病人在拔管成功率方面没有显著性差异（$P > 0.05$），但对于拔管成功的病人，试验组病人机械通气时间、住 ICU 时间、PIC 出现时间均较对照组缩短（$P < 0.05$）；试验组病人 VAP 发生率较对照组下降（$P < 0.05$）。但是，两组病人在病死率、自动出院率方面也无显著性差异（$P > 0.05$）。②与正常组比较，插管前两组病人 IFN-γ 的水平均低于正常组（$P < 0.01$）、IL-4 水平均高于正常组（$P < 0.01$），同时，试验组和对照组之间比较无显著性差异（$P > 0.05$）。经治拔管后两组病人 IFN-γ 的水平较插管前均明显回升（$P < 0.01$）、IL-4 水平较插管前均明显下降（$P < 0.01$），同时，试验组较对照组变化更为明显（$P < 0.05$）。IFN-γ 水平与正常组无明显差异（$P > 0.05$），而 IL-4 水平仍高于正常组（$P < 0.01$）。以上提示慢性阻塞性肺疾病合并呼吸衰竭病人，IFN-γ 的水平降低，而 IL-4 水平升高，经治拔管后 IFN-γ 水平回升，IL-4 水平下降，试验组比对照组变化更明显。③Th 细胞分化方面：与正常组比较，插管前两组病人 Th1 水平均低于正常组（$P < 0.01$）、Th2 的水平均高于正常组（$P < 0.01$），同时，试验组和对照组之间无统计学差异（$P > 0.05$）。经治拔管后两组病人 Th1 均回升（$P < 0.01$）、Th2 均下降（$P < 0.01$），试验组比对照组变化更明显（$P < 0.05$）。以上提示慢性阻塞性肺疾病合并呼吸衰竭病人，Th1 水平降低，而 Th2 的水平升高，Th1/Th2 向 Th2 方向漂移。经治好转拔管后 Th1 回升，而 Th2 的水平降低，Th1/Th2 向 Th1 方向漂移，与细胞因子变化一致，同时，试验组比对照组变化更明显。先后在国内核心期刊上发表相关论文 2 篇。

（二）课题

杭州市余杭区科技计划一般项目，2011015，中医辨证论治慢阻肺合并呼吸衰竭患者的临床疗效及其对 Th1/Th2 的部分调控机制。

（三）论文

（1）张娟. 2008. 清心 II 号对病毒性心肌炎小鼠不同分期 Th 细胞凋亡的部分调控机制的研究. 中华中医药学刊，26（9）：1991-1995

（2）张娟. 2012. 程志清教授治疗冠心病经验拾萃. 浙江中医药大学学报，

36（7）：773-774+786

（3）张娟. 2016. 慢性阻塞性肺疾病合并呼吸衰竭患者 Th1/Th2 变化趋势及中医辨证治疗对其影响的研究. 中华中医药学刊，2：451-455

（4）张娟. 2016. 中西医结合治疗慢性阻塞性肺疾病呼吸衰竭患者临床疗效及其对白细胞介素 -4、干扰素 -γ 的影响. 浙江中西医结合杂志，26（4）：328-331

七、黄超岚

程师之硕士生。现为金华市人民医院副主任中医师。

（一）研究方向

（1）心肌炎实验研究：在程师指导下完成清心胶囊不同剂量对病毒性心肌炎恢复期的疗效评价研究，结果显示，清心胶囊对病毒性心肌炎恢复期小鼠有显著疗效，且与剂量呈一定相关性，中高剂量疗效最佳；清心胶囊具有抗氧化、调节免疫、保护心肌细胞的作用。

（2）冠心病心绞痛临床研究：分别进行依诺肝素、氯吡格雷、阿司匹林联合治疗不稳定型心绞痛的疗效和安全性评价，以及丹红注射液联合三联抗栓治疗不稳定型心绞痛的疗效和安全性评价研究。结果显示，丹红注射液联合三联抗栓治疗不稳定型心绞痛，效果显著，安全性高，可在临床上推广。

（二）课题

（1）金华市科技局一般项目，2017-4-017，汉防己甲素对哮喘气道重塑的抑制作用及机制研究。

（2）金华市科技局公益类项目，2017-4-083，中西医结合分层管理治疗蛇伤的可行性研究。

（三）论文

（1）程志清，黄超岚. 2006. 清心胶囊对病毒性心肌炎恢复期小鼠药效学及免疫调节作用研究. 中医药学刊，24（9）：1598-1601

（2）黄超岚，程志清. 2003. 论传统医学在亚健康状态治疗与保健中的作

用 . 中医药信息 . 20（4）：1-4

（3）黄超岚，程志清 . 2004. 中医药免疫调节治疗病毒性心肌炎研究进展 . 浙江中医学院学报，28（5）：88-89

（4）黄超岚 . 2011. 三联疗法治疗不稳定心绞痛的疗效观察 . 中国药房，22（20）：1864-1865

（5）黄超岚，梁亚非 . 2012. 丹红注射液联合三联抗栓治疗不稳定心绞痛150 例 . 中国药业，21（8）：94-95

附录一

大事概览

1947 年 10 月，生于安徽黄山屯溪。

1965 年 7 月，考入安徽中医学院医疗系中医专业本科。

1971 年 11 月，分配到徽州地区卫生学校担任教师，并从事临床工作。

1979 年 10 月调入浙江中医学院，在中医基础与中医诊断学教研室从事教学与临床科研。

1984 年起，担任浙江中医学院中医诊断教研室主任，并作为浙江省名中医陆芷青教授的助手随师临证。

1991 年，浙江省教师职务评委会评为副教授；确定为第一批全国名中医陆芷青教授学术继承人，继续随师临证，整理陆老的学术经验。期间发表的继承学术论文《胆胀证治八法》获得国家中医药管理局组织的全国首届名中医继承学术论文二等奖，成为浙江省唯一的二等奖获得者。

1994 年，被国家中医药管理局确认为国家级名老中医陆芷青教授学术继承人。

1994 ～ 2004 年，主持浙江中医药大学科研处、研究生处工作，期间应邀出国赴印尼、荷兰、美国等境外讲学。

1998 年，浙江省教师职务评委会评为教授；主编《陆芷青内科精华评述》由中医古籍出版社出版，该书得到我国著名的中医学家王永炎院士与程可冀院士的高度评价；主编《中医十大名方妙用·六味地黄丸》由中国中医药出版社出版。

2000 年，浙江省中医药高级职务评委会评为主任中医师。

2002 ～ 2012 年，任浙江省中西医结合学会第一届、第二届保健与康复专业委员会主任委员。

2005 ～ 2015 年，任浙江省中医药学会第四届、第五届理事会理事。

2006～2010 年，聘为浙江省医学会医疗事故技术鉴定专家库成员。

2006～2011 年，任中国中西医结合学会第六届活血化瘀专业委员会委员；任中国中西医结合委员会第一届循证医学专业委员会委员。

2006～2016 年，任浙江省中西医结合心血管专业委员会副主委。

2008 年，浙江省政府授予省级名中医的称号。

2008～2013 年，任浙江省中西医结合学会第六届理事会理事、常任理事。

2012 年，国家中医药管理局授予第五批全国名老中医药专家学术经验继承工作指导老师称号。

2017 年，浙江省政府授予并资助浙江中医药大附属第三医院成立了浙江省程志清名中医传承工作室，担任指导老师；受聘国家商务部现代精油专业委员会特聘专家。

2018 年，国家中医药管理局授予并资助浙江中医药大附属第二医院成立了全国老中医程志清经验传承工作室，担任指导老师；受聘世界中医药联合会植物精油疗法专业委员会副会长。

浙江中医临床名家·程志清

学术传承脉络

陆建之 — 陆芷青 — 程志清

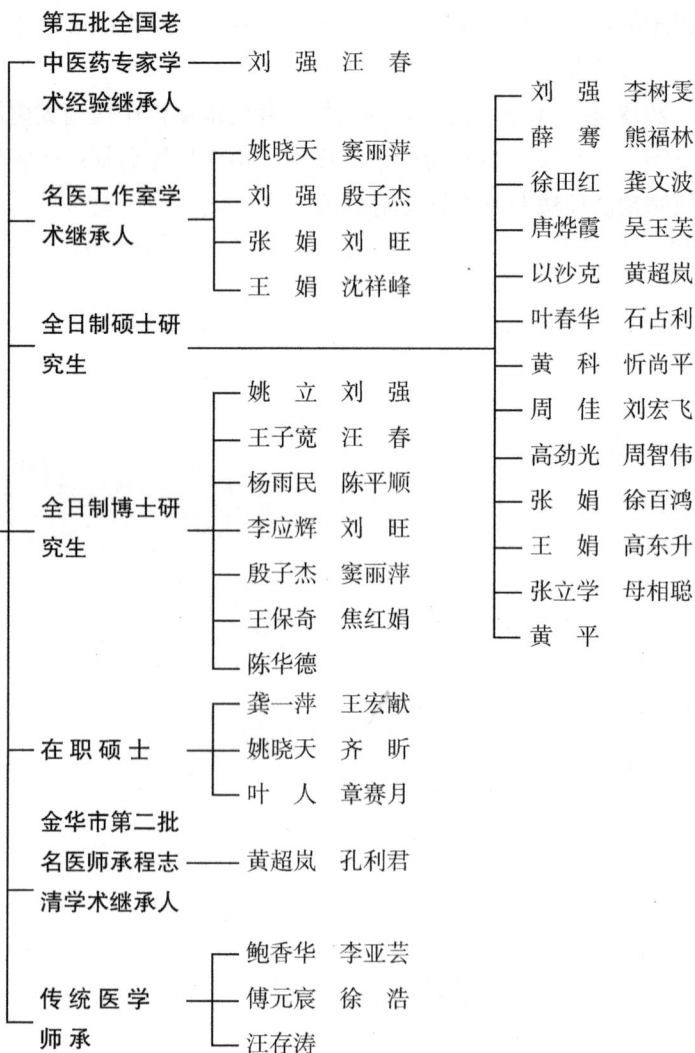

- 第五批全国老中医药专家学术经验继承人 —— 刘强　汪春
- 名医工作室学术继承人
  - 姚晓天　窦丽萍
  - 刘强　殷子杰
  - 张娟　刘旺
  - 王娟　沈祥峰
- 全日制硕士研究生
  - 刘强　李树雯
  - 薛骞　熊福林
  - 徐田红　龚文波
  - 唐烨霞　吴玉芙
  - 以沙克　黄超岚
  - 叶春华　石占利
  - 黄科　忻尚平
  - 周佳　刘宏飞
  - 高劲光　周智伟
  - 张娟　徐百鸿
  - 王娟　高东升
  - 张立学　母相聪
  - 黄平
- 全日制博士研究生
  - 姚立　刘强
  - 王子宽　汪春
  - 杨雨民　陈平顺
  - 李应辉　刘旺
  - 殷子杰　窦丽萍
  - 王保奇　焦红娟
  - 陈华德
- 在职硕士
  - 龚一萍　王宏献
  - 姚晓天　齐昕
  - 叶人　章赛月
- 金华市第二批名医师承程志清学术继承人 —— 黄超岚　孔利君
- 传统医学师承
  - 鲍香华　李亚芸
  - 傅元宸　徐浩
  - 汪存涛